COLLECTION LE FRANÇAIS RETROUVÉ

Trésors des racines latines

Jean Bouffartigue
Anne-Marie Delrieu

Illustrations de Blachon

BELIN 8, rue Férou, 75006 Paris

 ISBN 2-7011-0384-3

Préface

Nos ancêtres, dit-on, étaient des Gaulois ; nous ne le sommes plus guère. Par le nom que nous portons, nous sommes un peu Francs. Mais par notre culture, et surtout par la langue que nous parlons, nous sommes des Latins : les mots d'origine latine constituent près de 80 % du vocabulaire français. De plus, il faut le rappeler ici, bien que ce ne soit pas le propos de ce livre, la majeure partie des faits grammaticaux de notre langue a son origine dans la grammaire latine. La réalité historique explique cette présence massive du latin dans le français : le français n'est pas autre chose que du latin évolué. Vaincus par les Romains, nos ancêtres à longues moustaches abandonnèrent jadis le gaulois pour le latin. Par une transformation considérable, mais imperceptible, le latin, sur notre territoire, est devenu français et occitan sans que jamais un fils ait eu le sentiment de parler une autre langue que son père. Donc, ignorants ou savants, latinistes ou pas, chaque jour – qu'on le veuille ou non – nous parlons latin. Et ne voyons pas là que le poids d'une histoire ou d'une tradition. Nos vocables les plus modernes se forgent au moyen du latin : sous leur apparence des plus actuelles, *informatique*, *unidirectionnel*, *oléoduc*, et même *marketing* (puisque l'anglais *market* remonte au latin **mercatus** qui, chez nous, est devenu « marché ») sont proprement des mots latins. Qui pourrait donc prétendre que le latin est mort, quand il nous donne la clé des mots les plus récemment créés dans le vocabulaire technique et scientifique ?

Mais le latin a nourri bien d'autres mots que ceux

du langage savant ou spécialisé. Savoir identifier les racines latines dans les mots de tous les jours, c'est pouvoir se jouer des pièges les plus subtils du vocabulaire français sans céder aux tentations de la fausse étymologie ; c'est aussi redonner toute leur force aux mots les plus galvaudés : il est amusant de découvrir qu'être *nonchalant,* c'est littéralement manquer de *chaleur,* qu'*entendre* c'est bien *tendre* l'oreille ou l'esprit ; il est déjà beaucoup plus enrichissant de prendre conscience que *dieu* et *jour* dont deux mots cousins, alors qu'*homme* est lié à *humble* et à *humus.* C'est alors qu'apparaît, dans toute sa cohérence et son harmonie, l'architecture profonde du français, dans laquelle le latin est encore à l'œuvre.

A ce souci d'utilité s'ajoute l'attrait du plaisir ; plaisir du jeu et de la découverte des mystères de la langue, car la remontée à la source latine est une aventure riche en surprises, qui met à jour des relations parfois inattendues entre les mots : soupçonnerait-on que la *canicule* est en quelque sorte un temps de *chien,* dont le nom vient du latin **canis,** alors que le *caniche,* malgré l'apparente logique, n'a rien à voir avec cette racine, mais doit être rapproché du *canard ?* Il y a aussi ces jumeaux cachés, les doublets, issus d'un seul et même mot latin : *article* et *orteil, moule* et *muscle,* ou encore *union* et *oignon.* On peut s'amuser, enfin, à démasquer quelques mots déguisés : *humour* et *stencil,* d'une élégance toute britannique, sont en réalité bien de chez nous ; les Anglais nous avaient emprunté *humeur* (latin **humor**) et *estinceler* (latin **scintillare**), qui nous sont revenus sous leur forme anglicisée.

On le voit, c'est une véritable chasse au trésor à laquelle nous invitons le lecteur. Il pourra suivre fidèlement le parcours que nous lui proposons pour découvrir avec méthode l'œuvre fécondante du latin dans la langue française. Mais il nous plaît aussi d'imaginer qu'il se promènera au gré de sa curiosité, allant d'un mot à un autre ou d'une racine à l'autre ; l'index alphabétique le guidera dans sa promenade.

Qu'on ne se méprenne pas, ce livre n'est pas un dictionnaire étymologique du français. De l'immense quantité de mots que notre langue doit au latin, ne figure ici qu'un nombre modeste : les mots qui nous ont paru le mieux illustrer les mécanismes de cette transmission. Nous n'avons donc pas la prétention d'avoir dévoilé dans ce livre tout ce que vous avez toujours voulu savoir sur les mots sans jamais oser le demander ; mais si, en faisant mieux comprendre d'où viennent les mots et comment ils sont nés, nous avons pu aider le lecteur à mieux les connaître et à mieux s'entendre avec eux, alors nous serons satisfaits.

Les Auteurs

Nous tenons à exprimer notre vive reconnaissance
à Madame Hubac, qui a bien voulu
nous faire bénéficier de son savoir et de son jugement
tout au long de ce travail

Mode d'emploi

Qu'est-ce qu'une racine?

Une racine est un élément de mot obtenu après élimination de tous les éléments de formation et signes grammaticaux. Elle constitue un support de signification.
Ainsi, le mot EMBELLISSEMENT peut se décomposer en quatre éléments détachables : -EMENT, -ISS-, -BELL- et EM-. Les éléments -EMENT, -ISS-, EM- sont des pièces indispensables à la formation du mot, mais ne portent en eux-mêmes aucune signification (on peut toutefois reconnaître à EM- une valeur signifiante générale et abstraite, marquant l'accroissement, le développement). L'élément qui porte l'essentiel de la signification est -BELL-, qui exprime l'idée de beauté. Cet élément se rencontre dans d'autres mots, comme BELLE et BELLÂTRE. -BELL- est une racine. On observe d'autre part que l'on peut tirer de l'adjectif BEAU et du nom BEAUTÉ une racine BEAU-. Or il y a un lien de sens évident entre BEAU, BEAUTÉ d'une part, et BELLE, BELLÂTRE, EMBELLIR d'autre part. BEAU- et -BELL- ne sont pas deux racines, mais une même racine se présentant sous deux formes différentes.

Qu'est-ce qu'une racine latine?

Le latin connaît aussi ces variations de forme d'une même racine. Dans la plupart des cas, des formes modifiées ont surgi à côté de la forme primitive. Ainsi la racine **ag,** *pousser,* voit son **a** disparaître dans * **co-ag-ere,** qui devient **cogere** (voir p. 127); la racine **vid,** *voir,* suivie d'un **t** devient **vis** (* **vidtus** devient **visus,** voir p. 149). Beaucoup de ces changements ont lieu quand la racine est précédée d'une syllabe : la racine **cap,** *prendre,* devient **cep** dans **conceptus** (* **con-captus**), **cip** dans **concipere** (* **con-capere**), **cup** dans **occupare** (* **ob-cap-are**).
Nous indiquons entre parenthèses ces formes modifiées par les lois phonétiques (voir ce mot plus bas) propres au latin; ex. : racine **cap** (**cep, cip, cup**).
Mais certaines racines latines se présentent en elles-mêmes sous une forme double ou triple, avant même d'être modifiées par les sons qui les entourent à l'intérieur des

mots. Dans ce cas, la pluralité de formes est un héritage de l'indo-européen, dont le latin découle (voir p. 12). Les formes différentes sont alors égales en ancienneté et en intégrité; elles sont indiquées côte à côte; ex. : racine **gna/gno.**

Racines et mots

Plusieurs mots latins peuvent être constitués à partir d'une même racine. Ainsi **dominus,** *maître,* **domesticus,** *domestique* et **domicilium,** *domicile* sont constitués à partir de la racine **dom,** *maison.* Mais il existe aussi des familles de mots constituées à partir d'un même mot : **domina,** *maîtresse* et **dominari,** *dominer* sont constitués non pas directement sur la racine **dom,** mais sur le mot **dominus.**

Il arrive fréquemment qu'une racine ne soit représentée que par une famille de mots issue d'un mot unique. Par exemple, il n'existe aucun mot comportant la même racine que **numerus,** *nombre,* ou **vermis,** *vers,* qui n'ait été formé à partir des mots **numerus** ou **vermis.** Dans ce cas, nous évitons en général de parler de racine. Au demeurant, notre premier souci, dans ce livre, est de donner l'étymologie des mots français, et non celle des mots latins; celle-ci n'est indiquée que lorsqu'elle peut éclairer celle-là.

Les noms latins et leur déclinaison

Les noms (et adjectifs) latins se déclinent : leur forme change selon leur fonction grammaticale dans la phrase. Chacune des formes de la déclinaison représente un *cas.* Il y a en latin six cas : le nominatif, cas du sujet; le vocatif, cas de l'adresse directe; l'accusatif, cas du complément d'objet; le génitif, cas du complément de nom; le datif, cas du complément d'attribution; l'ablatif, cas de divers compléments circonstanciels. Ainsi le nom de la rose passera-t-il par les formes **rosa, rosa, rosam, rosae, rosae, rosa** au singulier et, au pluriel, **rosae, rosae, rosas, rosarum, rosis, rosis.**

Nous présentons les noms latins au cas du sujet, c'est-à-dire au nominatif. Mais il arrive que le nominatif ait une forme bien différente de celle de la plupart des autres cas; en de telles circonstances, les mots français se rattachent souvent à la forme qui apparaît au génitif : nous donnons alors deux formes, celles du nominatif et celle du génitif singulier : par exemple **homo** (nominatif), **hominis** (génitif), *homme,* pour justifier les mots HOMINIDÉ et HOMINIEN.

Nous sommes rarement amenés à citer le datif et l'ablatif, encore moins le vocatif.
Il est souvent utile, au contraire, de citer l'accusatif. En effet, un nombre important de noms français est le résultat de la transformation de noms latins à l'accusatif. Ainsi, il n'est pas tout à fait exact de dire que MUR vient de **murus ;** il faudrait dire : MUR vient de **murum,** accusatif de **murus.** Nous avons préféré simplifier, et considérer que **murus** représente, en l'occurrence, l'ensemble de la déclinaison.

La traduction des mots latins

La traduction d'un mot latin est indiquée en italique; ex. : **ovis,** *mouton.* Quand cette traduction n'est pas indiquée, c'est que le mot latin a le même sens que le mot français qui en découle; ex. : **ovum** →ŒUF; CHIEN ← **canis.**
On notera parfois qu'un mot latin est traduit ici par un mot, là par un autre : il a en effet paru commode, plutôt que de donner à chaque occurrence l'éventail complet des sens du mot, de sélectionner le sens qui explique le mieux celui du mot français qui en découle.

Définitions

Nous avons vu le sens qu'il fallait donner au mot racine. Voici encore quelques vocables dont la signification doit être claire.

Préfixe : élément se fixant devant une racine ou un mot. Un préfixe a un sens qui lui est propre, souvent général et abstrait : il ne désigne jamais un objet ni une action.
Suffixe : élément se fixant après une racine ou un mot. Un suffixe n'a pas de signification, mais indique la nature ou la fonction du mot qu'il sert à former.

Radical : élément porteur de sens, commun à plusieurs mots, et constitué d'une racine et d'un ou plusieurs suffixes. Ainsi le radical **capt,** que l'on trouve dans **captare, captivus, captura,** est formé de la racine **cap** augmentée d'un suffixe **-t-.**
Base : terme couramment employé dans la description des mots français; c'est l'élément ou l'ensemble d'éléments sur quoi viennent se fixer un préfixe ou un suffixe. Ainsi, SENSIBILIS- est la base de SENSIBILISER, SENSIBILISATION, INSENSIBILISER, DÉSENSIBILISER, etc.

Désinence : élément se plaçant à la fin d'un mot pour en indiquer la fonction grammaticale : ainsi, la désinence -ONS marque en français la 1re personne du pluriel, la désinence -ANT le participe présent, etc.

Fréquentatif : verbe formé sur un autre verbe latin et qui exprime la même action que le verbe originel, sous forme répétitive ou intensive.

Composition : opération par laquelle deux éléments (soit deux mots, soit un préfixe et un mot) se combinent pour former un mot nouveau. Exemple : **contra,** *contre* + **dicere,** *dire* = **contradicere,** *contredire.*

Dérivation : opération par laquelle, à partir d'une racine, d'un radical ou d'un mot, se créent un ou plusieurs mots nouveaux, avec ou sans adjonction de suffixes. Exemple : de **periculum,** *danger* est dérivé **periculosus,** *dangereux.*

Phonétique : qui concerne les sons constituant les mots.

Sémantique : qui concerne la signification des mots.

Polysémie : c'est le fait, pour un seul mot, d'avoir plusieurs sens. Ex. : PIED (partie du corps ou unité de longueur ou exemplaire d'une plante ou syllabe d'un vers, etc.)

Signes et abréviations

Le signe → indique qu'un mot d'une langue est la source directe d'un mot d'une autre langue. Ex : **lupus** → LOUP; **niger** → NOIR; **niger** → espagnol *negro* → NÈGRE.

Le signe ← indique qu'un mot d'une langue est le résultat direct d'un mot d'une autre langue, soit par transmission naturelle, soit par transcription savante. Ex. : SIGNE ← **signum ;** CHAISE ← latin **cathedra** ← grec **kathedra.**

Un * devant un mot signifie que ce mot ne se trouve écrit dans aucun texte : on dit qu'il n'est pas attesté.

acc. : accusatif
class. : classique
litt. : littéralement
part. : participe
prés. : présent
gr. : grec
lat. : latin
a. fr. : ancien français
esp. : espagnol
ital. : italien

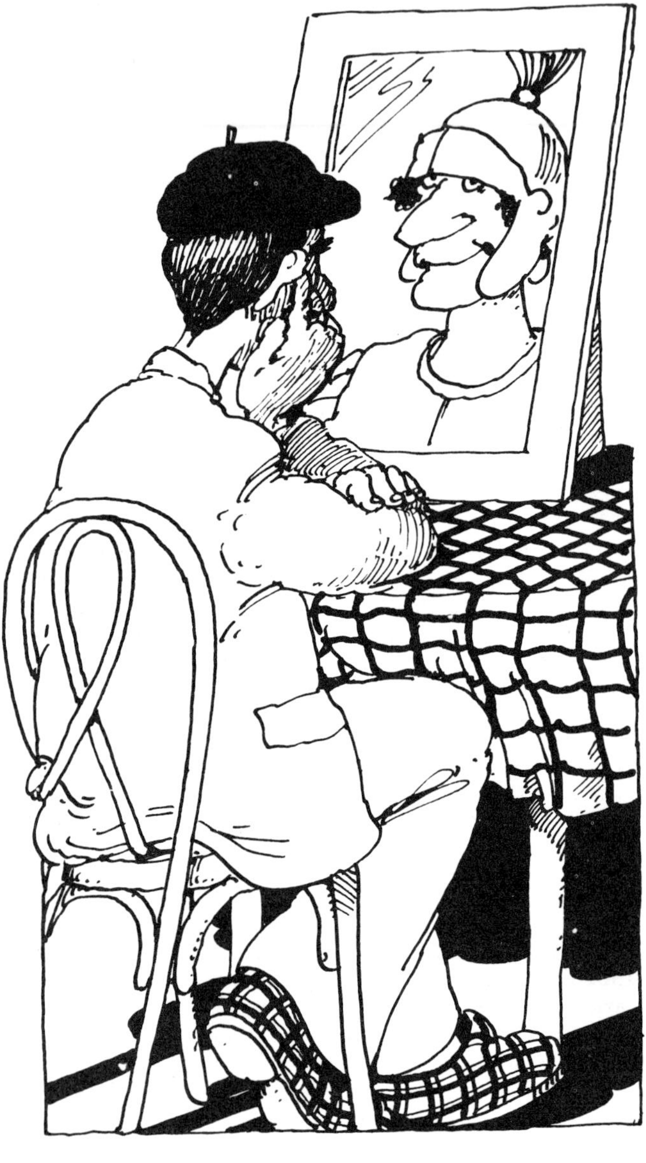

Du latin au français

I. Transmission populaire et transmission savante

On ne peut comprendre les relations qui existent entre le vocabulaire français et le vocabulaire latin sans avoir au préalable pris conscience d'une distinction essentielle, sur laquelle nous reviendrons bien souvent : la distinction entre transmission populaire et transmission savante.

Soit l'adjectif français LATÉRAL. Il est tiré de l'adjectif latin **lateralis,** qui a le même sens que l'adjectif français. La ressemblance entre les deux formes permet à quiconque lit le mot latin d'en deviner sans peine la signification.

Soit en revanche le mot français EAU. Il est issu du latin **aqua. Aqua** et EAU sont pourtant deux formes bien différentes. La transformation d'**aqua** en EAU est l'effet d'une transmission populaire : pour avoir été continuellement prononcé par des populations – celles de la Gaule puis de la France – prédisposées à en modifier les sonorités, le mot s'est transformé insensiblement. En Espagne, **aqua,** prononcé non moins fréquemment, a peu changé : il est devenu *agua;* en Italie, où il s'écrit aujourd'hui *acqua,* sa prononciation n'a pour ainsi dire pas varié.

Le sort du mot **lateralis** fut tout différent. Beaucoup moins utilisé, on s'en doute, que le mot **aqua,** il était même ignoré des Latins qui n'avaient pas reçu un minimum d'éducation.

Après la chute de l'Empire romain, les bénéficiaires de cette éducation se réduisirent à une infime minorité. Le mot **lateralis** cessa alors d'être employé, et ne resta connu que d'une poignée d'hommes capables de lire les rares textes où il se trouvait écrit. Le mot était mort. Cependant, peu à peu, le français naissait et prenait forme. Un jour du XIIIe ou du XIVe siècle, un savant eut l'idée de doter la langue française d'un nouvel adjectif en fabriquant, à partir de **lateralis,** et conformément à la morphologie du français, le mot LATÉRAL. Telle est la transmission savante. Au contraire de la transmission populaire, elle est instantanée, volontaire, et modifie le moins possible l'orthographe et la prononciation du mot latin.
Il est arrivé que le mot récupéré par les savants ne fût pas mort. Ainsi, **prehensio,** *action de prendre,* avait donné, par transmission populaire, PRISON. Le mot latin fut réemployé au XVIe siècle pour fabriquer le français PRÉHENSION. Un même mot latin peut ainsi fournir deux mots français de forme et de sens différents. Le phénomène est assez fréquent, et nous donnons une liste de ces doublets (voir p. 211).

II. Vingt siècles d'évolution

1. Qu'est-ce que le latin ?

Le latin fut d'abord la langue d'une petite population installée dans la région de Rome depuis, semble-t-il, le Xe siècle avant J.-C. Les hasards de l'histoire ont fait que ce modeste idiome est devenu langue universelle, et que, sous ses formes nouvelles (voir p. 14), il est encore parlé dans toutes les parties du monde par des centaines de millions d'individus.
La langue latine n'est pas née en Italie ; elle est venue du centre et de l'est de l'Europe, comme toutes les langues indo-européennes : le grec, les langues celtiques, germaniques, slaves, ainsi que certaines langues iraniennes et indiennes. Toutes ces langues, en effet, sont issues d'une même langue, que les linguistes ont appelée l'indo-européen ; elle était parlée par des populations qui ont essaimé dans de nombreuses régions de l'Europe ainsi qu'en Iran et au nord de l'Inde.

2. Le latin classique et le latin vulgaire

Le latin qu'on lit chez les auteurs de l'Antiquité et qu'on apprend encore à l'école est celui que parlaient les citoyens romains au Ier siècle avant J.-C. A cette époque écrivaient l'orateur et philosophe Cicéron, l'historien Salluste, le conquérant César, qui relata ses campagnes. Le prestige de ces écrivains fut immense ; on les considéra comme des modèles à suivre du plus près possible. Ainsi fut mis en place une sorte de latin idéal qui, pendant des siècles, demeura la langue de l'école, celle du texte écrit, et même celle du discours parlé quand les circonstances exigeaient l'emploi d'un langage soutenu.
Mais rien ne peut empêcher une langue de changer : dans le latin parlé, des transformations intervenaient. Au bout de cinq à six siècles, un fossé s'était creusé entre le latin littéraire et le latin de tous les jours. Dans ce latin-là, phonétique, vocabulaire et grammaire avaient considérablement changé depuis l'époque de Cicéron.

3. L'émergence des langues romanes

A la fin du Ve siècle de notre ère, il n'y a plus d'Empire romain d'Occident. L'unité est rompue entre les diverses régions de Gaule, d'Italie et d'Espagne. Les communications sont coupées avec les lointains colons romains du Danube, qui parleront plus tard le roumain. Les particularismes se développent rapidement. En même temps, les Barbares au pouvoir ne se soucient guère de maintenir l'instruction. Les écoles disparaissent. Bientôt, plus personne ne connaît le latin classique, à l'exception d'une poignée de gens d'église, car les textes sacrés sont écrits en latin littéraire.
En dehors des îlots de culture savante que sont les monastères ou les évêchés, que parle-t-on, du VIe au IXe siècle, dans les anciennes provinces romaines de l'Europe occidentale? On y parle un latin vulgaire, coupé de ses racines, éclaté en divers dialectes. Ce latin instable a reçu le nom de roman. Le roman disparaît quand l'intercompréhension n'est plus possible entre les locuteurs de plusieurs de ses dialectes. Les dialectes sont dès lors regroupés en plusieurs langues dites langues romanes [1]. Sur le territoire de ce qui sera la France, les dialectes romans se sont regroupés en deux langues, la langue d'oïl au Nord et la langue d'oc [2] au Sud. Un des dialectes d'oïl, parlé dans la région où s'est installé le pouvoir royal, prévaudra peu à peu sur les autres; après de nombreuses transformations et quelques emprunts aux dialectes voisins, il deviendra le français.

4. L'ancien français

On appelle ancien français la langue d'oïl dans son évolution du Xe au XVe siècle, telle que nous la connaissons grâce aux textes écrits qui nous sont parvenus. C'est du latin vulgaire ayant subi de profondes transformations phonétiques. L'apport germanique des conquérants francs — restés très minoritaires au sein de la population gallo-romaine — y est modeste : quasi-nul dans la grammaire, insignifiant dans la phonétique, sensible dans le vocabulaire.

---

1. On appelle langues romanes les langues issues du latin. Les principales sont l'espagnol, le français, l'italien, le portugais, le roumain.
2. Les deux langues sont désignées par leur façon de dire oui : *oïl* au Nord et *oc* au Sud.

5. La réaction savante

Le mouvement de régression culturelle a pris fin en Occident vers la fin du VIIIe siècle. La tendance alors se renverse, mais les progrès sont lents, dispersés et entrecoupés de rechutes, jusqu'au XIIIe siècle, où l'on assiste à un véritable « décollage » culturel. Le nombre des savants, c'est-à-dire de ceux qui connaissent le latin classique, se multiplie. Le vocabulaire français commence à s'enrichir grâce aux transmissions savantes. Le phénomène atteint toute son ampleur aux XIVe, XVe et XVIe siècles. Les savants entreprennent alors une véritable relatinisation de la langue française. En transcrivant en français des milliers de mots latins, ils doublent le volume du vocabulaire français. D'autre part, la redécouverte du grec enrichit le français de nombreux mots pris à cette langue. La relatinisation toucha également l'orthographe. L'ancien français eut d'abord une orthographe phonétique : un seul son pour chaque lettre et pas de lettres inutiles. A la Renaissance, les savants s'efforcèrent de déguiser les mots français en mots latins. Ainsi *autonne,* conforme à la prononciation, fut changé en AUTOMNE, afin qu'il ressemblât au modèle latin **autumnus.** De même, on affubla le mot DOIGT, écrit auparavant *doi,* des lettres G et T du latin **digitus.** Parfois les savants firent ressembler un mot à un père qui n'était pas le sien : ils transformèrent SAVOIR en *sçavoir* parce qu'en latin classique *savoir* se dit **scire;** malheureusement SAVOIR ne vient pas de **scire,** mais de **sapere** qui signifie en latin classique *avoir du goût, être intelligent.*

6. Le français moderne

Après le XVIe siècle, c'est dans son vocabulaire, constamment enrichi de mots savants, que le français subit ses changements les plus considérables. Grammaire et phonétique voient leur évolution ralentir. Le phénomène le plus marquant est l'extension progressive à tout le territoire de la France des particularités du parler parisien, processus encore inachevé, mais qui continue d'aller bon train : aujourd'hui chaque vieillard qui meurt en province fait marquer un point au français de Paris.

?
VOX POPULI
VOX DEI

III. La transmission populaire : les lois de l'évolution

1. L'alphabet latin

L'alphabet latin est à l'origine un alphabet phonétique, permettant de noter de façon rationnelle les sons de la langue latine. On peut donc, en lisant un mot écrit en orthographe latine classique, savoir comment il se prononçait entre le IIe siècle avant et le IIe siècle après J.-C.
Les Latins ont constitué leur alphabet à partir de l'alphabet grec fortement remanié. Il comprend 23 lettres, les mêmes que celles de l'alphabet français, moins le J, le U et le W.
La valeur de certains signes de cet alphabet n'a pas varié. Les signes dont la valeur a changé sont les suivants :
C notait toujours le son [k] : ainsi **centum** → CENT se prononçait [kentum].

G notait toujours le son [g], comme dans GARE : dans **gelare** → GELER, la première syllabe se prononçait comme dans « gué ».

H notait [h] (comme dans l'allemand *Haus*); mais cette consonne a de bonne heure cessé d'être émise.

I servait à noter deux sons différents : une voyelle [i] et une consonne [y] (comme dans YOUYOU).
Les Latins (qui n'ont longtemps connu que la majuscule) écrivaient donc IMAGO (→ IMAGE) et IOCARI (→ JOUER).
C'est à la fin du Moyen Age que l'habitude s'est prise d'employer la lettre J à la place du I consonne.

M et N notaient toujours les consonnes [m] et [n] : les voyelles nasales comme celles de LIN, LENT, LONG étaient inconnues du latin.

S notait toujours [s] et jamais [z] : la deuxième syllabe de **rosa** → ROSE se prononçait comme notre possessif « sa ».

V notait tantôt une voyelle prononcée comme « ou », tantôt une consonne [w] (comme dans WATT). Les Latins écrivaient donc VENIRE (→ VENIR) et VNVS (→ UN); l'habitude fut prise, par la suite, d'employer V pour noter la consonne (**venire**) et U pour noter la voyelle (**unus**).

2. Traitement des voyelles

Un trait distinctif extrêmement important pour les Latins de l'époque classique était la durée d'émission des voyelles. Les signes A, E, I, O, V représentaient en fait non pas cinq sons vocaliques, mais dix : un [ă] bref et un [ā] long, un [ĕ] bref et un [ē] long, etc. Il était impossible à un Latin de confondre **sŏlum** → SOL et **sōlum** → SEUL.

D'autre part, la plupart des mots latins comportaient un accent tonique[1] qui portait soit sur l'avant-dernière voyelle, soit sur la précédente.

La longueur (ou quantité) d'une voyelle latine et sa place par rapport à l'accent du mot sont décisives pour son évolution future et son aboutissement en français.

Une règle domine les autres : les voyelles accentuées du latin se conservent toujours en français (fût-ce en changeant de timbre) ; les voyelles non accentuées sont fragiles et disparaissent facilement : ainsi dans **ministérium,** seuls se sont conservés le premier **i,** devenu E, et le **e,** devenu IE : a. fr. *mestier* → MÉTIER.

a. Disparition

— Les voyelles latines situées en syllabe finale ont disparu en français : **murus** → MUR ; **homo,** *homme* → ON ; **septem** → SEPT ; **malum** → MAL.

1. Il est probable que l'accent latin a d'abord été musical (= de hauteur) avant d'être tonique (= d'intensité).

Toutefois, la voyelle latine **a** s'est maintenue beaucoup plus longtemps que les autres, en évoluant vers le son noté E, dit «E muet». Présente dans la graphie, cette voyelle n'est ordinairement plus prononcée ; cependant, son maintien prolongé a eu pour résultat de conserver la prononciation des consonnes qui la précédaient. Ainsi **porta** a donné PORTE (tandis que **portus** a donné PORT, où le T n'est plus prononcé).

— Les voyelles des avant-dernières syllabes postérieures à l'accent ont disparu : **tábula** → TABLE ; **véndere** → VENDRE.

— Les voyelles non initiales précédant l'accent ont disparu : **sacraméntum** → SERMENT. Cependant, devant certains groupes de consonnes, elles se sont maintenues : **voluntas,** acc. **voluntátem** → VOLONTÉ.

— Certaines voyelles initiales non accentuées ont également disparu : **diréctus** → DROIT.

b. Changement de timbre
— Voyelles initiales non accentuées :

Elles tendent à se maintenir, mais certaines changent de timbre : **minútus,** *petit* → MENU ; **mercátus** → MARCHÉ ; **cabállus** → CHEVAL ; **coróna** → COURONNE. Les voyelles dont le timbre a abouti à [e] sont cependant très menacées. Certaines ont fini par s'effacer : **matúrus** a donné *mëur* puis MÛR ; **vidére** a donné *vëoir,* puis VOIR.

— Voyelles accentuées :

á libre, c'est-à-dire suivi d'une seule consonne ou de deux si la seconde est un **r,** aboutit à des sons notés E, É, È : **máre** → MER ; **prátum** → PRÉ ; **pater,** acc. **pátrem** → PÈRE.

ĕ bref libre aboutit à des sons notés IE : **mĕl** → MIEL ; **pes,** acc. **pĕdem** → PIED.
ē long libre aboutit au son noté OI : **mē** → MOI ; **trēs** → TROIS.

ĭ bref libre aboutit au son noté OI :
pĭ́lus → POIL.
ĭ entravé, c'est-à-dire suivi de deux consonnes, aboutit à une voyelle notée E :
lĭ́ttera → LETTRE.

ó libre aboutit à des sons notés EU, ŒU :
cór → CŒUR ; **móvet** → (il) MEUT ;
sapor, acc. **sapórem** → SAVEUR ;
vótum → VŒU.

ŭ libre aboutit à des sons notés EU :
gŭ́la, *gorge* → GUEULE.
ū aboutit dans tous les cas au son noté U :
dū́rus → DUR ; **nŭ́llus,** *aucun* → NUL.

c. Nasalisation

La présence, après une voyelle latine non finale, des consonnes **m** ou **n** a souvent entraîné la nasalisation de la voyelle :
a, e, et **ĭ** non accentués suivis d'une nasale ont abouti au son noté AN ou EN : **mantéllum** → MANTEAU ; **gentílis,** *familial* → GENTIL ; **insígna,** *insignes* → ENSEIGNE.

á libre, **ẹ́** libre et **ị́** + nasale ont abouti au son noté IN, AIN ou EIN : **pánis** → PAIN ; **plẹ́nus** → PLEIN ; **vị́num** → VIN.
ę́ libre + nasale a abouti au son noté IEN : **bę́ne** → BIEN.

o et **u** + nasale ont abouti généralement au son noté par ON : **bonus** → BON ; **rumpere** → ROMPRE. Toutefois **ū́** libre + nasale aboutit au son noté UN : **ū́nus** → UN. Aujourd'hui beaucoup de locuteurs français ne distinguent plus cette voyelle de celle de VIN.

d. Influence du son [y]
Toute voyelle latine qui se trouvait au voisinage d'un **i**, d'un **e** suivi d'une autre voyelle, ou encore de certaines consonnes qui, comme **c** et **g**, pouvaient évoluer vers le son [y], était appelée à subir des modifications particulières :

a a donné divers sons notés AI, E, I, IE : **tractat,** *il touche* → TRAITE ; **lac,** acc. **lactem** → LAIT ; **riparia,** *riveraine* → RIVIÈRE ; **primarius,** *du premier rang* → PREMIER ; **jacet,** *il est couché* → (il) GÎT.

e a donné des sons notés OI ou I : **vectura,** *transport* → VOITURE ; **fecit** → (il) FIT ; **cera** → CIRE.

i a donné les sons notés OI et AI : **licere,** *être permis* → LOISIR ; **dignat,** *il juge digne* → (il) DAIGNE.

o a donné des sons notés OI ou UI : **otiosus,** *désœuvré* → OISEUX ; **nocet** → (il) NUIT ; **octo** → HUIT. Les scribes médiévaux, qui n'avaient qu'un seul signe pour noter le son [u] et le son [v] (voir plus haut p. 17), étaient fort gênés par les débuts de mots en *ui- :* comment lire le mot *uile ?* S'agissait-il du nom du liquide, ou de l'adjectif *vil* au féminin ? Ils prirent le parti de mettre un *h* à l'initiale chaque fois que le mot commençait par le son [ui], d'où les graphies HUILE ← **olea ;** HUIS ← **ostium,** *porte.*

u a donné des sons notés OI ou UI : **nux** → NOIX ; **fructus,** *production* → FRUIT.

e. La diphtongue au
La graphie latine **au** note une véritable diphtongue, c'est-à-dire que l'on entendait deux sons successifs [a] + [ou].
au non accentué aboutit au son [o] : **auricula** → OREILLE.
aú accentué aboutit à des sons notés O et OU : **aúrum** → OR ; **caúsa** → CHOSE ; **laúdat** → (il) LOUE.

3. Traitement des consonnes

a. Disparition

— Consonnes finales

Toutes les consonnes finales latines autres que **l** et **r** ont disparu en français, sauf dans PLUS ← **plus ;** TOUS ← **totos,** acc. pluriel de **totus,** *tout entier;* et SIX ← **sex.** L'orthographe, qui les maintient souvent, ne représente pas la véritable prononciation du français : VILLES ← **villas,** acc. pl. de **villa,** *ferme;* CHANTENT ← **cantant,** *(ils) chantent.*

La plupart des consonnes devenues finales à l'époque romane ont également disparu : **maritus** → *marit* → MARI.

— Consonnes intérieures

A la suite de la disparition d'une voyelle, deux consonnes ont pu se trouver en contact : quand la prononciation en était trop difficile, une de ces consonnes s'est effacée : **tepidus** est passé par ***tiepdu** avant d'aboutir à TIÈDE; de même **manducare,** *mâcher,* a donné ***mandugare,** puis ***mandgare** d'où MANGER.

D'autres disparitions ont pu avoir lieu en dehors de réelles difficultés de prononciation :

c a disparu entre deux voyelles, sauf si la première était **a** ou **e : locare,** *établir* → LOUER.

d a disparu entre deux voyelles ou entre voyelle et **r** : **sudare** → SUER ; **quadratus** → CARRÉ.

g a disparu entre deux voyelles, sauf quand la première était **a** ou **e** : **ruga,** *ride, sillon* → RUE.

Le **h** aspiré avait commencé à disparaître dès l'époque de Cicéron (voir plus haut p. 17). Le H français dit aspiré a cessé de l'être depuis fort longtemps ; les mots qui ont gardé une trace de H aspiré (la HACHE, le HARENG, etc.) sont d'origine germanique et non latine.

n a disparu devant **s,** et cela dès le début de l'ère chrétienne : **pensare** → PESER ; **constare,** *exister* → COÛTER. Il a également disparu après **m** : **somnus,** *sommeil* → SOMME.

r a disparu dans les infinitifs en **-are** et dans les noms ou adjectifs en **-arius** : **portare** → PORTER ; **primarius** → PREMIER (le R n'est pas prononcé).

s a disparu à l'intérieur d'un mot devant consonne (sauf devant **r** et devant **c** suivi d'une voyelle autre que **a)** : **musca** → MOUCHE ; **testa,** *carafe* → TÊTE : l'allongement de la voyelle précédente accompagnant l'effacement du son [s], et souvent noté par un accent circonflexe, n'est plus perceptible dans le parler courant.

t a disparu
– entre deux voyelles : **peccator,** acc. **peccatorem** → PÉCHEUR ;
– entre voyelle et **r** : **mater,** acc. **matrem** → MÈRE.

b. Disparition compensée

Certaines consonnes latines ont cessé de se faire entendre, mais ont laissé des traces de leur présence :

c a disparu en changeant le timbre de la voyelle précédente dans un certain nombre de cas :
— dans le groupe **sc** non initial : **vascellum,** *petit vase* → VAISSEAU.
— devant **e** et **i** en syllabe finale : **vox,** acc. **vocem** → VOIX.
— devant **r** : **sacramentum** → SERMENT.
— devant **t** : **factus** → FAIT.
— devant le son [s] : **coxa** (= * **cocsa**), *hanche* → CUISSE.

l a parfois disparu en modifiant le timbre de la voyelle précédente. Devant consonne, **l** a pris le son [w] puis [ou], lequel s'est combiné avec la voyelle qui le précédait : **alba,** *blanche* → AUBE. Le phénomène s'est produit également lorsque la disparition d'une voyelle latine a mis **l** en contact avec une consonne, notamment avec le **s** de l'accusatif pluriel : **caballos,** avec la chute du **o** final (voir p. 18), a donné * **cabals,** puis *chevaus*[1].
Dans certains mots de ce type, le singulier s'est modelé sur le pluriel : BEAU, analogique de BEAUX (← **bellos,** acc. pluriel de **bellus,** *charmant*), a remplacé BEL; FOU, analogique de FOUS (← **folles,** acc. pluriel de **follis,** *ballon*), a remplacé la forme FOL.
Lorsque **l** est venu au contact d'un **r,** sa disparition s'est accompagnée du dégagement d'une consonne [d] : **molere** a donné * **molre,** d'où MOUDRE.

m et **n** devant consonne ou en fin de mot se sont effacés en nasalisant la voyelle qui précédait : voir p. 20.
Lorsque la consonne était **r,** il y eut dégagement d'un [b] ou d'un [d] : **camera** → * **camra** → CHAMBRE; **tener,** acc. **tenerum,** *délicat* → * **tenru** → TENDRE.

s initial devant consonne s'est fait précéder d'un E, puis s'est effacé : **scutum,** *bouclier* → ÉCU (a. fr. *escu*).
Quand **s** venait au contact d'un **r,** sa disparition était précédée du dégagement d'un [t] : * **essere,** forme vulgaire pour **esse,** *être,* a donné ÊTRE (a. fr. *estre*).

---

1. Le X de CHEVAUX n'est qu'un signe graphique utilisé au Moyen Age pour noter US.

c. **Transformations**

b entre voyelles ou entre voyelle et **r** est devenu V : **faba** → FÈVE ; **febris** → FIÈVRE.

b devant un groupe **i** ou **e** + voyelle a laissé place au son [j] : **rabia** → RAGE ; **rubeus,** *roux* → ROUGE.

c devant **i** et **e** en syllabe non finale est passé du son [k] aux sons [s] ou [z] : **civitas,** accusatif **civitatem** → CITÉ ; **placere** → PLAISIR.

c devant **a** a abouti à des sons notés CH, G, Y : **carus** → CHER ; **manica** → MANCHE ; **manducare,** *mâcher* → MANGER ; **pacare,** *apaiser* → PAYER.

d devant un groupe **i** ou **e** + voyelle a laissé place au son [j] : **diurnus,** *diurne* → JOUR ; **hordeum** → ORGE.

g devant **a, e, i** est devenu [j] : **gaudere,** *se réjouir* → JOUIR ; **gelare** → GELER ; **argilla** → ARGILE.

g après voyelle et devant **a** a évolué en [y] : **regalis** → ROYAL ; **paganus** → PAÏEN. Si **a** est une voyelle finale, le **g** disparaît : **plaga** → PLAIE.

g précédé de **n** et suivi de **r** a évolué vers [d] : **fingere,** *façonner,* a donné * **fingre,** puis FEINDRE.

j initial est passé du son [y] au son [j] : **jurare** (première syllabe prononcée comme *you*) → JURER.

l a pris le son [y]
— devant **i** ou **e** suivis d'une voyelle : **filia** → FILLE ; **dolium,** *chagrin* → DEUIL ;
— quand il venait à être précédé de **c** ou **g** : **oculus** est devenu ***oclu** d'où ŒIL ; **vigilare** est passé à ***viglare,** d'où VEILLER.

m s'est combiné à un **i** ou un **e** suivis de voyelle pour donner le son [j] en nasalisant la voyelle précédente : **simius** → SINGE.

n s'est combiné à un **i** ou un **e** suivis de voyelle pour donner le son [ñ], sans nasalisation de la voyelle précédente : **vinea** → VIGNE.

p entre voyelles ou entre voyelle et **r** a abouti à V : **ripa** → RIVE ; **capra** → CHÈVRE.
p s'est combiné à **i** suivi de voyelle pour donner le son noté CH : **sepia** → SEICHE.

s entre voyelles passe à [z] : **rosa** (prononcé comme *rossa*) → ROSE.

t s'est combiné à un **i** ou un **e** suivis de voyelle pour donner [s] après consonne et [z] après voyelle : **cantio,** acc. **cantionem** → CHANSON ; **ratio,** acc. **rationem** → RAISON.

v est le plus souvent passé du son [w] au son [v] : **vinum** [wínum] → VIN. Toutefois, il a connu également d'autres évolutions :
— à l'initiale de certains mots, et par analogie avec le *w* germanique prononcé [gw] par les Romains, le **v** latin est devenu [gw] puis [g] : **vespa** a été prononcé [gwespa], d'où GUÊPE ;
— devant **i** ou **e** suivis de voyelle, **v** a formé un groupe consonantique qui est passé à [j] : **cavea** → CAGE ; **abbreviare** → ABRÉGER ;
— en syllabe finale, sauf devant **a, v** a abouti à [f] : **novus** → NEUF ; **navis** → NEF.

Exercice

Les Jardins des Racines Latines comportaient des exercices. Pour respecter la tradition, nous proposons au lecteur de découvrir lui-même à quels mots français ont abouti les mots latins suivants (le sens n'a pas changé)[1] :

amícus ; ăsinus ; avēna ; bos, acc. **bŏvem ; călidus ; cálvus ; cārus ; cínis,** acc. **cĭnerem ; crux ; făcere ; fămes ; frāter ; fúrca ; gaúdia ; habēre ; ĭnsula ; lĕctus ; lepus,** acc. **lĕporem ; lūcere ; lŭpa ; ŏpera ; paúper ; pĭra ; piscator,** acc. **piscatōrem ; sal,** acc. **sălem ; scāla ; spīcum ; spīna ; tálpa ; tíngere.**

Solution : ami ; âne ; avoine ; bœuf ; chaud ; chauve ; cher ; cendre ; croix ; faire ; faim ; frère ; fourche ; joie ; avoir ; île ; lit ; lièvre ; luire ; louve ; œuvre ; pauvre ; poire ; pêcheur ; sel ; échelle ; épi ; épine ; taupe ; teindre[1]

1. Ces mots représentent des cas d'évolution régulière, conforme aux lois générales que nous avons décrites. Cette description est sommaire ; une foule de faits particuliers – trop longs à énumérer– fait de la transmission populaire un phénomène complexe.

FIAT LUX

IV. La transmission savante : ses modalités

1. La recherche de l'abstraction

Le vocabulaire issu de la transmission populaire était un vocabulaire concret, un vocabulaire de paysans et de soldats. Avec la renaissance intellectuelle, le besoin de désigner des abstractions n'a cessé de grandir. En particulier, il fallait des noms, beaucoup de noms, car le verbe est toujours enfoncé dans le concret : il exprime le mouvant, il appelle un sujet. Après avoir fourni les verbes à la langue populaire, le latin a fourni les noms aux savants. D'où les innombrables couples comme MANGER / MANDUCATION : **manducare** / **manducatio ;** PISSER / MICTION : lat. pop. * **pissiare** / lat. class. **mictio,** de **mingere,** *uriner;* RÉDUIRE / RÉDUCTION : **reducere** / **reductio.** A vrai dire, dans bien des cas, le nom existait déjà en français populaire. Mais il paraissait insuffisamment abstrait : on le doubla donc d'un nom latin, et l'on obtint une figure triangulaire comme NAGER / NAGE / NATATION ; PRÊCHER / PRÊCHE / PRÉDICATION ; SUIVRE / SUITE / SÉQUENCE. Les noms NAGE, PRÊCHE, SUITE, dérivés de NAGER (← **navigare,** *naviguer*), PRÊCHER (← **praedicare,** *proclamer*), SUIVRE (← * **sequere,** forme classique **sequi**), ont été doublés par NATATION (← **natatio**), PRÉDICATION (← **praedicatio**), SÉQUENCE (← **sequentia,** *suite*).

Le français populaire ne sentait guère le besoin d'adjectifs abstraits. Le français savant dut réparer cette lacune à l'aide du vocabulaire latin, d'où les couples CÔTÉ / LATÉRAL (lat. pop. * **costatum,** *partie du corps où sont les côtes* / lat. class. **lateralis,** formé sur **latus, lateris,** *côté*) ; FEU/IGNÉ (**focus,** *foyer* / **igneus,** formé sur **ignis,** *feu*).

2. La recherche du mot technique

Il existe d'autres raisons d'importer volontairement des mots latins en français. Le langage scientifique trouve là le moyen de s'assurer que tel concept ou tel objet sera désigné par un mot tout neuf qui ne pourra rien signifier d'autre. Ainsi les botanistes, peu satisfaits d' « inflétrissable », usé par l'emploi métaphorique, sont-ils allés chercher IMMARCESCIBLE ← **immarcescibilis,** *qui ne flétrit pas.* Hélas, ce mot est devenu à son tour la proie des métaphores. En revanche, ils ont su se garder le mot DÉHISCENT, d'après **dehiscere,** *se fendre, s'entrouvrir.*

3. La simplification de l'expression

Et si le latin ne possède pas le mot dont on a besoin ? On peut toujours se tourner vers le grec, mais le latin lui-même offre encore des ressources. Si le mot n'existe pas, on peut l'inventer en utilisant les procédures par lesquelles les Latins composaient ou dérivaient de nouveaux mots à partir des mots existants : on obtient ainsi des formes qui rassemblent en un seul mot ce qui devait être dit par quatre, cinq mots ou plus. Au lieu de « cette activité est une de celles qui ont lieu entre diverses nations », il est plus simple de dire « cette activité est INTERNATIONALE ». Il a suffi d'imaginer un mot latin * **internationalis** tout à fait plausible, composé à partir d'**inter** → ENTRE et **natio, nationis** → NATION. A la place de « plante dont les feuilles sont groupées par quatre », on dira « plante QUADRIFOLIÉE » après avoir inventé un adjectif * **quadrifoliatus,** fait avec l'élément **quadri-** signifiant *quatre* et le nom **folium,** *feuille.*

4. Le goût des mots savants

« Nous transfretons la Sequane au delucule et crepuscule ; nous déambulons par les compites et quadrivies de l'urbe ; nous despumons la verbocination latiale, et comme verisimiles amorabondes, captons la bénévolence de l'omnijuge, omniforme et omnigène sexe féminin. Certaines diecules, nous invisons les lupanares, et en ecstase vénéréique, inculcons nos veretres ès penitissimes recesses des pudendes de ces meretricules amicabilissimes ; puis cauponizons ès tabernes méritoires de la Pomme de Pin, du Castel, de la Magdeleine et de la Mulle, belles spatules vervecines, perforaminées de petrosil. »

Dans ces propos qu'il prête à l'étudiant limousin, Rabelais (*Pantagruel,* ch. 6) ridiculise la fureur latinisante qui sévissait chez les intellectuels de son temps – et à laquelle il lui arrive de céder lui-même plus d'une fois. Dans ce langage « sorbonicque », chaque mot du français populaire était remplacé par sa traduction latine francisée : TRAVERSER par *transfreter* (← **transfretare,** *traverser*), SEINE par *Sequane* (←**Sequana,** *Seine*), etc. On constate que certains de ces mots pédants se sont implantés dans notre vocabulaire : CRÉPUSCULE, DÉAMBULER, CAPTER, LUPANAR, INCULQUER, MÉRITOIRE. La langue a fait le tri entre l'utile et l'inutile.

Ceux qui aujourd'hui emploient systématiquement OCCULTER, forme savante tirée de **occultare,** *cacher,* au lieu de CACHER, forme populaire issue de ***coacticare,** *serrer, enfouir,* peuvent se reconnaître dans l'étudiant de Rabelais. Ils cherchent à se parer, à peu de frais, du prestige du savant. On ne confondra pas leur démarche avec celle du poète, lui aussi à la recherche des formes savantes. Certes le désir d'épater n'est pas absent chez Arthur Rimbaud lorsqu'il parle, dans *Les Mains de Jeanne-Marie,* de PANDICULATIONS, du verbe **pandiculari,** *s'allonger en bâillant,* mais la poésie n'y perd rien :

Oh! quel Rêve les a saisies
Dans les pandiculations?

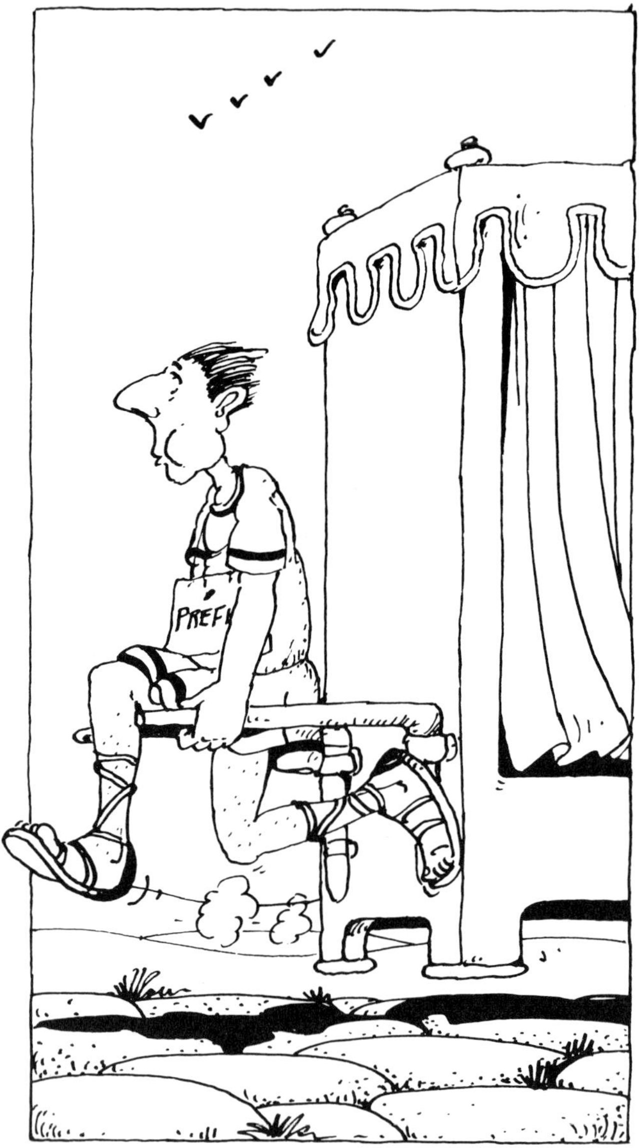
PREF

Les préfixes

Une langue à préfixes est une belle langue : son lexique est ordonné ; les mots n'y sont pas éparpillés en unités ou en petits groupes, mais regroupés en grandes et puissantes familles. Le latin avait le privilège d'être une telle langue et le français l'a conservé. La langue française a pris deux ou trois préfixes au germanique et une vingtaine au grec, mais c'est le système des prépositions et préfixes latins qui, pour l'essentiel, scande le vocabulaire français et y produit ces assonances qui, s'ajoutant aux rimes suffixales, font de notre langue une harmonie pleine d'échos.

Nous classerons les préfixes en fonction de deux critères : leur forme (savante ou populaire) et leur disponibilité (on dit qu'un préfixe est disponible lorsqu'il peut être utilisé pour composer de nouveaux mots). On verra donc successivement quatre types de préfixes d'origine latine : les préfixes de forme savante disponibles et ceux qui ont cessé de l'être ; puis les préfixes de forme populaire disponibles et ceux qui ont cessé de l'être.

Nous insisterons surtout sur les deux premières catégories, qui représentent un aspect singulier de la transmission savante : tous ces préfixes ont conservé la forme qu'ils avaient en latin.

Enfin nous consacrerons un chapitre spécial aux préfixes quantitatifs.

Remarque. On observera que sur 25 préfixes de forme savante, 22 sont disponibles, et que sur 16 préfixes de forme populaire, 8 seulement sont disponibles. Les préfixes les plus modernes ont une forme latine intacte : le français ne s'éloigne plus du latin, il s'en rapproche.

PRÉFIXE

I. Préfixes de forme savante disponibles

Nous touchons là, en son point le plus chaud, à l'alchimie de la langue, à ce phénomène par lequel la langue s'affirme comme structure vivante : celui du renouvellement continu du lexique. Phénomène d'autant plus fascinant qu'il révèle que le latin n'est pas une langue morte. Le pouvoir signifiant et fécond des mots latins se maintient quinze siècles après la chute de Rome : INFRA, PRO, SUB, SUPER, ULTRA, etc., ne sont pas *issus* du latin, ce *sont* des mots latins, aussi actifs qu'ils l'étaient voici trente siècles ou plus.

AMBI- ← **ambi-,** *des deux côtés.*

Ce préfixe sert à former des mots portant l'idée de double nature :
AMBISEXUÉ : qui possède l'un et l'autre sexe.
AMBIVALENT : qui présente deux aspects.
Il est concurrencé par le préfixe AMPH- / AMPHI-, tiré du grec **amphi-,** *des deux côtés,* frère du latin **ambi-.**

CIRCUM- ← **circum,** *autour.*

Ce préfixe compose des adjectifs indiquant toujours des lieux périphériques :
CIRCUMPOLAIRE : qui est, qui se fait autour du pôle.
CIRCUMTERRESTRE : qui est, qui se fait autour de la Terre.
Son activité est toutefois contrariée par la concurrence du préfixe PÉRI-, tiré du grec **peri,** *autour.*

CO- ← **co-,** *avec, ensemble.*

Ce préfixe compose des noms, adjectifs ou verbes décrivant des situations de partage entre deux ou plusieurs personnes : COAUTEUR : auteur d'une œuvre faite en collaboration; CORESPONSABLE : détenteur d'une responsabilité partagée ; COHABITER : partager la même habitation ; COGÉRÉ : dont la gestion est partagée.

CON- (**COM-** devant consonne labiale) ← **con-,** *avec, ensemble* (**con-** et **co-** sont deux formes du même préfixe). Ce préfixe est peu productif, et n'est employé que dans les langages savants. Il compose des mots indiquant des ensembles ou des convergences :
CONURBATION : ensemble de villes contiguës (+ élément -URB- ← **urbs,** *ville* et suffixe -ATION).
COMPÉNÉTRATION : pénétration réciproque.
L'emploi très restreint du préfixe CON- / COM- s'explique en partie par la concurrence du préfixe SYN- tiré du grec **sun,** *avec.*

EX- ← **ex,** *hors de.*
Ce préfixe sert à composer des noms de personnes définies par leur état antérieur. Il est toujours séparé du mot de base par un trait d'union : EX-GÉNÉRAL, EX-MARI, etc. Il repose sur l'imitation savante d'un tour latin dans lequel la préposition **ex,** *hors de,* précédait un nom désignant un magistrat : **Sulpicius, ex consule,** *Sulpicius, ex-consul,* littéralement *sorti de l'état de consul.*
EX- se présente sans trait d'union dans quelques composés anciens, dans lesquels il a conservé sa signification primitive, *hors de :* EXPATRIER (+ PATRIE); EXPROPRIER, fait d'après APPROPRIER. Mais il a cessé d'être disponible dans cet emploi.

EXTRA- ← **extra,** *à l'extérieur de.*
Ce fut jusqu'à ce siècle un préfixe peu productif; il est désormais très disponible, dans deux fonctions différentes :

1. Il compose des adjectifs, plus rarement des noms, signifiant une position ou une origine extérieure par rapport à un objet, un lieu, une institution :
EXTRA-UTÉRIN : situé en dehors de l'utérus; EXTRA-TERRESTRE : qui vient d'en dehors de la terre; EXTRA-PARLEMENTAIRE : qui s'exprime en dehors des procédures parlementaires. Dans cette fonction, EXTRA- trouve un concurrent dans le préfixe EXO-, tiré de l'adverbe grec **exô,** *en dehors.*

2. Devant des adjectifs, il sert à composer des superlatifs : EXTRA-FIN (plus que très fin) est consacré par l'usage, mais on peut entendre aussi EXTRA-BON, EXTRA-CHOUETTE.

IN- ← **in-**, préfixe privatif.
Le préfixe latin **in-** était très employé pour former des adjectifs à sens négatif : **indocilis** (**in** + **docilis**) → INDOCILE ; **injustus** (**in** + **justus**) → INJUSTE, etc. Dès le Moyen Age, le français savant en dégagea un préfixe IN- qui est aujourd'hui très actif, mais dont l'emploi se limite pratiquement à la formation d'adjectifs en -ABLE : INCROCHETABLE, INFROISSABLE. Conformément au modèle latin, l'orthographe remplace N par M devant B, M ou P : IMBATTABLE. La prononciation elle-même suit les usages du latin : devant L et R, le préfixe IN- prend les formes IL- et IR- : ILLOGIQUE, IRRESPONSABLE. Toutefois, une tendance à la conservation de la forme IN- se fait jour : INLASSABLE, INRACONTABLE.

INFRA- ← **infra,** *au-dessous de.*
INFRA- compose des mots évoquant des réalités inférieures à des niveaux fixés par les mots auxquels il s'adjoint. INFRAROUGES : radiations dont la fréquence est inférieure à celle du rouge ; INFRA-HUMAIN : qui est au-dessous de l'humain. INFRASTRUCTURE, qui désigne le niveau inférieur de la structure, est la seule exception.
INFRA- est un outil encore tout neuf, qui fut pratiquement inusité avant le XIXe siècle. Son expansion est contrariée par l'existence du préfixe SUB- (voir p. 40) et celle du préfixe HYPO-, tiré du grec **hupo,** *sous.*

INTER- ← **inter,** *entre.*
Ce préfixe est très productif, et disponible pour former deux types de mots :
— des adjectifs ou noms évoquant un espace (local ou temporel) entre des objets désignés par le mot de base :
INTERNUCLÉAIRE : compris entre les noyaux cellulaires ; INTERCLASSE : temps séparant deux classes. Le modèle de ces mots a été fourni par le latin, dans des termes comme **intervallum,** *espace entre deux pieux* → INTERVALLE (+ **vallus,** *pieu*) ; **interregnum,** *temps séparant deux règnes* → INTERRÈGNE (+ **regnum,** *règne*).
— des adjectifs ou noms évoquant des relations entre plusieurs partenaires désignés par le mot de base :
INTERRÉGIONAL : qui concerne les relations entre plu-

sieurs régions; INTERZONE, qui concerne les relations entre plusieurs zones; INTERSYNDICALE : institution réunissant plusieurs syndicats. Le modèle de ces mots a probablement été INTERNATIONAL, créé à la fin du XVIIIe siècle, pour réduire à un seul mot l'expression «entre les nations».

INTRA- ← **intra,** *à l'intérieur de.*
La préposition latine **intra** fournit au français un préfixe récent (aucun emploi avant la seconde moitié du XIXe siècle), assez peu productif, disponible pour former des mots évoquant des activités internes à des objets désignés par les mots de base : INTRA-ATOMIQUE, à l'intérieur de l'atome; INTRACARDIAQUE, à l'intérieur du cœur.
Dans cette fonction, INTRA- trouve un concurrent dans le préfixe ENDO-, tiré du grec **endon,** *à l'intérieur.*

INTRO- ← **intro,** dedans.
Fidèle à la valeur précise de l'adverbe latin **intro,** le préfixe INTRO- exprime un mouvement vers l'intérieur. Le français l'a dégagé de mots comme INTRODUIRE ← **introducere,** *mener dedans* (+ **ducere,** *mener*). C'est un préfixe peu productif, connu surtout dans le vocabulaire de la psychologie : INTROJECTION (sur le modèle de PROJECTION, voir p. 288) : intériorisation de l'image d'une autre personne; INTROVERTI (sur le modèle d'INVERTI, PERVERTI): tourné vers l'intérieur de soi-même.

PER- ← **per-,** préfixe superlatif.
Ce réemploi savant de **per-** n'a retenu qu'une des fonctions du préfixe latin, sa fonction superlative : **permagnus** (+ **magnus,** *grand*) signifiait *très grand.*
PER- compose uniquement des noms de composés chimiques caractérisés par la présence d'un élément en quantité renforcée : PERMANGANATE, PERBORATE, etc., corps contenant une quantité renforcée de manganèse, de bore, etc. La disponibilité de ce préfixe est donc étroitement limitée.

POST- ← **post,** *après.*
Le préfixe POST- connaît de nos jours une très grande expansion. Il compose des adjectifs et des noms évoquant des

périodes ou des activités postérieures à une période ou un fait désignés par le mot de base :
POSTOPÉRATOIRE : qui suit l'opération ; POSTCURE : surveillance médicale après traitement.

PRÉ- ← prae, *avant, devant.*
Le préfixe PRÉ- sert à composer
— soit des mots évoquant une opération accomplie d'avance :
PRÉFABRIQUÉ : monté avec des éléments fabriqués au préalable ; PRÉPAYÉ : payé d'avance ;
— soit des mots évoquant des périodes ou des activités antérieures à une période ou un fait désignés par le mot de base ; dans cet emploi, il est l'opposé de POST- :
PRÉOPÉRATOIRE : qui précède l'opération ; PRÉNATAL : qui précède la naissance.

PRO- ← pro, *en faveur de.*
PRO- est très disponible pour former des adjectifs ou noms indiquant la sympathie ou la prise de position pour des êtres, des doctrines, des activités, des objets, etc. désignés par les mots de base : PROCHINOIS, PROCOMMUNISTE, etc. Le langage populaire fait large et libre usage de ce préfixe.
PRO- a été ressuscité quand il fallut trouver l'opposé du préfixe ANTI-, tiré du grec **anti,** *contre.* On avait besoin d'un mot ancien signifiant *pour* : le plus simple était de prendre le mot d'où cette préposition était issue, c'est-à-dire la préposition latine **pro,** dont les sens étaient *devant, à la place de, en proportion de, pour.*
Ce préfixe ne doit pas être confondu avec un autre préfixe PRO-, signifiant *avant* et tiré du grec **pro,** *avant* (ex : PROPHYLAXIE).

QUASI- ← quasi, *pour ainsi dire, à peu près.*
QUASI- peut précéder la plupart des noms d'état ou d'action. Il permet de signifier des états ou des actions incomplètement actualisés : QUASI-CERTITUDE, QUASI-USUFRUIT.

RÉTRO- ← retro, *en arrière.*
Plusieurs composés en **retro-** ont été importés en français par la langue savante : ainsi RÉTROGRADE ← **retrogradus,**

qui marche en arrière (+ **gradus,** *pas*). Le français en a dégagé un préfixe RÉTRO-, qui connaît aujourd'hui une certaine extension. Les mots qu'il compose évoquent un mouvement vers l'arrière :
RÉTROFUSÉE : fusée qui imprime un mouvement vers l'arrière; RÉTROVISEUR : miroir qui permet de regarder derrière.

SUB- ← **sub,** *sous, un peu.*
Ce préfixe sert à composer deux sortes de mots :
– en médecine, des mots désignant des phénomènes pathologiques à forme atténuée; SUBFÉBRILE : où la température, supérieure à la normale, ne peut cependant être qualifiée de fébrile; SUBAIGU : dont les caractères sont intermédiaires entre l'état chronique et l'état aigu;
– en géographie, des mots désignant des zones marginales, dont les caractéristiques s'apparentent à celles des zones désignées par les mots de base :
SUBARCTIQUE : relatif à la zone proche de l'Arctique; SUBTROPICAL : relatif à la zone située entre la zone tropicale et la zone tempérée. Cet emploi a été inspiré par SUBURBAIN ← **suburbanus,** *voisin de la ville* (+ **urbs,** *ville*).

SUPER- ← **super,** *au-dessus de.*
SUPER- s'est dégagé de mots comme SUPÉRIEUR ← **superior ;** SUPERLATIF ← **superlativus,** pour devenir un outil linguistique permettant de composer des superlatifs, y compris – et c'est là son grand intérêt – des superlatifs de noms. Depuis une ou deux décennies sa vogue est extraordinaire : on ne compte plus les SUPERMARCHÉ, SUPERQUALITÉ, SUPERENNUYEUX, etc. Son concurrent HYPER-, du grec **huper,** *au-dessus de,* frère indo-européen de **super,** reste cantonné dans un langage plus recherché.

SUPRA- ← **supra,** *au-dessus de.*
La préposition latine **supra,** *au-dessus de* (quasi-synonyme de **super**) a été transplantée en français à la fin du siècle dernier. Elle fournit un préfixe permettant de composer des mots évoquant des réalités supérieures à des niveaux indiqués par les mots de base; SUPRANATIONAL : qui est au-dessus des institutions nationales.

Préfixe modérément productif, SUPRA- s'oppose à INFRA- (SUPRA-HUMAIN / INFRA-HUMAIN), mais il est parfois supplanté par ULTRA- (INFRAROUGE / ULTRAVIOLET).

TRANS- ← **trans,** *à travers, au-delà.*

Le préfixe TRANS- produit deux types de mots :
— des mots évoquant des traversées : TRANSAFRICAIN, qui traverse l'Afrique; TRANSOCÉANIQUE, qui traverse l'Océan;
— des mots évoquant des plans ou des unités supérieurs à ceux que désignent les mots de base : TRANSNATIONAL, qui dépasse le cadre national; TRANSPHRASTIQUE, qui concerne les unités de discours plus larges que la phrase.

ULTRA- ← **ultra,** *au-delà de.*

La préposition latine **ultra,** *au-delà de,* a été récupérée à la fin du XVIIIe siècle pour former le mot ULTRA-ROYALISTE, désignant le royaliste dont les souhaits politiques allaient au-delà du raisonnable et du possible. A partir de là, ULTRA- est devenu un préfixe superlatif comparable à EXTRA- ou SUPER-.
ULTRAMODERNE : le plus moderne qui soit.
ULTRA-PRESSION : pression extrêmement élevée. (On notera les hésitations de l'orthographe sur l'emploi du trait d'union.)
ULTRA- est encore susceptible d'être employé au sens strict d'*au-delà :* ULTRASON : vibration dépassant le seuil supérieur d'audibilité (opposé à INFRASON : vibration n'atteignant pas le seuil inférieur d'audibilité); ULTRAVIOLET.
Sur la forme OUTRE-, voir p. 47.

VICE- ← **vice,** *à la place de.*

Ce préfixe, connu dans VICE-PRÉSIDENT : adjoint et suppléant du président, VICE-RECTEUR, VICE-CONSUL, etc. : adjoint et suppléant du recteur, du consul, etc., est la transcription savante du latin **vice** signifiant *à la place de.* En transmission populaire **vice** a donné VI- dans un mot comme VICOMTE : littéralement « qui tient lieu de comte ».

On notera que quatre des préfixes ci-dessus énumérés — EXTRA, RÉTRO, SUPER, ULTRA — sont passés au rang d'adjectif ou de nom : « c'est extra », « un extra », « la mode rétro », « c'est super », « un ultra ».

PREFIXE

II. Préfixes de forme savante non disponibles

ANTÉ- ← **ante,** *avant, devant.*
Récupération de la préposition latine **ante,** *avant,* ce préfixe peu productif marque l'antériorité ou la position en avant : ANTÉDILUVIEN (+ DILUVIEN, tiré de **diluvium,** *déluge*) : antérieur au déluge; ANTÉVERSION (+ VERSION, d'après **vertere,** *tourner,* voir p. 174) : déviation de l'utérus vers l'avant.
Ce préfixe a été éliminé par son concurrent PRÉ-, voir p. 39. Ainsi ANTÉCOLOMBIEN : relatif à l'Amérique avant l'arrivée de Colomb, a été supplanté par PRÉCOLOMBIEN, ANTÉHISTORIQUE par PRÉHISTORIQUE, etc.
Signalons ici la formation ANTIDATER (+ DATER), qui aurait dû être *ANTÉDATER, mais qui a subi l'influence d'ANTICIPER (← **anticipare,** *prendre par avance*).

IN- (**IM-** devant consonne labiale) ← **in-,** préfixe correspondant à la préposition **in,** *dans.*
Ce préfixe a composé des mots dans lesquels il marque généralement l'intériorité : IMPLOSION (IN + PLOSION, base tirée d'EXPLOSION ← **explosio,** *action de jeter dehors*); INDENTATION (+ DENT ← **dens,** voir p. 190) : échancrure semblable à la trace d'une dent dans un objet mordu; INFILTRER (+ FILTRE, mot d'origine germanique).

JUXTA- ← **juxta,** *à côté de.*
Peu productif, ce suffixe signifie toujours *à côté :* JUXTALINÉAIRE (+ LINÉAIRE ← **linearis,** de **linea** → LIGNE) : se dit d'une traduction dont chaque ligne est écrite en regard de la ligne correspondante du texte à traduire.
JUXTAPOSER : poser à côté.
Voir la racine **jug,** p. 135.

PREFIXE

III. Préfixes de forme populaire disponibles

CONTRE- ← **contra,** *contre.*
CONTREMANIFESTER, CONTRE-PERFORMANCE.

DÉ- / DÉS- ← **dis-,** *en séparant.*
DÉCHRISTIANISER, DÉSHYDRATER.
Le préfixe latin **dis-** marquait à l'origine la séparation, la divergence. Mais quand il s'ajoutait à un mot de base exprimant l'unité ou la convergence, il en résultait un contraire du mot de base : **jungere / disjungere,** qui ont donné JOINDRE / DISJOINDRE ; **similis / dissimilis,** *semblable / dissemblable,* etc.

ENTRE- ← **inter-,** préfixe indiquant la réciprocité.
S'ENTRE-DÉVORER, S'ENTRE-SALUER.

MAL- ← **male,** *mal.*
MALFORMATION, MALNUTRITION.

NON- ← **non,** *ne...pas.*
NON-CONSERVATION, NON-INTERVENTION.

RE- / RÉ- ← **re-,** préfixe marquant la répétition.
REDÉCOLLER, RÉINVESTIR.

SOUS- ← **subtus,** *en dessous.*
SOUS-ALIMENTÉ, SOUS-TRAITANCE.

SUR- : croisement de deux prépositions de l'a. fr. : *sus* ← bas lat. * **susum,** de **sursum,** *en haut,* et *sovre* ← **super** ou **supra,** *au-dessus.*
SURGELER, SURINFECTION.

EFIXE

IV. Préfixes de forme populaire non disponibles

A- / AC- / AF- / AL- / AP- / AR- / AT- ← ad, *vers.*
AMENER, ACCOUCHER, AFFRANCHIR, ALLONGER, APPAUVRIR, ARRANGER, ATTIRER.

É- / EF- ← e-, préfixe correspondant à **ex,** *hors de.*
EFFAROUCHER, EFFEUILLER, ÉMERVEILLER.

EN- / EM- ← in-, préfixe correspondant à **in,** *dans.*
ENCAISSER, EMBRASSER.

EN- / EM- ← inde, *de là.*
C'est l'emploi préfixal du pronom adverbial EN, issu de l'adverbe **inde,** *de là.* ENLEVER signifie à l'origine : lever de là ; EMPORTER : porter de là.

OUTRE- ← ultra, *au-delà.*
OUTREPASSER.

PAR- ← per, *par.*
PARDONNER, PARSEMER.

POUR- ← pro, *devant, à la place de, pour.*
POURFENDRE, POURLÉCHER.

SOU- ← subtus, *au-dessous.*
SOULIGNER, SOUPESER.

TRÉ- / TRES- ← trans, *à travers, au-delà.*
TRÉPASSER, TRESSAILLIR.

PREFIXE

V. Les préfixes quantitatifs

• Préfixes non numératifs

DEMI- = *à moitié* ← **dimidium,** *moitié.*
C'est l'emploi préfixal du nom DEMI ← **dimidium,** *moitié* (**dis-,** *en séparant* + **medius,** *qui est au milieu*).

SEMI- = *à moitié* ← **semi-,** *à moitié.*
SEMI-LIBERTÉ, SEMI-PUBLIC. SEMI- est l'équivalent de DEMI- à un niveau de langage plus soutenu. Malgré leur syllabe finale identique, DEMI- et SEMI- sont d'étymologie toute différente. DEMI- se rattache à une racine indo-européenne * *med* signifiant *le milieu,* qui donne en grec **mesos,** *au milieu* → MÉSO- (MÉSOLITHIQUE). SEMI- se rattache à un radical indo-européen **semi* signifiant *la moitié,* qui donne en grec **hêmi-** → HÉMI- (HÉMIPLÉGIE).

MI- = *au milieu* ← **medius,** *du milieu.*
C'est l'emploi préfixal de l'adjectif a. fr. *mi :* du milieu, issu du latin **medius.** Ce n'est pas l'équivalent de DEMI- et SEMI- : alors que ces derniers signifient la *moitié,* MI- signifie le *milieu,* avec une exception pour le mot MI-TEMPS qui désigne le temps d'arrêt situé au milieu d'une rencontre sportive, mais aussi chacune des parties de la rencontre.

MINI- = *petit.*
Ce préfixe est la forme apocopée (c'est-à-dire abrégée) de la transcription latine MINIMUM ← **minimus, a, um,** *le plus petit.* Il est récent, très disponible et populaire : MINIBUS, MINIJUPE. Il est exclu du langage soutenu, où règne l'élément grec MICRO-, tiré de **mikros,** *petit.*

PLURI- = *plusieurs* ← **pluri-,** *plusieurs.*
PLURIANNUEL : qui s'étend sur plusieurs années; PLURIDISCIPLINAIRE : qui réunit plusieurs disciplines. C'est le réemploi du préfixe **pluri-,** *plusieurs,* tiré du comparatif **plus, pluris** → PLUS.

MULTI- = *beaucoup, plusieurs* ← **multi-,** *beaucoup.*
MULTICOQUE : (bateau) qui a plusieurs coques; MULTIRISQUE : (assurance) qui couvre plusieurs risques.
Multi-, tiré de l'adjectif **multus,** *en grande quantité,* d'où est issu l'a. fr. *moult,* est d'abord passé en français dans des mots comme MULTICOLORE ← **multicolor,** *qui a beaucoup de couleurs* (+ **color** → COULEUR).
L'expansion de MULTI- et de PLURI- est freinée par l'existence du préfixe POLY-, tiré du grec **polu,** *beaucoup.*

OMNI- = *tout* ← **omni-,** *tout.*
Omni-, tiré de l'adjectif **omnis,** *tout,* est d'abord passé en français dans quelques mots comme OMNIVORE ← **omnivorus,** *qui dévore tout* (+ **vorare,** *dévorer*). Puis il s'est adjoint à des mots d'origines diverses : OMNIPRATICIEN, synonyme de GÉNÉRALISTE, signifie : praticien qui soigne toutes les maladies; OMNISPORTS : où l'on pratique tous les sports.

ÉQUI- = *égal* ← **aequi-,** *égal* (voir **aequus,** *plat, uni, égal,* p. 158).
ÉQUIMOLÉCULAIRE : où les proportions de molécules sont égales (+ MOLÉCULE, mot signifiant « petite masse », et formé d'après **moles,** *masse,* avec le suffixe diminutif -CULE); ÉQUIPROBABLE : de probabilité égale.
L'expansion d'ÉQUI- est contrariée par l'existence du préfixe ISO-, tiré du grec **isos,** *égal.*

• Préfixes numératifs

UNI- = *un seul* ← **uni-,** *un, un seul.*
UNICELLULAIRE : qui est fait d'une seule cellule.
Uni-, *un seul,* tiré de l'adjectif **unus** → UN, est d'abord passé en français dans des mots comme UNIFORME ← **uniformis,** *d'une seule forme* (+ **forma** → FORME). Il subit très fortement la concurrence du préfixe MONO-, tiré du grec **monos,** *seul.*

BI- = *deux* ← **bi-,** *deux.*
BICULTUREL : qui tient à deux cultures; BILABIAL : qui met en œuvre les deux lèvres.
Le préfixe latin **bi-** = *deux,* s'est transmis dans plusieurs

mots français comme BIPÈDE ← **bipes, bipedis,** *à deux pieds* (+ **pes, pedis** → PIED).
Il est en concurrence avec DI-, tiré du grec **di-,** *deux.*
Ici, c'est le préfixe d'origine latine qui sort vainqueur de la compétition. Il prend ainsi la place de DI- devant des bases d'origine grecque : BICYCLETTE (+ CYCLE, de **kuklos,** *cercle*), BICÉPHALE (+ CÉPHALE, de **kephalê,** *tête*) : à deux têtes. La lutte est encore confuse dans le vocabulaire de la chimie, où l'on a BICHLORURE et DICHLORÉ, et où BIACIDE coexiste avec son synonyme DIACIDE. Pour BIPOLAIRE et DIPOLAIRE, il y a répartition d'emploi : BIPOLAIRE appartient au vocabulaire général, DIPOLAIRE à celui de l'électromagnétisme.
Le préfixe peut se présenter sous la forme BIN- : BINOCULAIRE (+ OCULAIRE, fait sur **oculus** → ŒIL); BINAURICULAIRE : qui met en jeu les deux oreilles (+ AURICULAIRE, fait sur **auricula** → OREILLE).
La forme BIN- s'inspire du mot **bini,** *deux par deux.*

TRI- = *trois* ← **tri-,** *trois.*

Le préfixe latin **tri-,** correspondant à **tres, tria,** *trois,* a été transmis dans un petit nombre de mots comme TRICORNE ← **tricornis,** *à trois cornes* (+ **cornu** → CORNE). Le grec possédait aussi un préfixe **tri-,** *trois,* qui s'est transmis de la même façon. Lorsque la base est d'origine purement latine, ce qui n'arrive pas souvent, on a affaire au préfixe latin, par exemple dans TRIRÉACTEUR : à trois réacteurs (+ RÉACTEUR, voir p. 126).

QUADRI- = *quatre* ← **quadri-,** *quatre.*

QUADRICHROMIE : à quatre couleurs (+ -CHROMIE, du grec **khrôma,** *couleur*).
QUADRI- semble moins productif que son concurrent TÉTRA-, tiré du préfixe grec **tetra-,** *quatre.*

DÉCI- = *un dixième* ← **decem,** *dix.*
CENTI- = *un centième* ← **centum,** *cent.*
MILLI- = *un millième* ← **mille,** *mille.*

Ces trois préfixes marquent les sous-multiples. Les préfixes indiquant les multiples ont été tirés du grec : DÉCA-, de **deka,** *dix;* HECTO-, de **hekaton,** *cent;* KILO-, de **khilioi,** *mille.*

SUFFIXE

Les suffixes

A l'autre bout des mots français, le latin a poursuivi son œuvre créatrice. Jour après jour, les suffixes ont assuré le bouturage qui enrichit le jardin des mots. La plupart d'entre eux ne sont autres que les vieux suffixes latins, parfois bien transformés, parfois presque intacts. Certains sont encore à l'œuvre : ils sont disponibles. D'autres semblent avoir achevé leur tâche, après avoir donné au français ses couleurs et ses rimes.

Pour comprendre le sens des paragraphes qui vont suivre, il est nécessaire de se bien représenter le processus qui fait qu'un suffixe de la langue latine conserve sa vitalité et son efficacité dans la langue française.

Dans un premier temps, un certain nombre de mots latins comportant tel ou tel suffixe passent en français par la transmission populaire ou la transmission savante. Ainsi, des mots latins comportant le suffixe **-osus** passent en français : **herbosus** → HERBEUX; **periculosus** → PÉRILLEUX. Puis les locuteurs français saisissent le rapport constant qui existe entre les mots comportant tel suffixe et les mots de même racine qui ne le comportent pas. Ainsi le rapprochement de HERBEUX avec HERBE (← **herba**), de PÉRILLEUX avec PÉRIL (← **periculum**) fait-il sentir la finale -EUX comme un élément détachable ayant une fonction lexicale bien précise. Dès lors, cet élément peut être fixé à de nouvelles bases, qui ne sont pas nécessairement issues du latin : sur POIX, on fera POISSEUX, sur MATHS, MATHEUX, etc.

I. Suffixes disponibles

● Suffixes servant à former des noms et des adjectifs

-ABLE ← -abilis.
PROMOUVABLE, sur PROMOUVOIR; IMPENSABLE, sur PENSER. Modèle latin : **amabilis** (sur **amare** → AIMER) → AIMABLE.

-ACÉE ← -aceus.
CRUCIFÉRACÉE, sur CRUCIFÈRE; RENONCULACÉE, sur RENONCULE. Modèle latin : **herbaceus,** *d'herbe* (sur **herba** → HERBE) → HERBACÉE.

-AGE ← -aticum.
ARROSAGE, sur ARROSER; DÉGARNISSAGE, sur DÉGARNIR; ESCLAVAGE, sur ESCLAVE. Modèles rares en latin classique : **viaticum,** *provisions de route* (sur **via,** *route,* qui a donné VOIE) → VOYAGE (voir p. 231); bien plus nombreux en bas latin. La terminaison **-aticum** servit en particulier à fabriquer un certain nombre de noms désignant des impôts ou des redevances : **ripaticum,** *droit sur les rives d'un cours d'eau* (sur **ripa** → RIVE) → RIVAGE; **herbaticum,** *droit sur les prairies* → HERBAGE. Voir aussi OTAGE, p. 250; PÉAGE, p. 255.

-AIRE ← -aris et **-arius.**
ACTIONNAIRE, sur ACTION; EXCÉDENTAIRE, sur EXCÉDENT; PAVILLONNAIRE, sur PAVILLON. Modèles latins : **saecularis** (sur **saeculum** → SIÈCLE) → SÉCULAIRE; **secretarium,** *lieu secret* (sur **secretus** → SECRET) → SECRÉTAIRE.

-AL / -IAL ← -alis.
ARTISANAL, sur ARTISAN; CARCÉRAL, sur base CARCÉR-, du latin **carcer,** *prison;* DIRECTORIAL, sur DIRECTEUR. Modèle latin : **imperialis** (sur **imperium** → EMPIRE) → IMPÉRIAL.

-ANCE ← -antia.
BRILLANCE, sur BRILLANT; DÉLINQUANCE, sur DÉLINQUANT. Modèle latin : **abundantia** (sur **abundans, abundantis** → ABONDANT) → ABONDANCE.

-AT ← -atus, terminaison de noms masculins.
ACTIONNARIAT, sur ACTIONNAIRE; ANONYMAT, sur ANONYME; RECTORAT, sur RECTEUR. Modèle latin : **consulatus** (sur **consul** → CONSUL) → CONSULAT.

-ATAIRE ← -atarius.
ALLOCATAIRE, sur ALLOUER, d'après ALLOCATION; CONTESTATAIRE, sur CONTESTER. Modèle latin : **legatarius** (sur **legare** → LÉGUER) → LÉGATAIRE.

-ATEUR ← -ator.
ADAPTATEUR, sur ADAPTER; AVIATEUR, sur AVION. Modèle latin : **admirator** (sur **admirari** → ADMIRER) → ADMIRATEUR.

-ATIF ← -ativus.
DÉPRÉCIATIF, sur DÉPRÉCIER; ERGATIF, nom de fonction grammaticale sur base ERG-, du grec **ergon,** *action.* Modèle latin : **indicativus** (sur **indicare** → INDIQUER) → INDICATIF.

-ATION ← -atio, -ationis.
ACTIVATION, sur ACTIVER; INDEXATION, sur INDEXER. Modèle latin : **annuntiatio** (sur **annuntiare** → ANNONCER) → ANNONCIATION.
-ATION est une forme savante. En transmission populaire, **-atio, -ationis** a donné -AISON : **comparatio, -ationis** → COMPARAISON. A partir de mots de ce type, le français avait dégagé le suffixe -AISON (LIVRAISON, sur LIVRER; SALAISON, sur SALER), qui a cessé d'être disponible.

-É ← -atus, terminaison d'adjectifs ou de part. passés.
CROISILLONNÉ, sur CROISILLON; BORATÉ, sur BORATE. Modèle latin : **alatus** (sur **ala** → AILE) → AILÉ.

-EL / -IEL ← -alis, -ialis.
CULTUREL, sur CULTURE; OBSESSIONNEL, sur OBSESSION; ÉVÉNEMENTIEL, sur ÉVÉNEMENT.
Modèles latins : **mortalis** (sur **mors, mortis** → MORT) → MORTEL; **substantialis** (sur **substantia** → SUBSTANCE) → SUBSTANTIEL.
-EL est le résultat de la transmission populaire du suffixe **-alis,** qui, en transmission savante, a donné -AL (voir p. 55).

-EMENT ← -amentum.
INTÉRESSEMENT, sur INTÉRESSER; LOUVOIEMENT, sur LOUVOYER. Modèle latin : **ornamentum** (sur **ornare** → ORNER) → ORNEMENT.

-ENCE ← -entia.
INGÉRENCE, sur S'INGÉRER; LATENCE, sur LATENT. Modèle latin : **eminentia** (sur **eminens, eminentis** → ÉMINENT) → ÉMINENCE.

-ESCENCE ← -escentia.
CALORESCENCE, sur base CALOR-, du latin **calor** → CHALEUR; LUMINESCENCE, sur base LUMIN-, du latin **lumen, luminis,** *lumière.* Ce suffixe n'est employé que dans le vocabulaire de la physique. Modèle latin : **convalescentia** (sur **convalescens** → CONVALESCENT) qui a donné CONVALESCENCE.

-ESCENT ← -escens, -escentis.
LUMINESCENT (voir ci-dessus LUMINESCENCE); PHOSPHORESCENT, sur PHOSPHORE. Modèle latin : **tumescens, tumescentis,** *qui s'enfle* (sur **tumere,** *être enflé)* → TUMESCENT.

-EUR ← -ator.
CADREUR, sur CADRER; FOOTBALLEUR, sur FOOTBALL. Modèle latin : **peccator** (sur **peccare** → PÉCHER) → PÉCHEUR.
-EUR est le résultat d'une transmission populaire; ainsi, l'accusatif **peccatorem** a donné a. fr. *pechedor,* puis *pechëor* → PÉCHEUR. En transmission savante **-ator** a donné -ATEUR (voir p. 56).

-EUSE ← **-osa,** forme féminine de la terminaison **-osus.**
AGRAFEUSE, sur AGRAFER; ANNONCEUSE, féminin d' ANNONCEUR; DANGEREUSE, féminin de DANGEREUX. Modèle latin : **herbosa** → HERBEUSE, féminin de **herbosus.**
On note que l'emploi de ce suffixe a été étendu. Sa fonction première était de former le féminin des adjectifs en -EUX. Puis il a servi à fournir des féminins à des noms en -EUR. Enfin, il sert à former des noms de machines sans l'intermédiaire d'un nom masculin.

-IÈME ← **-esimus** et **-imus.**
Ce suffixe sert à former des adjectifs ordinaux. Il résulte d'un croisement entre deux suffixes de l'ancien français : *-ime* issu de **-imus,** et *-esme* issu de **-esimus,** terminaisons d'ordinaux. Le mélange a donné *-iesme,* puis -IÈME.

-IEN ← **-ianus.**
NAPOLÉONIEN, sur NAPOLÉON; INFORMATICIEN, sur INFORMATIQUE; NAMIBIEN, sur NAMIBIE. Modèle latin : **Caesarianus** (sur **Caesar** → CÉSAR) → CÉSARIEN.

-IER, -IÈRE ← **-arius, -aria, -arium.**
BETTERAVIER, sur BETTERAVE; BÉTONNIÈRE, sur BÉTON; ENSEMBLIER, sur ENSEMBLE. Modèles latins : **argentarius,** *fondeur d'argent* ou *changeur* (sur **argentum** → ARGENT) → ARGENTIER; **riparia,** *riveraine* (sur **ripa** → RIVE) → RIVIÈRE. -IER résulte de la transmission populaire. En transmission savante, **-arius** a donné -AIRE (voir p. 55).

-ITÉ ← **-itas, -itatis.**
ÉLECTRICITÉ, sur ÉLECTRIQUE; SPORTIVITÉ, sur SPORTIF. Modèle latin : **fidelitas, fidelitatis** (sur **fidelis** → FIDÈLE) → FIDÉLITÉ.

-OIR ← **-orium.**
GRATTOIR, sur GRATTER; PROMENOIR, sur PROMENER; et le tout récent MOUROIR, sur MOURIR. Modèle latin : **pressorium** (sur **pressus,** *pressé)* → PRESSOIR.

-OIS, plus rarement **-AIS ← -ensis.**
MOLUQUOIS, sur MOLUQUES; THAÏLANDAIS, sur THAÏLANDE; ZAÏROIS, sur ZAÏRE. Modèle latin : **Viennensis** (sur **Vienna** → VIENNE sur le Rhône) → VIENNOIS.
La finale latine **-ensis** a, dès l'Antiquité, évolué en **-esis.** Elle a abouti en français à une finale prononcée [wé] et notée -OIS. Selon les régions, [wé] a abouti à [wa], continuant d'être noté -OIS, ou à [é], qui fut noté -AIS.

-TRICE ← -trix, -tricis.
INSPECTRICE, féminin d'INSPECTEUR; PROGRAMMATRICE, féminin de PROGRAMMATEUR. Modèle latin : **genitrix, genitricis** (féminin de **genitor** → GÉNITEUR) → GÉNITRICE.

● Suffixe servant à former des adverbes

-MENT ← mens, mentis, *esprit.*
MÉCANIQUEMENT, sur MÉCANIQUE; SÉLECTIVEMENT, sur SÉLECTIF.
Les suffixes qui, dans le latin classique, servaient à former les adverbes se sont éteints sans descendance. Ainsi, de l'adjectif **firmus** → FERME, le latin avait tiré deux adverbes synonymes, **firme** et **firmiter,** *fermement.* Dans le langage populaire, ces deux mots ont été peu à peu supplantés par l'expression **firma mente,** littéralement *avec un esprit ferme.* Les deux mots se sont soudés et ont abouti à FERMEMENT.

● Suffixe servant à former des verbes

-FIER / -IFIER ← -ficare
CHOSIFIER, sur CHOSE; ÉLECTRIFIER, sur base ÉLECTR-, de ÉLECTRICITÉ; STATUFIER, sur STATUE. Modèle latin : **amplificare** (sur **amplus** → AMPLE) → AMPLIFIER.
Ce suffixe est de formation populaire. En revanche, tous les substantifs correspondant aux formations en -IFIER sont de forme savante, avec le suffixe -IFICATION ← **-ificatio :** AMPLIFICATION ← **amplificatio,** et sur ce modèle, ÉLECTRIFICATION.
La productivité de ce suffixe est compromise par le succès de son concurrent -ISER, tiré du suffixe grec **-izein.**

II. Suffixes non disponibles

• Formateurs de noms

-ADE (RUADE) venu du latin **-ata** par l'intermédiaire du provençal; **-AIE** (CHÊNAIE) ← **-eta;** **-AILLE** (FERRAILLE) ← **-alia;** **-ATURE** (MUSCULATURE) ← **-atura;** **-EAU** (DINDONNEAU) ← **-ellus;** **-ÉE** (BOLÉE, COURÉE) ← **-ata**; **-ELLE** (COUPELLE) ← **-ella**; **-ESSE** (HARDIESSE, VITESSE) ← **-ĭtia**; mais le suffixe ESSE qui sert à former le féminin de noms masculins (CHASSERESSE, COMTESSE) est d'origine grecque; **-EUR** (FRAÎCHEUR) ← **-or**; **-IE** (BONHOMMIE) résulte du suffixe latin **-ĭa,** devenu **-īa** sous l'influence du grec; **-INE** (TOXINE) ← **-ina;** **-IS** (GÂCHIS) ← **itium;** **-ISE** (GOURMANDISE) ← **-ītia**; **-ITUDE** (PLATITUDE) ← **-itudo;** **-IOLE** (ARTÉRIOLE) ← **-iola;** **-ON** (CORDON) ← **-o, -onis;** **-ULE** (VEINULE) ← **-ula**; **-CULE** (ANIMALCULE) ← **-culum;** **-ICULE** (CANALICULE) ← **-iculum;** **-URE** (ÉGRATIGNURE) ← **-ura**.

• Formateurs de noms ou adjectifs

-AIN (MAROCAIN), **-AINE** (DOUZAINE) viennent de **-anus** (masc.) et **-ana** (fém.); **-IN** (CHEVALIN) ← **-inus.**

• Formateurs d'adjectifs

-ATOIRE (OSTENTATOIRE) ← **-atorius;** **-ÂTRE** (JAUNÂTRE) ← **-aster;** **-EUX** (POUSSIÉREUX) ← **-osus;** **-IBLE** (LISIBLE) ← **-ibilis;** **-IF** (POUSSIF) ← **-ivus;** **-U** (VENTRU) ← **-utus.**

III. Les trains de suffixes

Quand à un suffixe français issu du latin vient se fixer un second suffixe, le premier perd sa forme populaire et prend une forme savante :

-ABLE (← **-abilis**) + **-ITÉ** donnent **-ABILITÉ :** FIABLE / FIABILITÉ.

-AIN (← **-anus**) + **-ITÉ** donnent **-ANITÉ :** MONDAIN / MONDANITÉ.

-AIRE (← **-arius**) + **-AT** donnent **-ARIAT :** SECRÉTAIRE / SECRÉTARIAT.

-EL (← **-alis**) + **-ITÉ** donnent **-ALITÉ :** MORTEL / MORTALITÉ.

-ENCE (← **-entia**) + **-EL** donnent **-ENTIEL :** RÉSIDENCE / RÉSIDENTIEL.

-EUR (← **-or**) + **-AL** donnent **-ORAL :** PROFESSEUR / PROFESSORAL.

-EUX (← **-osus**) + **-ITÉ** donnent **-OSITÉ :** ADIPEUX / ADIPOSITÉ.

IV. Les suffixes de la chimie

On peut distinguer trois types de suffixes dus au latin :
— des suffixes français issus du latin par transmission populaire ou savante : **-AL** (ÉTHANAL, SULFONAL) ← **-alis ; -EUX** (CUIVREUX, FERREUX) ← **-osus ; -INE** (AMINE, ANILINE) ← **-ina ; -URE** (CHLORURE, SULFURE) ← **-ura ;**
— des suffixes tirés du latin par transcription savante à l'usage exclusif de la chimie : **-ATE** (CHLORATE, SULFATE) ← **-atus,** qui donne -É en transmission populaire, voir p. 56 ; **-OSE** (GLUCOSE, MALTOSE) ← **-osus,** qui donne **-EUX** en transmission populaire. Ce suffixe -OSE, qui forme des noms masculins, ne doit pas être confondu avec le suffixe -OSE formant des noms féminins de maladie, comme SILICOSE, et tiré du suffixe grec **-ôsis ;**
— un suffixe emprunté sous sa forme latine : **-IUM** (CADMIUM, VANADIUM).

Les demi-mots

Sous le vocable non grammatical mais commode de demi-mots, nous parlerons des éléments groupés, presque toujours par deux, au sein d'un mot unique, et qui ne sont ni préfixes ni suffixes. Si l'on compare les mots PISCICOLE, AVICOLE, PISCIVORE, OMNIVORE, on constate que PISCI-, -COLE, AVI-, -VORE sont des éléments commutables porteurs de significations précises : PISCI- réfère au poisson, -COLE à une forme d'élevage, AVI- à la volaille, -VORE au régime alimentaire. Réunis en un même mot, deux éléments de ce type paraissent d'importance égale et aucun ne peut être considéré comme préfixe ou suffixe ajouté à l'autre.

Dans ce domaine encore, le latin est moins le passé du français que son avenir. Les langages d'aujourd'hui ont sans cesse besoin de fabriquer de nouveaux mots composés, réunissant deux par deux des concepts différents. Notre langue se prête fort mal à de telles opérations : ses mots composés avec trait d'union (épaulé-jeté, coupe-feu, etc.) sont lourds et incommodes ; ils ne se comportent pas en véritables mots. Aussi le français préfère-t-il recourir au matériel et aux procédés de deux langues qui se sont montrées aptes à composer des mots de manière souple et élégante : le grec surtout, mais aussi le latin. Le modèle fonctionne de la façon suivante. Soit le mot **agricola,** dont est tiré AGRICOLE, et qui signifiait *qui cultive les champs.* Ce mot est formé d'un élément **agri-** signifiant *champ* (d'après le nom **ager, agri,** *champ*) et d'un élément **-cola** signifiant *qui cultive* (d'après le verbe **colere,** *cultiver*). Pour créer un mot signifiant « qui cultive – ou élève – les poissons », il suffit de remplacer l'élément **agri-** par un élément signifiant *poisson.* En latin, *poisson* se dit **piscis,** ce qui fournit un élément **pisci- ;** on suppose donc un mot ***piscicola** qui, transcrit en français, donne PISCICOLE.

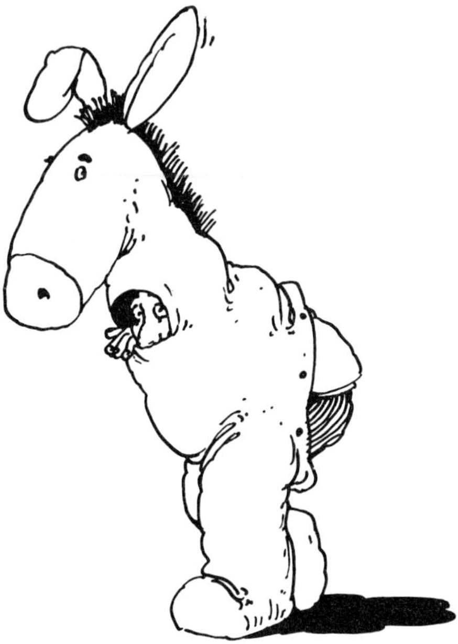

I. Éléments se plaçant en première position

AUDIO- = *action d'entendre* ← **audire,** *entendre.*
AUDIOFRÉQUENCE : fréquence à laquelle une vibration est perceptible à l'oreille humaine.
AUDIOGRAMME : courbe de la sensibilité d'une oreille aux diverses fréquences (+ gr. **gramma,** *tracé*).
AUDIOLOGIE : étude de l'audition (+ gr. **logos,** *discours*).
AUDIOMÈTRE : instrument mesurant l'acuité auditive ou l'intensité d'un signal radio-électrique (+ gr. **metron,** *mesure*). A pour synonyme ACOUMÈTRE, dans lequel ACOU- est tiré du verbe grec **akouein,** *entendre.*
AUDIO-VISUEL : se dit de tout moyen pédagogique ou informatif qui utilise l'image et le son. Sur VISUEL, voir p. 149.
Sur l'élément non préfixal AUDI- et la racine latine **audi,** voir p. 180.

MOTO- = *moteur* ← **motor,** *celui qui meut.* MOTOCYCLETTE, MOTOCULTEUR, MOTONAUTISME, MOTOPOMPE. L'élément MOTO- fut introduit en français à la fin du XIXe siècle, avec les mots MOTOCYCLE, MOTOCYCLETTE, dont le second élément était prélevé sur BICYCLE, BICYCLETTE (BI-, *deux* + CYCLE ← gr. **kuklos,** *cercle*).

Le nom latin **motor** se rattache à une racine **mov (mo),** qui est liée à l'idée de *mouvement.*

Elle a fourni au français les verbes de la famille de MOUVOIR ← **movere,** les noms de la famille de MOTION ← **motio, motionis,** les adjectifs MEUBLE et MOBILE ← **mobilis** (voir p. 224), ainsi que le nom MOMENT ← **momentum** (de * **movimentum,** *mouvement,* d'où *durée d'un mouvement).*

RADIO- = *rayonnement, radiation* ← **radius,** *rayon.*
L'élément RADIO- réfère à deux phénomènes physiques :
1. le rayonnement radio-électrique, soit à l'état naturel : RADIOASTRONOMIE, RADIOTÉLESCOPE, soit utilisé pour la communication ou la détection à distance: RADIODIFFUSION, RADIOGUIDAGE, RADIOREPORTAGE, RADIOSONDE, RADIO-TAXI ;
2. le rayonnement corpusculaire, ou radiations :
RADIOACTIF, RADIOGRAPHIE, RADIOTHÉRAPIE.
Le nom féminin RADIO a, de ce fait, plusieurs significations. Il réfère au premier phénomène en tant qu'abréviation de RADIOPHONIE (+ -PHONIE, du grec **phônê,** *son, voix*) : transmission de la voix ou du son par ondes radio-électriques. Il réfère au second en tant qu'abréviation de RADIOGRAPHIE ou RADIOSCOPIE (+ GRAPHIE, du grec **graphein,** *écrire, tracer;* + -SCOPIE, du grec **skopein,** *observer*) : empreinte ou vision obtenue par des radiations.

Radius a donné en transmission populaire RAI, qui, muni du suffixe -ON, produit RAYON. Pour RADIUS, voir p. 279. Le RADIUM, baptisé par les chimistes modernes, est un métal qui émet des radiations.
Des dérivés latins de **radius** sont tirés : RADIATION ← **radiatio,** *rayonnement;* RADIEUX ← **radiosus,** *rayonnant;* IRRADIER ← **irradiare,** *projeter des rayons sur.*
RAIE et son dérivé RAYER n'appartiennent pas à cette famille. Ils dépendent d'un mot gaulois * *rica,* sillon.

SERVO- = *organe mécanique aidant au maniement d'un autre organe mécanique* ← **servus,** *esclave.*
SERVOCOMMANDE, SERVODIRECTION, SERVOFREIN.
Tout mot commençant par SERVO- désigne un appareillage assistant l'homme dans la commande de la machine désignée par le second élément du mot. C'est un « esclave » mécanique qui fournit l'énergie nécessaire à la manœuvre, l'homme ne donnant que l'impulsion.
Servus a donné SERF (fém. SERVE) et ses dérivés, dont SERVAGE et ASSERVIR. Le mot ESCLAVE est issu du bas latin ou du roman * **sclavus,** signifiant *slave,* et emprunté aux langues slaves. En effet, au début du Moyen Age, de nombreux Slaves des Balkans furent réduits en esclavage par les occupants des territoires voisins et notamment de l'Italie.

Servus se rattache à une racine **serv,** liée à l'idée de *garder.* Le **servus** est à l'origine l'esclave qui garde les troupeaux. Le français lui doit les mots de la famille de SERVIR ← **servire,** *être esclave,* ainsi que CONSERVER ← **conservare,** OBSERVER ← **observare**, etc. et SERGENT ← **serviens, servientis,** *servant.*

SOCIO- = *phénomènes sociaux* ← **socius,** *associé.*
SOCIOCULTUREL, SOCIOLINGUISTIQUE, SOCIOLOGIE, SOCIOPROFESSIONNEL.
Les mots en SOCIO- réfèrent à des phénomènes mettant en jeu des groupes d'individus. SOCIO- a tendance à entrer dans un jeu d'opposition avec PSYCHO-, tiré du grec **psukhê,** *âme.* Pour Auguste Comte, créateur du mot, la SOCIOLOGIE, science des faits sociaux, couronnait l'édifice des sciences, et se hissait au-dessus de la PSYCHOLOGIE. A PSYCHANALYSE correspond SOCIO(-)ANALYSE, qui ne signifie pas « analyse de la société », mais « psychanalyse de la société »; à PSYCHODRAME s'oppose SOCIODRAME, et SOCIOTHÉRAPIE à PSYCHOTHÉRAPIE. Dans ce dernier cas, il ne s'agit pas de soigner la société, comme la psychothérapie soigne l'« âme », mais d'améliorer la relation de l'individu à la société.
Les dérivés latins de **socius** ont fourni :
SOCIABLE ← **sociabilis,** *qui peut être associé;* SOCIAL ← **socialis,** *sociable, fait pour la communauté;* SOCIÉTÉ ← **societas,** *association, communauté;* ASSOCIER, DISSOCIER, tirés de **associare, dissociare.**

VASO- = *vaisseau sanguin* ← **vas,** *pot* (→ VASE).
VASO-CONSTRICTEUR : qui resserre les vaisseaux (+ **constrictor,** *celui qui resserre,* de **constringere,** *lier ensemble, enchaîner* → CONTRAINDRE) ; VASO-MOTEUR : qui agit sur les vaisseaux (+ **motor,** *celui qui meut,* de **movere** → MOUVOIR).
Vas avait un diminutif **vascellum,** *petit pot,* qui a donné VAISSEAU, dont le sens était au Moyen Age « récipient ». Le pluriel **vascella,** *ensemble de récipients,* a été interprété comme un féminin et a donné VAISSELLE.
Les médecins médiévaux ont appelé les veines et artères les « vaisseaux », c'est-à-dire les récipients (du sang). Pour former les dérivés de VAISSEAU, on est remonté non pas à **vascellum,** mais à une forme plus classique **vasculum,** sur laquelle on a construit VASCULAIRE. Pour éviter des composés trop longs avec un élément * VASCULO-, on eut l'idée de recourir à la forme **vas** et d'en tirer l'élément VASO- : VASO-CONSTRICTEUR. Notons que dans VASOTOMIE (+ TOMIE, du grec **tomê,** *action de couper*), VASO- réfère non pas aux vaisseaux sanguins, mais aux canaux déférents.

VIDÉO- = *transmission des images à distance* ← **videre** (→ VOIR).
VIDÉO, nom fém. : ensemble de techniques permettant la transmission instantanée d'images d'un émetteur à un récepteur, ainsi que l'enregistrement et la restitution des images (sans l'emploi d'une pellicule photographique).
VIDÉOCASSETTE : cassette contenant une bande magnétique qui enregistre et restitue des images.
VIDÉOCOMMUNICATION : communication par images transmises à distance.
VIDÉOPHONE : téléphone muni d'un écran de télévision permettant de voir le correspondant.

Videre se rattache à une racine **vid (vis)** liée à l'idée de *voir.*
Cette racine est à l'origine des mots français suivants :
ÉVIDENT ← **evidens,** *visible ;* PROVIDENCE ← **providentia,** *prévoyance* et PRUDENT ← **prudens,** contraction de **providens,** *prévoyant*
ENVIE ← **invidia,** litt. *action de regarder d'un mauvais œil, jalousie, hostilité.*
Pour les mots VISER, VISION, VISITER, etc., voir p. 149.

II. Éléments se plaçant en position finale

-CIDE = *qui tue* ← **-cida** signifiant *meurtrier* et **-cidium** signifiant *meurtre,* d'après **caedere,** *frapper, couper, tuer.*

FRATRICIDE, DÉICIDE, HOMICIDE, INFANTICIDE, MATRICIDE, PARRICIDE ont été fournis tout faits par le latin. On sait que ces noms désignent à la fois des meurtriers et des meurtres. Le latin faisait la différence, mais les deux formes latines aboutissent à la même forme française en transmission savante. On avait donc **fratricida,** *meurtrier de son frère* et **fratricidium,** *meurtre de son frère* (+ **frater, fratris** → FRÈRE), **homicida, homicidium** (+ **homo, hominis** → HOMME), **infanticida, -cidium** (+ **infans, infantis,** *nouveau-né*), **matricida, -cidium** (+ **mater, matris** → MÈRE), **parricida, -cidium** (+ **pater, patris** → PÈRE); **deicida** (+ **deus** → DIEU) existait seul.

Sur ces modèles, le français a forgé :

RÉGICIDE (+ RÉGI-, de **rex, regis** → ROI), aux deux sens de meurtrier et de meurtre ; ETHNOCIDE (+ ETHNO-, du grec **ethnos,** *nation*), GÉNOCIDE (+ GÉNO-, du grec **genos,** *race*), SUICIDE (+ **sui,** génitif de **se,** *soi-même*), qui désignent uniquement des meurtres.
FONGICIDE (+ **fungus,** *champignon*) ; HERBICIDE (+ HERBE) ; INSECTICIDE (+ INSECTE ← **insectum**) ; PESTICIDE (+ **pestis,** *maladie, épidémie*), RATICIDE (+RAT), qui désignent des produits destructeurs.

Caedere se rattache à une racine **caed (cae, caes, cid, cis)** liée à l'idée de *couper* et dont dépendent : DÉCIDER ← **decidere,** *trancher ;* CIRCONCIRE (voir p. 291) ; CIMENT et CÉMENT ← **caementum,** *éclats de pierre taillée* servant à faire du mortier ; CISEAU ← **cisellus ;** CONCIS ← **concisus,** *coupé, raccourci ;* PRÉCIS ← **praecisus,** *coupé net ;* etc.

-COLE = *qui cultive, qui élève, qui vit dans* ← **-cola,** *qui vit dans,* ou *qui cultive.*

-CULTEUR = *cultivateur, éleveur* ← **cultor,** *cultivateur.*

-CULTURE = *culture, élevage* ← **cultura** (→ CULTURE). Les trois éléments sont des dérivés du verbe **colere,** *cultiver, soigner, habiter.*
En général, pour un premier élément donné, le français connaît trois composés, un en -COLE, un en -CULTEUR, un en -CULTURE. Le latin a fourni une triade : **agricola,** *cultivateur* → AGRICOLE ; **agricultor** → AGRICULTEUR ; **agricultura** → AGRICULTURE (+ **ager, agri,** *champ*).
Le français s'en est donné plusieurs autres, évoquant toutes des productions économiques dont la matière est végétale ou animale, avec les éléments initiaux suivants : API-, de **apis,** *abeille ;* ARBORI-, de **arbor** → ARBRE ; AVI-, de **avis,** *oiseau ;* HORTI-, de **hortus,** *jardin ;* OSTRÉI-, de **ostreum (**← gr. **ostreon)** → HUÎTRE ; PISCI-, de **piscis,** *poisson ;* SÉRICI-, de **sericum,** *soie ;* SYLVI-, de **silva,** *forêt* (sur l'Y, voir p. 182) ; VITI-, de **vitis,** *vigne ;* CONCHYLI-, du grec **konkhulion,** *coquillage ;* MYTILI-, du grec **mutilos,** *moule.*
ARBORICOLE et SYLVICOLE ont chacun deux sens : « qui concerne l'exploitation des arbres fruitiers, des forêts », mais aussi : « qui vit dans les arbres, dans la forêt ». Ce dernier sens renvoie à celui de **-cola** dans **silvicola,** *habitant de la*

forêt. Citons aussi l'adjectif LIGNICOLE ← **lignicola** (+ **lignum,** *bois*) : qui vit dans le bois.

La racine **col (cul)** est liée à l'idée de *soins* (apportés à la terre, à des personnes ou à des dieux). En dépendent aussi : COLON ← **colonus,** *fermier* puis *colon;* COLONIE ← **colonia,** *ferme,* puis *colonie;* CULTE ← **cultus,** *soins rendus à un dieu ;* INCULTE ← **incultus,** *non cultivé.*

-DUC = *conduite* ← **-ductus,** *conduite,* de **ducere,** *conduire.*
Sur le modèle de AQUEDUC ← **aquae ductus,** *conduite d'eau* (+ **aqua** → EAU), le français a composé GAZODUC (+ GAZ, mot d'origine grecque), OLÉODUC (+ OLÉO-, de **oleum,** *huile,* qui réfère ici au pétrole), VIADUC (+ **via,** *route).*

La racine **duc** est liée à l'idée de *mener :* le français lui doit les verbes en -DUIRE : CONDUIRE ← **conducere,** *mener ensemble;* DÉDUIRE ← **deducere,** *mener en bas, dériver;* SÉDUIRE ← **seducere,** *emmener à l'écart, hors du droit chemin,* etc., ainsi que les noms en -DUCTEUR et -DUCTION, comme ADDUCTEUR ← **adductor,** *celui qui amène;* RÉDUCTION ← **reductio,** *action de ramener;* etc.
En dépendent également :
DUC ← **dux, ducis,** *chef.*
ÉDUQUER ← **educare,** litt. *mener à bien.*
ANDOUILLE ← **inductile,** *qu'on introduit dans :* il s'agit de chair introduite dans un boyau.
DOUILLET, diminutif de l'a. fr. *doille,* tendre, malléable, issu de **ductilis,** *qui se laisse mener,* dont on a par ailleurs tiré DUCTILE.

-FÈRE = *qui porte, qui transporte, qui contient* ← **-fer,** *qui porte,* de **ferre,** *porter.*
De **conifer,** *qui porte des cônes* (+ **conus,** emprunté au grec **konos,** *cône*) on a tiré CONIFÈRE. **Crucifer,** *qui porte sa croix* (+ **crux** → CROIX) était une épithète du Christ ; on en a tiré CRUCIFÈRE, nom d'une famille de plantes qui portent des fleurs en forme de croix. Sur ce modèle on a fait, entre autres, MAMMIFÈRE (+ **mamma,** *mamelle*) : qui porte des mamelles ; PILIFÈRE (+ **pilus** → POIL) : qui porte des poils. De **lactifer,** *qui produit du lait* (+ **lac, lactis** → LAIT) a été tiré LACTIFÈRE, adjectif qualifiant les canaux par où s'écoule le lait. Sur ce modèle existe SÉMINIFÈRE,

qualifiant les canaux où se forme le sperme (+ **semen, seminis,** *semence*).
De **somnifer,** *assoupissant* (+ **somnus,** *sommeil*) a été tiré SOMNIFÈRE : qui apporte le sommeil.
-FÈRE est surtout employé dans le domaine minier : il forme des mots qualifiant des terrains renfermant du minerai. Le modèle latin a été **aurifer,** *qui contient de l'or* (+ **aurum** → OR) → AURIFÈRE. Citons, sur ce modèle, ARGENTIFÈRE (+ **argentum** → ARGENT), CARBONIFÈRE (+ **carbo, carbonis** → CHARBON), CUPRIFÈRE (+ **cuprum,** *cuivre*), PÉTROLIFÈRE (+ PÉTROLE, mot fabriqué au Moyen Age sous la forme latine **petroleum,** *huile de pierre :* **petra** → PIERRE + **oleum,** *huile*). Cependant OLÉIFÈRE (+ **oleum,** *huile*) s'applique à des plantes produisant de l'huile.

La racine **fer,** liée à l'idée de *porter,* a fourni les mots de la famille de CONFÉRER ← **conferre,** *porter avec,* DÉFÉRER ← **deferre,** *porter de haut en bas,* etc. ; ainsi que FERTILE ← **fertilis,** *qui porte des récoltes* ; OFFRIR ← **offerre,** *porter devant soi* ; SOUFFRIR ← **sufferre,** *supporter.*

-FUGE = *qui fuit* ← **-fugus,** de **fugere** (→ FUIR).
= *qui chasse* ← **-fugius,** de **fugare,** *chasser.*

Les dérivés des deux verbes sont indistincts en français. Au sens de *fuir,* le français a tiré LUCIFUGE de **lucifugus,** *qui fuit la lumière* (+ **lux, lucis,** *lumière*). Ce modèle est peu suivi car il souffre de la concurrence de l'élément -PHOBE, de signification identique, tiré du grec **phobos,** *crainte.* Il a néanmoins inspiré CENTRIFUGE : qui fuit le centre (dans CENTRIPÈTE, antonyme de CENTRIFUGE, l'élément final, qu'on ne rencontre guère ailleurs, est tiré du verbe **petere,** *chercher à atteindre :* voir la racine **pet,** p. 293).

Au sens de *chasser,* sur le modèle de **febrifugia,** *qui fait fuir la fièvre* (+ **febris** → FIÈVRE) → FÉBRIFUGE, le français a composé CALORIFUGE : qui repousse la chaleur (+ **calor** → CHALEUR) ; IGNIFUGE : qui repousse le feu (+ **ignis,** *feu*) ; VERMIFUGE : qui chasse les vers (+ **vermis** → VER).

A la racine **fug,** liée à l'idée de *fuite,* se rattachent encore : FUGACE ← **fugax,** *qui fuit ;* FUGITIF ← **fugitivus ;** FUGUE ← **fuga,** *fuite ;* REFUGE ← **refugium ;** SUBTERFUGE ← **subterfugium,** litt. *fuite par en dessous ;* TRANSFUGE ← **transfuga.**

-GRADE = *façon de marcher* ← **-gradus,** de **gradi,** *marcher.*
L'élément -GRADE sert à former des noms de familles de mammifères caractérisées par leur façon de marcher. Le latin a fourni **tardigradus,** *à la démarche lente* (+ **tardus,** *lent*) → TARDIGRADE, exemple suivi dans les compositions récentes DIGITIGRADE (+ **digitus** → DOIGT) : qui marche sur les doigts (par exemple le chat); ONGULIGRADE (+ **ungula** → ONGLE) : qui marche sur des sabots (par exemple le cheval); PLANTIGRADE (+ **planta** → PLANTE) : qui marche sur la plante des pieds (par exemple l'ours).
RÉTROGRADE ← **retrogradus,** *qui va en arrière* (+ **retro,** *en arrière*) est étranger à la série qui précède; cet adjectif a un sens physique lorsqu'il s'applique à des mouvements, moral lorsqu'il s'applique à des personnes.
Dans CENTIGRADE et DÉCIGRADE, -GRADE a une tout autre signification et réfère à une graduation :
– la fin du mot n'est autre que le mot GRADE, désignant une unité de mesure d'angle, dans les noms DÉCIGRADE : un dizième de grade, et CENTIGRADE : un centième de grade. GRADE est la transcription savante de **gradus,** *pas, marche* ou *échelon, degré;*
– l'élément -GRADE signifie « degré » dans l'adjectif CENTIGRADE qui réfère à une échelle de température comportant cent degrés (entre les points de congélation et d'ébullition de l'eau). DEGRÉ est un renforcement par le préfixe DE- de l'ancien français *gré,* issu de **gradus,** *marche, échelon,* par transmission populaire. *Gré* a été abandonné au profit de GRADE. Ne pas confondre : GRÉ, dans « de gré ou de force » a une origine différente (voir p. 272).

A la racine **grad (gred, gres),** liée à l'idée de *pas,* de *marche,* se rattachent les mots de la famille d'AGRESSION ← **adgressio,** *action de marcher contre;* CONGRÈS ← **congressus,** *action de se rassembler en marchant,* etc.; INGRÉDIENT ← **ingrediens, ingredientis,** *qui entre dans.*

-LINGUE = *langue parlée* ← **-linguis,** de **lingua** → LANGUE.
L'élément -LINGUE sert à former des adjectifs indiquant le nombre de langues parlées ou employées. BILINGUE et TRILINGUE sont tirés du latin **bilinguis,** *qui parle deux langues* (+ préfixe **bi-** signifiant *deux*) et **trilinguis,** *qui parle*

trois langues (+ préfixe **tri-** signifiant *trois*). Sur ce modèle, on a construit UNILINGUE (+ préfixe UNI- signifiant *un*, voir p. 50) et QUADRILINGUE (+ QUADRI- = *quatre*, voir p. 51).
De LANGUE, issu de **lingua** par transmission populaire, dérivent LANGAGE et LANGUETTE. Sur **lingua** ont été construits LINGUAL : qui a trait à la langue (organe), et LINGUISTE : spécialiste de l'étude des langues ou de l'étude du langage.

-PARE = *enfantement* ← **-para,** de **parere,** *enfanter*.
Les noms et adjectifs en -PARE réfèrent à la venue au monde des êtres vivants. Ils s'appliquent à la mère et indiquent soit la façon dont elle produit sa descendance, soit le nombre de ses enfantements.
OVIPARE et VIVIPARE sont tirés du latin **ovipara,** *qui se reproduit en pondant* (+ **ovum** → ŒUF) et **vivipara,** *qui met au monde ses petits déjà vivants* (+ **vivus,** *vivant* → VIF).
Sur ce modèle a été fait SCISSIPARE (+ **scissus,** *scindé*) : qui se reproduit par division (cas des protozoaires).
PRIMIPARE est tiré de **primipara,** *qui met bas pour la première fois* (+ **primus,** *premier*), et GÉMELLIPARE de **gemellipara,** *mère de deux jumeaux* (+ **gemellus** → JUMEAU). Sur ce modèle est fait MULTIPARE (+ MULTI- = *plusieurs*, voir p. 50) : mère ayant accouché plusieurs fois. L'élément -PARE a un emploi figuré dans SUDORIPARE (+ **sudor** → SUEUR).

La racine **par (per)** est liée à l'idée de *fournir*.
Le verbe **parere,** *mettre au monde*, exprime une des modalités de l'acte de fournir : PARENT ← **parens,** *qui met au monde*, participe présent de **parere ;** PARTURIENTE ← **parturiens,** *qui accouche*, participe présent de **parturire,** *accoucher ;* PARTURITION ← **parturitio ;** PUERPÉRAL, de **puerpera,** *femme en couches* (**puer,** *enfant* + **parere**).
A la même racine se rattachent :
PART, PARTAGE, PARTIAL, PARTIE, PARTIR, PARTICIPE, PARTICULIER, APPARTEMENT, COMPARTIMENT, DÉPART, etc., tous dérivés de **pars, partis,** *part (= lot fourni) ;* PARER, PARADE, PARAGE, PARURE, APPAREIL, PRÉPARER, RÉPARER, SÉPARER, tous dérivés de **parare,** *préparer (pour fournir) ;* RÉPERTOIRE, de **reperire,** *retrouver ;* EMPEREUR, EMPIRE, IMPÉRIAL, voir p. 93.

-PÈDE = *pied* ← **pes, pedis** (→ PIED).
Les noms en -PÈDE désignent des groupements d'animaux caractérisés par le nombre ou la forme de leur pied.
BIPÈDE ← **bipes, bipedis,** *à deux pieds* (+ **bi-** = *deux*).
QUADRUPÈDE ← **quadrupes, quadrupedis,** *à quatre pieds* (+ préfixe **quadru-** signifiant *quatre*).
SOLIPÈDE ← **solidipes, solidipedis,** *au pied massif* (+ **solidus,** *massif*) : animal à sabot non fourchu (cheval, âne, zèbre). Il s'agit d'un cas de mauvaise transmission savante : **solidipes** s'est réduit à SOLIPÈDE sous l'influence de **solus** → SEUL : le mot fut interprété comme signifiant « dont le pied forme une seule masse ».
Sur ce modèle a été composé PINNIPÈDE (+ **pinna,** *nageoire*) : animal dont le pied a la forme et la fonction d'une nageoire (otarie, phoque).
En début de mot, l'élément PÉDI- signifie le *pied* dans les compositions récentes PÉDICURE (+ **cura,** *soin*) et PÉDILUVE (+ **-luvium,** élément signifiant *lavage*).

A la racine **ped,** liée à l'idée de *pied,* se rattachent encore : PÉDALE ← **pedalis,** *adapté au pied;* PÉDESTRE ← **pedestris;** PÉDONCULE ← **pedunculus,** *petit pied;* EXPÉDIER ← **expedire,** *dégager les pieds, débarrasser;* et aussi PÉAGE (voir p. 255); PIÈGE ← **pedica,** *lien aux pieds;* PIÈTRE et PITRE (voir p. 236).

-VALENT = *doué de telle propriété* ← **valere,** *être fort, être efficace, être en bonne santé.*
L'élément -VALENT sert à former des adjectifs qui distinguent les modalités sous lesquelles se manifeste la propriété essentielle d'un objet.
ÉQUIVALENT ← **aequivalens, -valentis,** part. prés. de **aequivalere,** *valoir autant* (+ **aequi-,** préfixe signifiant l'*égalité*) : de même valeur ou de même fonction.
Sur ce modèle ont été faits :
AMBIVALENT (préfixe AMBI-, signifiant *des deux côtés*); BIVALENT (+ préfixe BI- signifiant *deux*). On notera la différence entre AMBI- et BI- (voir pp. 35 et 50) : est bivalent ce qui a deux fonctions, deux effets, voire deux natures différentes; est ambivalent ce qui se partage ou hésite entre deux fonctions ou natures opposées l'une à l'autre.
TRIVALENT (+ TRI- = *trois*) : qui a trois fonctions ou trois effets.

Le premier élément est grec dans MONOVALENT (+ préfixe MONO-, du grec **monos,** *seul*) : à une seule fonction, et dans POLYVALENT (+ préfixe POLY-, du grec **polu,** *beaucoup*) : à plusieurs fonctions.
Dans la terminologie chimique, l'élément a une signification très précise. MONOVALENT, BIVALENT, TRIVALENT, etc. peuvent s'y interpréter : qui vaut un, deux, trois, etc., l'unité étant représentée par l'hydrogène. Un corps monovalent comme le chlore « vaut une fois l'hydrogène » [1]. Les corps qui « valent quatre fois, cinq fois l'hydrogène » sont appelés TÉTRAVALENTS, PENTAVALENTS (+ préfixes grecs **tetra-** signifiant *quatre* et **penta-** signifiant *cinq*). Cette donnée numérique qui caractérise les divers corps chimiques s'appelle la VALENCE, mot inspiré par le latin **valentia,** *courage* ou *capacité.* A chaque adjectif en -VALENT correspond un nom en -VALENCE : AMBIVALENCE, BIVALENCE, etc.

La racine **val** exprime d'abord l'idée de *vigueur* et de *santé,* puis celle de *valeur.* Le français lui doit les mots : VAILLANT ← **valens,** *fort ;* VALEUR ← **valor ;** VALIDE ← **validus,** *fort ;* VALOIR ← **valere** (voir plus haut) ; CONVALESCENCE ← **convalescentia,** *retour à la santé.*

-VORE = *qui mange* ← **-vorus,** de **vorare,** *dévorer.*
L'élément -VORE sert à former des noms ou adjectifs qui caractérisent des êtres vivants d'après leur alimentation. Ces mots ont pour modèle CARNIVORE ← **carnivorus,** *mangeur de chair* (+ **caro, carnis** → CHAIR) et OMNIVORE ← **omnivorus,** *qui mange tout* (+ **omnis,** *tout*).
Suivant ce principe, ont été composés FRUGIVORE (+ **frux, frugis,** *fruit*) : mangeur de fruits ; HERBIVORE : mangeur d'herbe ; INSECTIVORE : mangeur d'insectes ; PISCIVORE (+ **piscis,** *poisson*) : mangeur de poisson, ainsi que l'humoristique BUDGÉTIVORE, qui assimile les fonctionnaires à une famille d'animaux nuisibles.

La racine **vor** est liée à l'action de *manger* telle qu'elle est accomplie par les animaux. Le français lui doit encore les mots DÉVORER ← **devorare** et VORACE ← **vorax.**

---

1. Cette explication a une valeur purement linguistique et ne prétend pas rendre compte du phénomène chimique lui-même.

CAN
SIMIL

Les racines retrouvées

Le retour en force des racines latines importées par la réaction savante (voir p. 15) a installé dans le vocabulaire français des éléments lexicaux dont les sonorités avaient cessé de se faire entendre depuis des siècles : par exemple CAN- (dans CANIN, CANIDÉ), ÉQU- (dans ÉQUITATION), SIMIL- (dans SIMILITUDE, ASSIMILÉ). Il est bon de savoir « traduire » ces éléments car ils réfèrent à des notions qui nous sont familières et qui s'expriment par des mots issus de la transmission populaire. Ainsi, CAN- = *chien,* ÉQU- = *cheval,* SIMIL- = *semblable.* Nous retiendrons un certain nombre de ces éléments, dont nous donnerons la « traduction », et que nous illustrerons par la description des mots dans lesquels ils figurent. Ils seront répartis en plusieurs rubriques, selon l'origine de la différence de forme qui existe entre chacun d'entre eux et le mot populaire qui lui correspond (différence entre CAN- et CHIEN, entre ÉQU- et CHEVAL, etc.). Nous distinguerons quatre cas :

• Différence due à la seule évolution phonétique : type CHIEN / CANIN. En latin, **canis,** *chien* et **caninus,** *de chien,* étaient aussi proches par la forme que par le sens. Mais **canis,** chaque jour répété, s'est usé et transformé jusqu'à devenir en français CHIEN ; au contraire, **caninus** a dormi dans les textes écrits et s'est réveillé au XIVe siècle sous la forme CANIN, inchangé comme la Belle au Bois Dormant.

• Différence due à l'existence en latin de deux formes distinctes de la racine : type SUPPRIMER / SUPPRESSION. Pour ces mots, la différence existait déjà à l'époque latine : SUPPRIMER est issu de **supprimere,** *contenir, étouffer,* où la racine a la forme **prim ;** SUPPRESSION est tiré de

suppressio, *étouffement,* où la même racine, augmentée d'un suffixe, a pris la forme **press.**

• Différence due à l'adoption, par la langue populaire, d'une forme suffixée de la racine : type SOLEIL / SOLAIRE. Dans SOLAIRE, l'idée de *soleil* est portée par l'élément SOL-, dans lequel il faut reconnaître le mot SOLEIL. En latin, la situation était claire et cohérente : SOLEIL se disait **sol** et SOLAIRE **solaris.** Mais, sur le territoire gaulois, **sol** a cessé d'être utilisé au profit de son diminutif **soliculus** (+ suffixe **-iculus**), dont est directement issu SOLEIL. La raison de la différence est donc ici la présence, dans le mot populaire, d'un suffixe absent des mots savants.

• Différence due à un changement de racine : types CASSER / FRACTURE ; CHEVAL / ÉQUESTRE ; GUERRE / BELLIGÉRANT. Il s'agit de cas où un mot latin tombé en disgrâce a été remplacé par un concurrent d'étymologie toute différente. Le mot vainqueur peut être un mot de sens voisin de celui du vaincu, ou bien un mot vulgaire, voire argotique, ou encore un mot étranger, c'est-à-dire non latin. Ainsi **frangere,** *casser,* a cédé la place à **quassare,** qui signifiait d'abord *secouer;* **equus,** *cheval,* s'est replié devant **caballus,** *« canasson »* et **bellum,** *guerre* n'a pas résisté à * **guerra,** emprunté au germanique * *werra.* Cependant, quelques siècles plus tard, on a retrouvé, bien conservés dans les textes écrits, les mots **fractura,** dérivé de **frangere ; equestris** et **equitatio,** dérivés de **equus ; bellicosus** et **belligerans,** dérivés de **bellum.** On en a tiré FRACTURE, ÉQUESTRE, ÉQUITATION, BELLIQUEUX, BELLIGÉRANT. Le latin seul permet d'expliquer le lien de sens qui existe entre des mots aussi différents que CASSER et FRACTURE, CHEVAL et ÉQUESTRE, GUERRE et BELLIQUEUX.

Remarque. Pendant que l'on retournait au latin pour en importer des racines abandonnées, le mot populaire pouvait engendrer lui-même des dérivés au moyen des procédés propres au français. Autour de CHIEN, on trouvera donc CANIN, mais aussi CHIENNERIE, autour de SOLEIL, SOLAIRE, mais aussi ENSOLEILLÉ ; autour de CHEVAL, ÉQUESTRE, mais aussi CHEVALIN.

Avant chaque élément, nous signalons, en tête de paragraphe, le mot de formation populaire qui lui correspond.

I. Différence due à la simple évolution phonétique

AIGU ← **acutus,** part. passé de **acuere,** *aiguiser.*
AIGUILLE ← **aculea,** *aiguillon,* dérivé de **acus,** *aiguille.*

ACU- = *aigu, aiguille*
ACUITÉ : caractère de ce qui est aigu.
ACULÉATE ← **aculeatus,** *pourvu d'un aiguillon :* insecte porteur d'aiguillon. ACUMINÉ ← **acuminatus,** *en pointe :* dont l'extrémité est aiguë. ACUPUNCTURE (+ **punctura,** *piqûre;* voir PONCTION, p. 227) : thérapeutique consistant à piquer le patient au moyen d'aiguilles plantées dans des points précis de l'épiderme. ACUTANGLE ← **acutiangulum,**

angle aigu (+ **angulus** → ANGLE) : se dit d'un triangle dont les trois angles sont aigus.

La racine **ac,** dont dépendent **acutus** et **acus,** est liée à l'idée de *pointe,* de *piquant.* Elle a fourni au français les mots :
ACERBE ← **acerbus,** *âcre, pénible.*
ACÉTATE, ACÉTIQUE, ACÉTONE, formés sur **acetum,** *vinaigre.*
ACIDE ← **acidus,** *piquant au goût.*
ACIER ← ***aciarium,** *métal dont on fait les pointes d'armes.*
ÂCRE et AIGRE ← **acer,** *perçant,* voir p. 212.

AINE ← **inguen, inguinis.**

INGUIN- = *aine*

INGUINAL ← **inguinalis :** de la région de l'aine.

AISSELLE ← **axilla.**

AXILL- = *aisselle*

AXILLAIRE : de la région de l'aisselle.
L'AISSELLE (← **axilla**) est le point d'articulation du bras, assimilé, selon l'étymologie, à un axe ou un essieu. En effet, **axilla** se rattache à une racine **ax (a),** liée à l'idée d'*axe,* dont dépendent aussi les mots suivants :
AILE ← **ala,** de * **axla** (l'aile joue et pivote comme un axe pénétrant le corps); HALETER, anciennement ALETER, battre des ailes.
AXE ← **axis ;** ESSIEU ← * **axilis.**

ÂME ← **anima.**

ANIM- = *âme*

ANIMISME : attitude mentale qui consiste à attribuer une âme à toute chose.
ANIMÉ ← **animatus ;** INANIMÉ ← **inanimatus.** Le sens du mot ANIMÉ est d'abord : qui possède une âme. Parler des « êtres animés », ce n'est pas évoquer un mouvement ou une agitation, c'est parler des êtres à qui la pensée antique prêtait une âme, c'est-à-dire les hommes et les animaux. On comprend ainsi toute la valeur antithétique contenue dans le vers de Lamartine :

« Objets inanimés, avez-vous donc une âme ? »

La racine **anim** est liée à l'idée de *souffle vital*, d'*esprit*. On lui doit l'élément -ANIME dans MAGNANIME, PUSILLANIME, UNANIME, qui viennent de **magnanimus,** *dont l'âme est grande* (+ **magnus,** *grand*); **pusillanimus,** *dont l'âme est petite* (+ **pusillus,** *petit*); **unanimus,** *qui n'a qu'une seule et même âme, une seule et même opinion* (+ **unus,** *un seul*), ainsi que les mots ANIMAL ← **animal,** *être pourvu d'une âme;* ANIMER ← **animare,** *donner la vie, le souffle;* ANIMOSITÉ ← **animositas,** *ardeur,* et particulièrement *ardeur mauvaise.*

AUTRE ← **alter.**

ALTER- / ALTR- = *autre*

ALTÉRITÉ ← **alteritas :** caractère de ce qui est autre.
ALTRUISME, d'après le datif vulgaire **altrui,** *à l'autre* (→ AUTRUI) : disposition à se dévouer aux autres.

L'élément latin **alter-,** qui peut se présenter sous la forme **-ulter-,** est une des réalisations d'une racine **al** exprimant l'idée d'*autre.* Le français lui doit encore les mots suivants :
ALTÉRER ← **alterare,** *rendre autre, changer.*
En français, ALTÉRER a le sens de « changer en mal » ; ALTÉRÉ, rapporté à un être animé, a signifié « troublé, égaré », et particulièrement « égaré par la soif » ; d'où le sens de DÉSALTÉRER.
ALTERCATION ← **altercatio,** litt. *dispute entre une personne et une autre.*
ALTERNER ← **alternare,** *faire une chose après l'autre.*
ADULTÈRE ← **adulter,** de **adulterare,** *falsifier, corrompre,* d'où *commettre un adultère* **(ad + alterare).**
Ne pas confondre : ADULTE ne relève pas de la même racine, mais vient de **adultus,** participe passé de **adolescere,** *grandir,* voir p. 97.

Une autre réalisation de la racine **al** est l'élément ALI- présent dans ALIÉNER ← **alienare,** *rendre étranger, céder à autrui;* ALIÉNÉ ← **alienatus,** *dépossédé de lui-même.*

CERCLE ← **circulus.**

CIRCUL- = *cercle*

CIRCULAIRE ← **circularis :** en forme de cercle, ou qui décrit un cercle; SEMI-CIRCULAIRE : en forme de demi-cercle (voir SEMI-, p. 49).

La référence au cercle s'est perdue dans CIRCULER ← **circulari,** *aller à la ronde;* CIRCULATION ← **circulatio,** *orbite d'un astre.*
A partir du sens de « circulation sanguine », où il s'agit encore d'un véritable déplacement circulaire, CIRCULATION a évolué vers le sens de « mouvement incessant et sans terme fixe ».
Circulus est un diminutif de **circus,** *cercle,* et en particulier *construction circulaire entourant une piste,* qui a donné CIRQUE. Il est possible, mais non certain, que **circus** ait été emprunté au grec **kerkos,** *anneau.*
Sont dérivés de **circus,** outre les préfixes CIRCON-, CIRCUM-(← **circum,** *autour,* voir p. 35), les mots :
CERNE ← **circinus,** *compas* ou *cercle;* CERNER ← **circinare,** *fermer en cercle.*
CHERCHER ← **circare,** *parcourir en cercle.*

CHAIR ← **caro, carnis.**

CARN- = *chair*

CARNATION ← **carnatio,** *embonpoint :* couleur de la chair (au sens de « peau »).
INCARNATION ← **incarnatio :** c'est le fait, pour une âme, un dieu, un principe abstrait, de revêtir un corps de chair; un ongle INCARNÉ est un ongle dont l'extrémité pénètre dans la chair.
CARNIVORE ← **carnivorus,** voir p. 77.

Caro, carnis et ses dérivés ont encore fourni les mots suivants :
— à partir de la forme de nominatif singulier **caro(n),** les noms :
CARONCULE ← **caruncula,** *petite excroissance de chair;* CHAROGNE ← **caronia;**

— à partir de la forme des autres cas (**carnem, carnis,** etc.), les mots :
CHARCUTERIE ← a. fr. *chair cuiterie,* débit de chair cuite.
CHARNEL ← **carnalis.**
CHARNIER ← **carnarium,** *garde-manger.*
CHARNU ← * **carnutus.**
ACHARNÉ est dérivé de l'ancien français *charn,* forme intermédiaire entre le latin **carnem** et le français CHAIR; originellement, un chien de chasse acharné est un chien dont on a exercé l'instinct carnassier. DÉCHARNÉ est également un dérivé de *charn.*
CARNASSIER repose sur le provençal *carnasso,* viande abondante.
De l'italien *carne,* viande, et de ses dérivés dépendent CARNE, CARNAGE, INCARNAT et CARNAVAL. Ce dernier mot est emprunté au florentin *carnevale,* forme issue de l'expression *carne levare,* ôter la viande : le jour du carnaval précédait en effet celui où la viande était supprimée de l'alimentation pour toute la durée du carême.

CHALEUR ← **calor.**

CALORI- = *chaleur*

CALORIE : unité de quantité de chaleur; CALORIFIQUE ← **calorificus :** qui produit de la chaleur; CALORIFUGE, voir p. 73; CALORIMÈTRE (+ MÈTRE, du gr. **metron,** *mesure*) : instrument mesurant une quantité de chaleur dégagée; CALORIMÉTRIE : partie de la physique qui s'occupe de la mesure des quantités de chaleur.
L'élément CALORI- est abrégé en CALO- dans le tout récent CALOGÈNE : qui fournit de la chaleur.

A la racine **cal,** liée à l'idée de *chaleur,* se rattachent aussi : CHAUD ← **caldus** et CHAUFFER ← * **calefare,** classique **calefacere,** *rendre chaud.*
CHALAND (au sens de client) s'écrivait en a. fr. *chalant;* c'était le participe présent de *chaloir,* être excité, intéressé (par une marchandise) ← lat. **calere,** *être chaud, être ardent.*
CHALAND au sens de péniche est un mot différent, d'origine grecque.
NONCHALANT, en a. fr. *non chalant,* signifiait « non ardent ».

CHEVEU ← **capillus.**

CAPILL- = *cheveu*
CAPILLAIRE : relatif au cheveu ou mince comme un cheveu.
CAPILLICULTURE : soin des cheveux.
Les mots CHEVELU et ÉCHEVELÉ sont dérivés de la forme d'a. fr. *chevel.* CHEVELURE est issu du latin **capillatura.**

CHÈVRE ← **capra.**

CAPR- = *chèvre, bouc*
CAPRIN ← **caprinus,** *de chèvre :* relatif à l'espèce chèvre.
CAPRICORNE ← **Capricornus,** *Capricorne* (+ **cornu** → CORNE) : animal aux cornes de chèvre.

La famille de **capra :**
SE CABRER ← **prov.** *se cabrar,* se dresser sur ses pieds comme une CHÈVRE ← lat. **capra ;** CABRI est également issu de **capra** par l'intermédiaire du provençal ; CABRIOLE ← ital. *capriola,* saut de chevreuil ← lat. **capreolus,** *jeune chevreuil ;* CHEVRIER ← **caprarius ;** CHEVRON ← * **capro,** class. **capreolus,** *chevreuil* et, par métaphore, *support de charpente.* CREVETTE : forme normande pour CHEVRETTE.

CHIEN ← **canis.**

CAN- = *chien*
CANIDÉ : animal appartenant à la famille du chien.
CANIN : relatif au chien.
CANAILLE, est emprunté à l'italien *canaglia,* ramassis de chiens, dérivé de *cane,* chien.
CANICULE : voir p. 214.
Le nom du CANICHE n'a rien à voir avec **canis,** mais tout avec CANARD. Il a été donné aux barbets, dont fait partie le caniche, parce qu'ils aiment barboter dans l'eau.

CORPS ← **corpus, corporis.**

CORPOR- = *corps*
CORPORATION : association regroupant les membres d'un corps de métier. CORPORATISME : défense des intérêts d'un seul corps de métier.
CORPORÉITÉ : état de ce qui est doté d'un corps (**corporeus,** *corporel*).

CORPOREL ← **corporalis :** qui concerne le corps, qui a la nature du corps.
INCORPORATION ← **incorporatio :** action de mêler à un corps. INCORPORER ← **incorporare :** faire en sorte qu'une chose ou qu'un individu fasse corps avec autre chose.

Se rattachent également à **corpus**
– par transmission savante :
CORPULENT ← **corpulentus,** *au corps massif,* et CORPUSCULE ← **corpusculum,** *petit corps.*
– par transmission populaire :
CORSAGE, CORSELET, CORSER, CORSET : ces mots ont été dérivés de l'a. fr. *cors,* issu phonétiquement de **corpus ;** le P de CORPS a été réintroduit dans l'orthographe du mot dès le XIIe siècle.

COURBE ← **curvus.**

CURV- = *courbe*
CURVILIGNE : formé de lignes courbes.
INCURVER : rendre courbe.

CRIME ← **crimen, criminis,** *accusation,* puis *faute, délit.*

CRIMIN- = *crime*
CRIMINEL ← **criminalis :** qui a rapport au crime.
CRIMINALISER : faire passer de la juridiction civile ou

correctionnelle à la juridiction criminelle. CRIMINALITÉ : ensemble des actes criminels.
CRIMINOGÈNE (+ élément d'origine grecque -GÈNE = *qui engendre*) : qui engendre la criminalité. CRIMINOLOGIE (+ -LOGIE, du grec **logos,** *discours*) : étude des causes et des manifestations des crimes.

Le rapport à l'idée de crime n'est pas sensible dans INCRIMINER ← **incriminare :** faire porter une accusation sur; RÉCRIMINER ← **recriminare,** *accuser en retour :* accuser, se plaindre.
DISCRIMINATION, DISCRIMINATOIRE, qui réfèrent à une distinction injuste effectuée entre des personnes, remontent à **discriminare,** *distinguer* et **discriminatio,** *distinction,* dans lesquels le radical **crimin-** n'évoque pas l'accusation, mais l'acte de distinguer, conformément au sens général de la racine.

En effet, **crimen** dépend d'une racine **cri / cre (cer),** liée à l'idée de *tri, distinction;* avant de signifier *accusation,* **crimen** a dû désigner le procès judiciaire, qui permet de *trancher un différend,* de *distinguer* entre le légitime et l'illégitime.
La racine se retrouve en français dans les mots suivants :
CONCERNER ← **concernere,** *regarder,* de **cernere,** *distinguer, chercher à distinguer.*
DÉCERNER ← **decernere,** *trancher, décider* (à l'origine le verbe DÉCERNER signifiait « décréter »).
DISCERNER ← **discernere,** *distinguer.*
Attention : CERNER est étranger à cette racine et vient de **circinare,** *entourer,* voir p. 84.
CERTAIN ← * **certanus,** d'après **certus,** *tranché, décidé, sûr.*
CERTES ← **certas,** acc. fém. pl. de **certus.**
CERTIFIER ← **certificare,** *rendre certain.*
CERTITUDE ← **certitudo.**
CONCERTER ← **concertare,** *combattre, rivaliser :* voir p. 248.
EXCRÉMENT ← **excrementum** et EXCRÉTION ← **excretio,** *rejet après un tri.*
DÉCRET ← **decretum,** part. passé de **decernere.**
DISCRET, SECRET, voir p. 248.
CRIBLE ← **criblum,** *instrument servant à trier;* et peut-être GRIVE ← **cribellum,** *tamis,* d'où le dérivé GRIVÈLERIE : voir p. 248.

Attention : CONCRET, CONCRÉTION ne sont pas liés à cette racine, mais au verbe **concrescere,** *croître ensemble.*

CROIRE ← **credere.**

CRÉD- = *croire*

CRÉDIBLE ← **credibilis :** qui peut être cru.
CRÉDULE ← **credulus :** qui croit facilement.
CRÉDIT ← **creditum,** *prêt :* c'est littéralement la « croyance » en la solvabilité et la probité de celui qui emprunte une somme ou diffère un paiement.

A **credere** se rattachent également :
CRÉANCE ← * **credentia,** *croyance, confiance.*
MÉCRÉANT, formé du préfixe privatif MÉ- ajouté à l'a. fr. *créant* (← **credens,** *croyant*), ancien participe présent de CROIRE.
CRÉDENCE est emprunté à l'italien *credenza,* croyance, confiance. Le mot italien désignait aussi le meuble sur lequel les plats étaient posés pour l'opération appelée *credenza :* un serviteur les goûtait et donnait ainsi confiance aux convives.

CROIX ← **crux, crucis.**

CRUCI- = *croix*

CRUCIFÈRE : voir p. 72. CRUCIFORME : en forme de croix.
CRUCIFIER ← **crucifigere,** *clouer à la croix* (+ **figere,** *clouer*) : mettre en croix ; CRUCIFIX ← **crucifixus,** *cloué à la croix :* croix sur laquelle est représenté le Christ crucifié ; CRUCIFIXION ← **crucifixio,** *action de clouer à la croix.*
CRUCIVERBISTE, mot forgé sur **verbum,** *mot,* voir p. 198 : amateur de mots croisés.
L'idée de *croix* n'est plus sensible dans CRUCIAL. L'instant crucial, l'expérience cruciale sont littéralement l'instant et l'expérience qui imposent ou permettent au philosophe ou au savant de trouver sa voie à une croisée de chemins. L'adjectif est aujourd'hui synonyme de « décisif », « très important ».

DIEU ← **deus.**

DÉ- = *dieu*

DÉESSE : dieu féminin. DÉICIDE : meurtrier d'un dieu, voir p. 70 ; DÉIFIER ← **deificare :** faire de quelqu'un un dieu ; DÉIFICATION ← **deificatio :** action de déifier. DÉISME : croyance en un dieu transcendant, non personnel, sans relation avec les hommes et sans culte. DÉISTE : celui qui professe cette croyance. DÉITÉ ← **deitas,** *nature divine :* être divin.

Deus, primitivement **deivos,** dépend d'une racine **deiv/die(v) (de, di, div, jov, ju),** liée à l'idée de *ciel lumineux* et de *divinité,* hôte du ciel lumineux. Le français lui doit aussi : DEVIN et DIVIN, remontant tous deux à **divinus,** *divin, prophétique.*

JOUR et DIURNE ← **diurnus,** *de jour;* JOURNAL ← **diurnalis,** *diurne;* SÉJOURNER ← **subdiurnare,** *passer ses journées.*

JEUDI ← **Jovis dies,** *jour de Jupiter,* voir p. 266; JOVIAL ← **jovialis,** *sous l'influence de la planète Jupiter,* voir p. 263. Le nom désignant le dieu qui était, par excellence, le seigneur du ciel lumineux, se présentait au génitif sous la forme **Jovis,** et au nominatif sous la forme **Juppiter,** composé de **Ju-** et du mot **pater** → PÈRE.

DIMANCHE ← **dies dominica,** *le jour du Seigneur* (**dominus,** *seigneur*).

DOMINICAL = *du dimanche*

Dominus, qui signifiait à l'origine le *maître de maison,* repose sur une racine **dom** liée à l'idée de *maison.* La référence à la maison est bien conservée dans DOMESTIQUE ← **domesticus,** *de la maison,* et DOMICILE ← **domicilium.** Les autres mots français rattachés à cette racine ont pour origine des dérivés de **dominus :**

DOMINER ← **dominari,** *être le maître.*

DOMAINE ← **dominium,** *propriété.*

DAME ← **domina,** *maîtresse de maison.*

DEMOISELLE ← **dominicella,** diminutif du précédent.

DANGER ← * **dominiarium,** *pouvoir, domination.* En a. fr. la forme était *dongier : être en dongier* signifiait être au pouvoir de quelqu'un.

DONJON ← * **dominio, dominionis,** *résidence du seigneur.*

DOIGT ← **digitus.**

DIGIT- = *doigt*

DIGITAL ← **digitalis,** *de la grosseur du doigt :* qui appartient aux doigts; DIGITÉ : qui possède des prolongements semblables à des doigts.

DIGITIGRADE (+ -GRADE, voir p.74) : qui marche sur les doigts.
PRESTIDIGITATEUR : artiste aux doigts prestes.
Attention : l'adjectif DIGITAL appliqué à certains appareils électroniques ne réfère nullement au doigt mais à un mode de calcul binaire. C'est un anglicisme : le mot anglais *digit* signifie : nombre mesurant une quantité discrète. Il est tiré du latin **digitus** et signifiait à l'origine : nombre de 0 à 9 (un de ceux qu'on compte sur les doigts).

Se rattachent également à **digitus :**
DÉ (à coudre) ← a. fr. *deel* ← lat. ***ditale,** de **digitalis.** Pour le DÉ à jouer, voir p. 188.
DIGITALE : plante dont les fleurs évoquent la forme d'un doigtier. La DIGITALINE est la substance toxique extraite de cette plante et utilisée en pharmacie.

DOULEUR ← **dolor.**

DOLOR- = *douleur*

DOLORISME : attitude mentale qui consiste à considérer la douleur comme utile et souhaitable.
ENDOLORI : devenu le siège d'une douleur; INDOLORE ← **indoloris :** qui ne cause aucune douleur.
La racine **dol,** liée à l'idée de *douleur,* a fourni également :
DEUIL ← **dolus** ou **dolium,** *douleur.*
DOLENT, DOLÉANCE : dérivés de l'a. fr. *douloir* ou *doloir,* souffrir, issu de **dolere,** *avoir mal* ou *être douloureux.*

CONDOLÉANCE a été forgé sur **condolere,** *souffrir avec.* Présenter ses condoléances à quelqu'un, c'est donc l'assurer qu'on partage sa douleur.
INDOLENT ← **indolens,** *qui ne souffre pas.* Du sens d'« insensible à la douleur », INDOLENT est passé au sens d'« insensible », « manquant de réactions ».

DOUTER ← **dubitare,** *hésiter entre deux choses.*

DUBITA- = *doute*
DUBITATIF ← **dubitativus :** qui exprime le doute.
INDUBITABLE ← **indubitabilis :** dont on ne peut douter.
Dubitare est un dérivé de **dubius,** *partagé, qui hésite entre deux choses,* qui se rattache à **duo,** *deux* (voir p. 260).

EAU ← **aqua** (voir p. 11).

AQU- = *eau*
AQUAPLANAGE (+ PLANER) : phénomène par lequel un véhicule glisse sur une pellicule d'eau recouvrant une chaussée. Le mot est un dérivé d'AQUAPLANE, terme vieilli qui désignait un engin formé d'une planche unique, dont l'usage était comparable à celui du ski nautique.
AQUARELLE ← italien *acquarella :* peinture à l'eau.
AQUATIQUE ← **aquaticus :** qui vit ou qui se fait dans l'eau.
AQUEDUC ← **aquaeductus,** voir p. 72 : canal destiné à capter et conduire l'eau.
AQUEUX ← **aquosus :** qui est fait d'eau ou qui contient de l'eau.
AQUIFÈRE (+ -FÈRE, voir p. 73) : (terrain, ou couche géologique) qui renferme de l'eau.
Le français hésite encore entre les formes AQUACULTURE et AQUICULTURE pour désigner l'élevage des poissons de mer. Voir aussi AQUARIUM et ÉVIER, p. 233.
Le mot GOUACHE est également issu d'un dérivé d'**aqua.** Il désigne une peinture qu'on détrempe à l'eau ; c'est un emprunt à l'italien *guazzo,* de *guazza,* rosée ← ***aquatia.**
En outre, le territoire de la France est parsemé de noms propres issus de **aqua.** En langue d'oc, **aqua** a donné *aiga :* dans la France du Sud, de petites rivières s'appellent AIGUE, AYGUE, EYGUES, etc. A l'époque romaine, plusieurs villes, dotées de sources thermales, s'appelaient **Aquae,** *les Eaux* (abl. **Aquis**), d'où les AIX, AX ou DAX.

EMPIRE ← **imperium,** *pouvoir, commandement.*
EMPEREUR ← **imperator.** Pour les souverains qui se succédèrent depuis le règne d'Auguste (27 av. – 14 ap. J.-C.) jusqu'à la fin de l'Empire romain (476), le nom d'**imperator,** *chef des armées, commandant en chef,* n'était qu'un des titres qu'ils possédaient. Pour désigner leur souverain, les Romains employaient plus classiquement le mot **princeps,** *premier,* dont est issu PRINCE.

IMPÉR- = *empire, empereur*
IMPÉRATRICE ← **imperatrix,** *celle qui commande.*
IMPÉRIAL ← **imperialis :** relatif à l'empire ou à l'empereur; IMPÉRIALISME : politique par laquelle un État tente d'acquérir ou conserver un empire en dominant d'autres États ou nations.
Imperare, *commander,* dont dépendent également IMPÉRATIF ← **imperativus,** *propre au commandement,* et IMPÉRIEUX ← **imperiosus,** *qui aime à commander,* se rattache à une racine **par** qui signifie *procurer* (voir p. 75).

Attention : IMPÉRITIE a une étymologie tout à fait différente. Le mot, qui signifie « incompétence », « maladresse » est tiré d'**imperitia,** *inexpérience* (**in-** privatif + **peritus,** *expérimenté*).

ESPRIT ← **spiritus,** *souffle.*
Si l'on considère aussi le mot **anima,** *souffle* → ÂME, on constate que les noms signifiant *souffle* ont vocation à désigner le composant humain opposé au corps.

SPIRIT- = *esprit.*
SPIRITE : personne qui évoque les esprits. SPIRITISME : pratique de l'évocation des esprits.
SPIRITUEL ← **spiritualis :** qui est du domaine de l'esprit ou qui a de l'esprit.
SPIRITUEUX : qui contient de l'« esprit de vin », autre nom de l'alcool.

Spiritus est un dérivé du verbe **spirare,** *souffler.* De ce verbe viennent SPIROMÈTRE et TRANSPIRER (la transpiration fut jadis attribuée à une respiration s'effectuant à travers la peau).
Les composés de **spirare** ont fourni ASPIRER ← **aspirare,** CONSPIRER ← **conspirare,** litt. *respirer ensemble,* etc.

ÉTOILE ← **stella.**

STELL- = *étoile*

STELLAIRE ← **stellaris :** relatif aux étoiles.
CONSTELLATION ← **constellatio :** groupe d'étoiles.
CONSTELLÉ : parsemé d'étoiles ou de points brillants.

FAUX ← **falsus.**

FALS- = *faux*

Cet élément ne se rencontre que dans FALSIFIER (+ suffixe -IFIER, voir p. 59) et ses dérivés FALSIFIABLE, FALSIFICATION, etc. Le sens de FALSIFIER est « réaliser un objet faux » : un passeport falsifié est un faux passeport ; du vin falsifié n'est plus du vrai vin.
Falsus dépend d'une racine **fall (fals),** liée à l'idée de *tromper* et de *se tromper,* qui a aussi fourni :
FAILLIR ← **fallere,** *tromper;* en latin vulgaire, le verbe a pris le sens de *se tromper, commettre une faute, manquer.*
FALLACIEUX ← **fallaciosus,** *trompeur.*
FALLOIR repose sur une forme * **fallēre,** *manquer;* le latin vulgaire a créé cette forme à côté de **fallĕre,** dont est issu FAILLIR. « Il faut de l'argent » signifie étymologiquement « Il manque de l'argent ».
FAUTE ← * **fallita,** *manque.* Par l'italien *fallita,* le même mot latin a donné FAILLITE.

FEMME ← **femina,** *femelle.*

FÉMIN- = *femme*

FÉMININ ← **femininus :** propre à la femme. FÉMINISER : développer l'élément féminin ou femelle. FÉMINISME : doctrine préconisant l'extension des droits de la femme. FÉMINISTE : tenant(e) de cette doctrine. FÉMINITÉ : ensemble des caractères propres à la femme.
EFFÉMINÉ ← **effeminatus,** litt. *transformé en femme :* se dit d'un homme dont l'aspect et le comportement évoquent ceux qu'on prête traditionnellement aux femmes.
A la racine **fe,** liée à l'idée de *nourrice, nourrisson, portée d'un animal,* se rattachent également :
FAON ← * **feto,** * **fetonis,** *petit d'un animal sauvage,* de **fetus,** *petit d'un animal.*
FÉCOND ← **fecundus,** littéralement *qui a beaucoup de petits.*

FÉLICITÉ ← **felicitas,** *bonheur,* de **felix,** *fécond, prospère, heureux.* FÉLICITER ← **felicitare,** *rendre heureux;* le verbe français eut d'abord le même sens que le verbe latin, puis il reçut l'acception de « déclarer heureux ».
FEMELLE ← **femella,** diminutif de **femina.**
FŒTUS : reprise du mot latin **fetus,** *petit d'un animal,* sous une orthographe tardive. SUPERFÉTATION est fait sur **superfetare,** *concevoir un petit — ou une portée — supplémentaire.* Le mot fut employé au figuré au sens de « production superflue ». Il en est resté le dérivé SUPERFÉTATOIRE, qui est une façon assez recherchée de dire « superflu ».
FOIN ← **fenum,** en quelque sorte la « portée » d'un pré. FENAISON est un dérivé de l'a. fr. *fener* ← * **fenare,** *récolter le foin, faire sécher le foin; fener* est devenu FANER : faire les foins, et surtout se dessécher comme du foin. FENOUIL ← * **fenuculum,** diminutif de **fenum.**

FEUILLE ← **folia,** pluriel de **folium,** *feuille.*

FOLI- = *feuille.*

FOLIAIRE : qui appartient à la feuille; FOLIATION : disposition ou développement des feuilles; FOLIÉ ← **foliatus :** qui a des feuilles; FOLIOLE ← **foliolum :** petite feuille. DÉFOLIATION : opération consistant à faire tomber artificiellement les feuilles grâce à des produits DÉFOLIANTS. EXFOLIER ← **exfoliare,** *effeuiller :* détacher par feuilles. TRI-, QUADRIFOLIÉ : dont les feuilles sont groupées par trois, par quatre.

FIÈVRE ← **febris.**

FÉBR- = *fièvre*

FÉBRILE ← **febrilis :** qui a de la fièvre; FÉBRIFUGE ← **febrifugia :** qui chasse la fièvre (voir p. 73).

FRÈRE ← **frater, fratris.**

FRATERN- / FRATR- = *frère.*

FRATERNEL, d'après **fraternus,** *de frère;* FRATERNISER : choisir un comportement fraternel avec autrui; FRATERNITÉ ← **fraternitas :** lien qui existe entre frères.
FRATRICIDE : voir p. 70.
CONFRATERNEL : propre à des relations entre confrères.

FROID ← **frigidus.**

FRIG- = *froid*

FRIGORIE : ce mot a été créé par opposition à CALORIE; il désigne la quantité de chaleur qu'il faut enlever à 1 kg d'eau à 15 °C pour abaisser sa température d'un degré (d'après **frigus, frigoris,** *le froid*).

FRIGORIFIER : soumettre au froid. FRIGORIFIQUE ← **frigorificus,** *qui refroidit* (+ **facere** → FAIRE) : qui sert à produire le froid. FRIGORISTE : technicien des installations frigorifiques.

RÉFRIGÉRER ← **refrigerare,** *refroidir :* refroidir grâce à une production artificielle de froid. RÉFRIGÉRATEUR : appareil à produire le froid en vue de la conservation des aliments. RÉFRIGÉRATION ← **refrigeratio,** *rafraîchissement :* action de refroidir artificiellement.

Voir aussi FRIGIDE, p. 211. FRIGIDITÉ s'inspire de **frigiditas,** mais le mot latin signifiait seulement *froidure* (et non *froideur*).

FRILEUX ← **frigorosus,** *glacial,* qui a donné en a. fr. **friureus,* puis, par dissimilation des *r, friuleus, frieleus.*

GOÛT ← **gustus.**

GUST- = *goût*

GUSTATIF : qui concerne le goût. GUSTATION ← **gustatio :** perception des saveurs. GUSTOMÉTRIE : mesure de l'intensité des sensations du goût.

DÉGUSTER ← **degustare :** apprécier le goût.

HAUT ← **altus.**

ALTI- / ALTO- = *haut*

ALTIER : hautain.

ALTITUDE ← **altitudo :** hauteur d'un point au-dessus du niveau de la mer. ALTIMÈTRE : instrument indiquant l'altitude. ALTIPORT : aérodrome de haute montagne.

ALTOCUMULUS, ALTOSTRATUS : nuages de type cumulus ou stratus évoluant à une altitude supérieure.

Le titre ALTESSE est emprunté à l'italien *altezza* ← lat. vulgaire * **altitia,** *hauteur.*

Le H de HAUT a été imité du germanique * **hoh,** *haut.* **Altus** signifiait primitivement *nourri, développé.* Le mot était formé sur une racine **al (ol, ul) :** homonyme de la racine **al** signifiant *autre* (voir p. 83), cette racine est liée à l'idée de *nourrir,* de *faire grandir.* Elle a fourni les mots suivants :
ALIMENT ← **alimentum.**
COALITION ← **coalitio,** *union,* litt. *action de croître ensemble.*
EXALTER ← **exaltare,** *élever.*
ADOLESCENT ← **adolescens,** *grandissant,* part. présent de **adolescere,** *grandir;* ADULTE ← **adultus,** *grandi,* part. passé de **adolescere.**
ABOLIR ← **abolere,** exprimant le contraire de *développer,* c'est-à-dire *diminuer, supprimer.*

HOMME ← **homo, hominis.**

HOMIN- = *homme*

HOMINIDÉS : famille de mammifères comprenant aujourd'hui une seule espèce, l'*homo sapiens,* mais qui jadis en compta au moins deux (*homo sapiens* et l'homme de Néanderthal). HOMINIENS : sous-ordre de mammifères comprenant une seule famille, celle des hominidés, mais qui jadis compta également celle des australopithécidés. HOMINISATION : évolution du primate à l'homme.
Il existe un autre élément référant à l'homme :

HUMAN- = *homme*

HUMAIN ← **humanus :** relatif à l'homme, conforme à l'état d'homme; INHUMAIN ← **inhumanus,** *barbare :* étranger à la nature de l'homme; SURHUMAIN : au-dessus des pouvoirs de l'homme. HUMANISER (d'où DÉSHUMANISER) : mettre à la portée de l'homme, ou tranformer en homme, ou conférer des qualités propres à l'homme.
HUMANISME : forme de culture accordant une importance primordiale à la connaisance de l'homme et plaçant son espoir en lui.
HUMANITAIRE : qui se préoccupe du bien de l'homme.
HUMANITÉ ← **humanitas,** *nature humaine :* caractère propre à l'homme ou ensemble des hommes.
HUMANOÏDE : être fictif à qui l'on prête une origine extraterrestre et une certaine ressemblance avec l'homme.

HOMIN- et HUMAN- sont deux réalisations d'une même racine **hom / hum,** liée à l'idée de *terre* et de *créature terrestre.* Elle s'oppose à la racine **deiv / die(v),** liée à l'idée de *ciel* et d'*être céleste :* voir DIEU, pp. 90-91.

A l'idée de *terre* se rattachent les mots suivants :

HUMUS, mot repris sous sa forme latine : **humus,** *terre.*

INHUMER ← **inhumare,** *mettre en terre,* et son contraire EXHUMER, construit par analogie avec le précédent au moyen du préfixe EX- (voir p. 36); TRANSHUMER ← esp. *trashumar,* litt. *changer de terre.*

HUMBLE ← **humilis,** *bas, à ras de terre;* HUMILIER ← **humiliare,** *abaisser;* HUMILITÉ ← **humilitas,** *bassesse, modestie.*

Voir encore HOMICIDE, p. 70 et ON, p. 235.

Attention : HUMER n'a rien à voir avec les verbes INHUMER, EXHUMER, et repose sur une onomatopée. Quant à POSTHUME, c'est à tort qu'on l'a rapproché d'INHUMER. Le latin **postumus** était un superlatif correspondant au comparatif **posterior** → POSTÉRIEUR. Il signifiait *dernier,* et en particulier *dernier enfant.* Il se spécialisa dans la désignation de l'enfant né après la mort du père. C'est alors qu'on imagina qu'il signifiait « né après l'enterrement » et qu'on l'affubla de la lettre H.

HUILE ← **olea** (lat. classique **oleum**). Sur le H orthographique, voir p. 21.

OLÉ- / -OLE = *huile*

OLÉAGINEUX, de **oleaginus,** *olivier :* (plante) qui contient ou fournit de l'huile. OLÉFIANT ou OLÉIFIANT (+ suffixe -IFIER, voir p. 59) : (corps chimique) qui produit de l'huile. OLÉIFORME : de consistance huileuse. Acide OLÉIQUE : acide présent dans de nombreux corps gras; d'où les dérivés OLÉINE, OLÉATE. OLÉOMÈTRE : appareil à mesurer la densité des huiles. LANOLINE (+ **lana** → LAINE) : substance huileuse imprégant la laine du mouton. LINOLÉUM (+ **linum** → LIN) : revêtement à base d'huile de lin.

GAZOLE doit remplacer en français le mot anglais *gasoil,* dans lequel *oil,* signifiant huile, est issu de l'a. fr. *oile,* forme qui a précédé *uile.*

PÉTROLE (+ **petra** → PIERRE) : huile minérale. Les deux éléments PÉTR- et -OLE ont tendance à se séparer, chacun

emportant la totalité du sens du composé PÉTROLE :
OLÉODUC (+ -DUC, voir p. 72) : conduite de pétrole.
PÉTROCHIMIE : chimie du pétrole. PÉTRODOLLARS : capitaux en dollars acquis par la vente du pétrole.

Attention : OLÉ- réfère aussi à l'*olivier*. En effet, le mot latin **olea,** dont est issu HUILE, signifiait en langue classique *olivier* ou *olive* (OLIVE vient d'**oliva,** synonyme d'**olea**) :
OLÉACÉES : plantes de la famille de l'olivier.
OLÉICULTURE : culture de l'olivier.

ÎLE ← **insula.**

INSUL- = *île*

INSULAIRE ← **insularis :** habitant d'une île ou qui concerne une île ou les îles.
INSULINE : hormone secrétée par les *îlots* du pancréas.
PÉNINSULE est la transcription de **paeninsula (paene,** *presque* + **insula)** dont PRESQU'ÎLE est la traduction. PÉNINSULE et PRESQU'ÎLE ne sont pas pour autant synonymes : une péninsule est une presqu'île de vastes dimensions.
Insula a donné en italien *isola,* d'où *isolato,* coupé du monde comme une île, dont le français a tiré ISOLÉ et ses dérivés ISOLER, ISOLAT, ISOLATION, ISOLEMENT, ISOLOIR.

JUMEAU ← **gemellus.**

GÉMELL- = *jumeau*

GÉMELLAIRE : qui se rapporte aux jumeaux.
GÉMELLITÉ : le fait d'être jumeaux.
GÉMELLIPARE : qui accouche de jumeaux.
Gemellus est un diminutif de **geminus,** *jumeau,* dont sont dérivés **geminare,** *redoubler* et **geminatio,** *redoublement.* Le français en a tiré GÉMINÉ : groupé par deux, double, et GÉMINATION : répétition, redoublement.

LAIT ← **lac, lactis.**

LACT- = *lait*

LACTAIRE ← **lactarius** (→ LAITIER) : champignon contenant un suc laiteux.
LACTÉ ← **lacteus :** qui a rapport au lait, qui contient du lait. LACTATION ← **lactatio :** sécrétion du lait.

LACTESCENT ← **lactescens,** part. prés. de **lactescere,** *devenir laiteux :* qui contient un suc laiteux.
LACTIFÈRE ← **lactifer** (+ -FÈRE, voir p. 72) : qui amène le lait.
L'acide LACTIQUE est un acide présent dans le lait aigri ; d'où LACTATE, sel de l'acide lactique.
LACTOMÈTRE (+ MÈTRE ← gr. **metron,** *mesure*) : appareil à mesurer la richesse du lait en matières grasses.
LACTOSE : sucre contenu dans le lait ; d'où LACTASE : enzyme décomposant le lactose.

Parmi les formations populaires, outre les dérivés de LAIT (LAITANCE, LAITERIE, LAITEUX, LAITIER), on note ALLAITER ← **adlactare** et LAITUE ← **lactuca,** ainsi baptisée à cause de son suc blanchâtre.

LARME ← **lacryma.**

LACRYM- = *larme*

LACRYMAL : qui a rapport aux larmes. LACRYMOGÈNE (+ élément d'origine grecque -GÈNE = *qui produit*) : qui fait couler les larmes.
Le mot latin avait deux formes prononcées : **lacrima** / **lacruma,** et trois formes écrites : les deux précédentes plus la graphie savante **lacryma ;** c'est elle qui a prévalu en français.

LETTRE ← **littera.**

LITTÉR- = *lettre* ou *lettres*

La polysémie du mot français LETTRE continue celle du mot latin **littera.** Au singulier, **littera** signifiait *lettre de l'alphabet.* Au pluriel, **litterae** signifiait soit *lettre* au sens de *missive,* soit *lettres* au sens de *culture* fondée sur la connaissance des textes.

LITTÉR- réfère à la lettre de l'alphabet dans les mots suivants :
LITTÉRAL (dont sont dérivés LITTÉRALEMENT, LITTÉRALITÉ) : qui suit un texte à la lettre.
ALLITÉRATION : répétition d'une ou plusieurs consonnes dans une suite de mots, par exemple :
« Pour qui sont ces serpents qui sifflent sur vos têtes ? »

TRILITTÈRE : se dit d'une racine verbale formée de trois consonnes notées dans l'écriture par trois signes alphabétiques (notamment dans les langues sémitiques).
TRANSLITTÉRER : transcrire un mot d'une écriture à une autre en convertissant chacune de ses lettres ; ainsi, la TRANSLITTÉRATION du grec γράμμα, *lettre*, en écriture latine est **gramma.**
La référence à la lettre n'est plus sensible dans OBLITÉRER, qui a pris aujourd'hui le sens très précis d'« annuler un timbre-poste », mais qui signifiait d'abord « effacer » : le mot vient de **oblitterare,** *effacer des lettres.*
LITTÉR- réfère à la culture dans :
LITTÉRAIRE ← **litterarius,** *relatif à l'écriture :* relatif aux Lettres ou qui étudie ou enseigne les Lettres.
LITTÉRATURE ← **litteratura,** *grammaire, érudition :* ensemble des œuvres de caractère littéraire, ou activité consistant à écrire des œuvres littéraires ; LITTÉRATEUR ← **litterator,** *grammairien :* auteur d'œuvres littéraires.

LIER ← **ligare.**

LIGA- = *lier*

LIGAMENT ← **ligamentum,** *bandage :* faisceau de tissu reliant plusieurs organes.
LIGATURE ← **ligatura,** *action de lier :* opération consistant à lier ou trait reliant deux lettres entre elles.

Les composés et dérivés de **ligare** ont fourni en français :
LIEN ← **ligamen.**
LIGUE ← ital. *liga,* d'après **ligare.**
ALLIER ← **alligare,** *attacher.* ALOI est dérivé de l'a. fr. *alloier,* forme concurrente d'ALLIER. Il désigne le titre d'un alliage. Est de bon aloi une monnaie qui contient autant d'or ou d'argent que le veut son titre officiel.
OBLIGER ← **obligare,** *lier moralement,* d'où en français les sens de « contraindre » et aussi « contraindre moralement à la gratitude », « rendre service ». OBLIGEANT et OBLIGEANCE, ainsi que DÉSOBLIGEANT, réfèrent au deuxième de ces sens ; OBLIGATION et OBLIGATOIRE au premier.
RALLYE : mot anglais signifiant « rassemblement », issu de l'a. fr. *rallier.*

Attention : ALLIGATOR n'a rien à voir avec cette famille : c'est une altération de l'espagnol *el lagarto,* le lézard.

LIEU ← **locus.**
LOUER (donner à loyer) ← **locare.**

LOC- = *lieu* ou *louer*

LOCAL ← **localis :** propre à un lieu. LOCALISER : situer en un lieu déterminé.
LOCALITÉ : circonstance tenant au lieu, fait d'être situé en un lieu. Le mot est connu aujourd'hui comme synonyme d'« agglomération », « petite ville ».
LOCOMOTEUR (+ MOTEUR, voir p. 67) : qui sert à se déplacer, à changer de lieu ; LOCOMOTION : action de se déplacer. LOCOMOTIVE : engin servant à remorquer les trains.
BILOCATION (+ BI-, préfixe signifiant *deux*) : le fait d'être présent au même moment en deux endroits différents.

Locare signifiait *mettre en un lieu,* puis particulièrement *placer son bien,* de façon qu'il rapporte. C'est avec ce sens que **locare** a abouti à LOUER. Mais le verbe français a acquis en outre la capacité d'exprimer l'action inverse, celle de « prendre à loyer ». A ce sens particulier de **locare** se rattachent LOCATAIRE, LOCATION.
Par transmission populaire, le nom **locarium,** *prix d'un emplacement,* a donné LOYER, et le verbe **collocare,** *placer,* a donné COUCHER.

LOI ← **lex, legis.**

LÉG- = *loi*

LÉGAL (d'où les dérivés LÉGALISER, LÉGALISME, LÉGALITÉ, ILLÉGAL, ILLÉGALITÉ) ← **legalis,** *relatif aux lois :* conforme à la loi. Sur LÉGAL et LOYAL, voir p. 224.

LÉGIFÉRER, d'après **legifer,** *auteur de lois :* faire des lois.
LÉGISLATEUR ← **legislator :** auteur de lois ; LÉGISLATION ← **legislatio :** établissement des lois ; LÉGISLATIF : qui fait les lois ou qui concerne l'assemblée LÉGISLATIVE, c'est-à-dire celle qui vote les lois ; LÉGISLATURE : durée du mandat d'une assemblée législative.
LÉGISTE : spécialiste des lois. En particulier, un médecin légiste est chargé d'expertises en matière légale.

Des dérivés de **lex, legis** proviennent les mots français :
LÉGITIME ← **legitimus,** *légal.*
LÉGUER ← **legare,** *déléguer* ou *laisser par testament* (acte légal) ; LÉGATAIRE ← **legatarius,** *bénéficiaire d'un testament.*
Attention : LEGS ne se rattache à aucun mot latin de cette famille. Le mot s'écrivait en a. fr. *lais :* c'était un dérivé de *laisser.* Son orthographe fut travestie au XVe siècle par des savants qui pensaient à tort que le mot venait de **legare.**
ALLÉGUER ← **adlegare,** *invoquer une loi pour se justifier.*
DÉLÉGUER ← **delegare,** *confier son pouvoir à quelqu'un.*
RELÉGUER ← **relegare,** *exiler, écarter par la loi.*
COLLÈGE ← **collegium,** *groupe d'hommes qui participent à une même magistrature, qui font ensemble appliquer la loi.*
COLLÈGUE ← **collega,** *membre d'un* **collegium.**
PRIVILÈGE ← **privilegium,** *loi concernant un particulier* (+ **privus,** *particulier*).

LOUER (faire l'éloge) ← **laudare.**

LAUD- = *louer*

LAUDATEUR ← **laudator :** personne qui loue.
LAUDATIF ← **laudativus :** qui décerne un éloge.

MÈRE ← **mater, matris.**

MATERN- / MATR- = *mère*

MATERNEL, d'après **maternus,** *maternel :* de la mère.
MATERNER : traiter de façon maternelle.
MATERNISÉ : se dit d'un lait d'origine non humaine qu'on a rendu chimiquement voisin du lait maternel humain.
MATERNITÉ : qualité de mère ou établissement où ont lieu les accouchements.
MATRIARCAT (d'où le dérivé MATRIARCAL) : se dit du régime social de certaines civilisations, dans lequel les

enfants ne se définissent que par rapport à la mère, le père ne jouant qu'un rôle accessoire. Le mot MATRIARCAT est construit par analogie avec PATRIARCAT tiré du grec **patriarkhês** → PATRIARCHE ; dans PATRIARCAT, les deux éléments PATRI- et -ARCAT sont d'origine grecque. Dans MATRIARCAT, le premier élément est d'origine latine.
MATRICE ← **matrix, matricis :** organe essentiel de la maternité. Le dérivé MATRICIEL est lié à un sens métaphorique de MATRICE, usité en algèbre.
MATRICIDE : voir p. 70.
MATRILINÉAIRE (+ **linea,** *ligne, lignée*) : se dit d'une filiation par ascendance maternelle.
MATRILOCAL (+ LOCAL, voir p. 102) : où la résidence du couple est celle de la mère de l'épouse.
MATRONYME : nom de famille transmis par la mère (+ élément grec **-ônumos** signifiant *nom*).

La racine **mater / matr** a également fourni au français :
MARÂTRE ← ***matrastra,** *belle-mère* (avec suffixe péjoratif **-astr-**). MARRAINE ← **matrina,** *belle-mère.* COMMÈRE ← **commater,** *marraine,* litt. *celle qui est mère avec.*
MATRICULE ← **matricula,** *registre,* diminutif de **matrix, matricis** au sens de *document originel.*
MATRIMONIAL ← **matrimonialis,** de **matrimonium,** *mariage d'une femme.* MATRONE ← **matrona,** *dame, femme mariée.*
Notons aussi MATIÈRE ← **materia,** *partie mère de l'arbre, tronc principal, bois de construction, matière.*

MOIS ← **mensis.**

MENS- = *mois*

MENSUEL ← **mensualis :** qui a lieu tous les mois ; d'où MENSUALISER ; MENSUALITÉ.
Le radical **mens-** pouvait être augmenté d'un suffixe **-tr-** et donner **menstr-** ou **mestr-** (**n** disparaissant très tôt pour éviter la succession de quatre consonnes).
L'élément MENSTR- apparaît dans des mots qui réfèrent à un phénomène physiologique mensuel :
MENSTRUES (d'où MENSTRUATION) ← **menstrua ;** MENSTRUEL ← **menstrualis.**
L'élément MESTR- est utilisé lorsqu'un groupe de plusieurs mois est en cause. Il existe une répartition sémantique très

nette entre les composés en -MENSUEL et les composés en -MESTRIEL. Ainsi, une revue BIMENSUELLE paraît deux fois par mois tandis qu'une revue BIMESTRIELLE paraît tous les deux mois.
TRIMESTRE (d'où TRIMESTRIEL) ← **trimestris,** *de trois mois;* (+ **tri-,** *trois*) : ensemble de trois mois.
SEMESTRE (d'où SEMESTRIEL) ← **semestris,** *de six mois* (+ **sex** → SIX) : ensemble de six mois.

MONNAIE ← **moneta,** *monnaie,* anciennement *celle qui avertit.*

MONÉT- = *monnaie*
MONÉTAIRE ← **monetarius :** relatif à la monnaie.
MONÉTISER : donner valeur de monnaie.
DÉMONÉTISER : retirer à une pièce ou à un billet sa valeur de monnaie.
Le sens définitif du mot **moneta** a été acquis à la suite d'un curieux détour. Un jour, la déesse Junon avertit les Romains d'un tremblement de terre imminent. Elle reçut d'eux l'épithète de **Moneta,** d'après le verbe **monere,** *avertir.* On lui consacra également un temple, le temple de Junon Moneta, construit sur le Capitole, sur l'emplacement occupé aujourd'hui par l'église Santa Maria d' Aracœli. Plus tard, l'atelier officiel de frappe des monnaies fut installé dans une dépendance du temple ou dans un bâtiment contigu. Cet hôtel de la monnaie fut baptisé **Moneta.** Bientôt le mot servit également à désigner le produit fabriqué par l'atelier.

Le verbe **monere** dépend d'une racine **men / mon (min),** liée à l'idée d'*activité intellectuelle,* et à laquelle se rattachent les mots suivants :
MENTAL, d'après **mens, mentis,** *intelligence, esprit.*
MENTION ← **mentio,** *action de rappeler, de remémorer.*
MENTIR ← **mentiri,** *contrefaire, tromper, mentir.* Ce verbe exprime une activité intellectuelle bien particulière. Il existe dans la mentalité archaïque un lien entre le produit de l'intelligence humaine et la fausseté. **Mentiri** correspond dans le domaine de la parole à **fingere** dans le domaine du matériel; ce dernier verbe signifia d'abord *façonner, sculpter* (ce qui implique imiter, contrefaire la nature); puis son sens évolua vers celui de *forger de toutes pièces, faire des faux,* sens conservé par le français FEINDRE. L'ambiguïté du statut de

l'activité intellectuelle créatrice se lit également dans le verbe français INVENTER, dont l'emploi tourne souvent au péjoratif : « Tu inventes » n'est pas loin d'être synonyme de « Tu mens ».

COMMENTAIRE ← **commentarius,** *recueil de notes, aide-mémoire.* Les *Commentaires* de Jules César sont un journal : les faits y sont la plupart du temps livrés sans commentaires. Le français COMMENTAIRE (d'où COMMENTER, COMMENTATEUR) a hérité d'un sens tardif de **commentarius :** *note expliquant un texte, explication de texte.*

DÉMENT ← **demens,** *privé d'esprit, fou.*

RÉMINISCENCE ← **reminiscentia,** *action de se ressouvenir.*

MONITEUR ← **monitor,** *celui qui avertit, qui conseille.*

MONSTRE ← **monstrum,** *avertissement des dieux, prodige, être prodigieux.*

MONTRER ← **monstrare,** *montrer* (pour avertir).

MONUMENT ← **monumentum :** *tout ce qui rappelle un souvenir,* en part. *tombeau.*

ADMONESTER, d'après **admonere,** *donner un avertissement, faire une remontrance.*

PRÉMONITION ← **praemonitio,** *avertissement préalable* (+ **prae,** *avant*).

SEMONCE : part. passé fém. de l'a. fr. *semondre,* avertir, réprimander, issu de **submonere,** *avertir discrètement.*

Voir aussi le suffixe -MENT servant à composer des adverbes, p. 59.

MÛR ← **maturus.**

MATUR- = *mûr*

MATURATION ← **maturatio :** mûrissement, évolution vers le développement maximum.

MATURE ← **maturus :** parvenu au terme de son développement. IMMATURE ← **immaturus :** qui n'est pas mûr, moralement et intellectuellement.

MATURITÉ ← **maturitas :** état de ce qui est mûr.

PRÉMATURÉ, d'après **praematurus,** *pas encore mûr* (+ **prae,** *avant*) : antérieur au terme normal, d'où : qui est fait trop tôt.

Le radical **matu-** est porteur de l'idée de *moment opportun, bon moment.* On le retrouve dans **matutinus,** *qui se fait de bonne heure,* dont est issu MATIN.

NEZ ← **nasus.**

NAS- = *nez*

NASAL : qui a rapport au nez. NASALISER (d'où DÉNASALISER) : donner un caractère nasal à une voyelle ou une consonne. NASALITÉ : qualité d'une voyelle ou une consonne nasale.
NASILLER (d'où NASILLARD) : parler du nez.
NASIQUE ← **nasica,** *au long nez :* singe au nez proéminent.
NASONNEMENT : trouble de la phonation consistant à nasaliser toutes les voyelles.

A la racine **nas,** liée à l'idée de *nez,* se rattachent également : NARINE ← ***narina,** de **naris,** *narine,* forme résultant de ***nasis.** NARGUER ← **naricare,** *parler du nez,* de **naris.**

NOM ← **nomen, nominis.** NOMMER ← **nominare.**

NOMIN- = *nom, nommer*

NOMINAL ← **nominalis :** qui appartient ou équivaut au nom, ou comporte des noms. PLURINOMINAL : se dit d'un scrutin, dit aussi « scrutin de liste », où un seul suffrage porte sur plusieurs noms à la fois (+ PLURI-, voir p. 49); UNINOMINAL : se dit d'un scrutin où chaque suffrage ne porte que sur un nom (+ UNI-, voir p. 50).
PRONOMINAL : qui se rapporte au pronom, ou qui se construit avec un pronom : le mot est tiré de **pronominalis,** d'après **pronomen** → PRONOM, litt. *qui tient la place du nom* (+ **pro,** *à la place de*).
NOMINALISME : doctrine selon laquelle les noms désignant des objets sous leur aspect universel ne correspondent à rien de réel et ne sont que des noms : l'« Homme » est un nom

sans réalité; le nom correspond à une réalité dans « cet homme-ci ».
NOMINATIF ← **nominativus :** qui énonce des noms, ou cas sujet d'une déclinaison (celui dont on se sert pour nommer un objet).
NOMINATION ← **nominatio :** acte de nommer. DÉNOMINATEUR ← **denominator,** *celui qui désigne :* terme d'une fraction qui donne le nom de la partie de l'unité considérée, demi, tiers, quart, etc.; DÉNOMINATION ← **denominatio :** acte de dénommer, et nom qui en résulte.

Se rattachent également à **nomen :**
PRÉNOM ← **praenomen,** *nom dit en premier* (+ **prae,** *devant*).
IGNOMINIE ← **ignominia,** litt. *perte de son nom* **(in-** privatif + **nomen).**

NOMBRE ← **numerus.**

NUMÉR- = *nombre*

NUMÉRAL ← **numeralis :** qui représente un nombre.
NUMÉRATEUR : terme d'une fraction indiquant le nombre des parties de l'unité qu'elle comporte. NUMÉRATION ← **numeratio,** *comptage :* conception et utilisation des nombres. NUMÉRIQUE : qui concerne des nombres.
NUMÉRO (d'où NUMÉROTER, NUMÉROTATION) ← ital. *numero* ← lat. **numerus :** nombre attribué à une chose pour la classer.
SURNUMÉRAIRE : qui est en surnombre.
La référence au nombre s'est atténuée dans les deux mots suivants :
NUMÉRAIRE ← **numerarius,** *comptable, payeur.*
ÉNUMÉRER ← **enumerare,** *dénombrer, passer en revue.*

NOURRIR ← **nutrire.**

NUTRI- = *nourrir*

NUTRIMENT ← **nutrimentum,** *nourriture :* nourriture entièrement et directement assimilée par voie sanguine.
NUTRITIF : qui nourrit.
NUTRITION ← **nutritio,** *action de nourrir :* opération par laquelle l'organisme se nourrit; NUTRITIONNEL : qui concerne la nutrition; NUTRITIONNISTE : spécialiste de la nutrition.

DÉNUTRITION : état pathologique dû à un manque de nourriture. MALNUTRITION : état pathologique dû à une nourriture mal équilibrée.
Les formes populaires NOURRITURE et NOURRICE sont issues respectivement de **nutritura,** *action de nourrir* et de **nutricia,** *celle qui nourrit, qui allaite.*

NUIT ← **nox, noctis.**

NOCT- / -NOX- = *nuit*

NOCTAMBULE (+ **ambulare,** *marcher*) : qui marche ou se divertit la nuit, voir p. 203.
NOCTUELLE : papillon de nuit.
NOCTURNE ← **nocturnus :** qui agit, qui a lieu la nuit.
ÉQUINOXE ← **aequinoctium** (+ **aequus,** *égal*) : moment de l'année où les nuits sont égales aux jours ; ÉQUINOXIAL ← **aequinoctialis :** qui a rapport à l'équinoxe.

ŒIL ← **oculus.**

OCUL- = *œil*

OCULAIRE ← **ocularis :** relatif à l'œil, ou, des deux lentilles d'un instrument d'optique, la plus proche de l'œil.
OCULARISTE : fabricant d'yeux de verre.
OCULISTE : médecin spécialiste des troubles de la vision.
MONOCULAIRE, d'après **monoculus,** *borgne* (+ **mono-,** emprunté au grec **monos,** *seul*) : (vision) obtenue au moyen d'un seul œil, ou (instrument) à un seul oculaire ; BINOCULAIRE (+ BIN- = *deux,* voir p. 51) : (vision) obtenue grâce aux deux yeux, ou (instrument) à deux oculaires.

A la racine **oc,** exprimant l'idée d'*œil,* se rattachent : OCELLÉ ← **ocellatus,** *qui a de petits yeux* ou *de petites taches rondes comme des yeux.*
MONOCLE ← **monoculus,** *borgne ;* BINOCLE, construit par analogie avec le précédent, désigne une paire de lunettes sans branches se posant sur le nez.
INOCULER, INOCULATION sont tirés d'**inoculare, inoculatio,** *greffer, greffe,* d'après un des sens d'**oculus,** celui de *bourgeon naissant* ou *œil* utilisé pour la greffe ; INOCULER n'est donc pas synonyme d'INJECTER : il signifie seulement introduire (par tous les moyens adéquats) un organisme dans un autre organisme de façon qu'il s'y développe.

AVEUGLE ← **ab oculis,** litt. *privé de ses yeux* (**ab,** *loin de*). Le terme classique était **caecus,** d'où **caecitas** → CÉCITÉ.
BIGLER ← * **bisoculare,** *loucher,* litt. *faire voir deux fois* (+ **bis,** *deux fois*); étymologie probable, mais non certaine.

ŒUF ← **ovum.**

OV- = *œuf*

OVAIRE : ← **ovarium :** glande génitale qui produit les œufs (d'où OVARIEN, OVARITE, etc.).
OVALE : en forme d'œuf. OVE : ornement en forme d'œuf.
OVIDUCTE (+ **ductus,** *conduit*) : conduit organique par où passe l'œuf.
OVIPARE : voir p. 75; OVOVIVIPARE : femelle chez qui les œufs éclosent à l'intérieur du corps (+ VIVIPARE, voir p. 75).
OVIPOSITEUR (+ **positor,** *celui qui pose) :* organe à l'aide duquel les insectes déposent leurs œufs. OVISCAPTE (+ gr. **skaptein,** *creuser*) : organe qui permet à certains insectes d'introduire leurs œufs dans un milieu résistant.
OVOCYTE (+ gr. **kutos,** *corps*) : ovule non parvenu à maturité. OVOGENÈSE (+ gr. **genesis,** *naissance*) : formation des ovules.
OVOÏDE (+ -OÏDE d'origine grecque) : en forme d'œuf.
OVULE, litt. « petit œuf » : cellule reproductrice femelle qui, une fois fécondée, devient un œuf.

OREILLE ← **auricula.**

AURICUL- = *oreille*

AURICULAIRE ← **auricularius,** *de l'oreille :* qui a rapport à l'oreille ; en particulier, le plus petit des doigts, qui est le seul à pouvoir pénétrer dans l'oreille ; BIAURICULAIRE ou BINAURICULAIRE (+ BI- ou BIN- signifiant *deux*) : qui appartient aux deux oreilles.
Auricula est un diminutif de **aus, auris.** Sur le radical **aur-** sont formés BIAURAL ou BINAURAL, concurrents de BI(N)AURICULAIRE : on note donc quatre formes différentes pour un seul sens...

A la racine **aus (aur),** portant l'idée d'*oreille,* se rattachent aussi : AUSCULTER et ÉCOUTER ← **auscultare,** ainsi que SCOUT ← anglais *scout* ← a. fr. *escoute,* guetteur, espion, éclaireur, de *escouter* (← **auscultare**), écouter.

PAIX ← **pax, pacis.**

PACI- = *paix*

PACIFIER ← **pacificare,** *faire la paix :* faire régner la paix sur. PACIFIQUE ← **pacificus,** *qui fait la paix :* qui aime la paix. PACIFISME : doctrine selon laquelle tout doit être fait pour maintenir la paix; on distingue le pacifisme de l'IRÉNISME (du gr. **eirênê,** *paix*), qui est une attitude pacifique affichée en dépit des conflits.

Le sens primitif de **pax** a probablement été *objet fixé,* d'où *traité fixé.* Le mot se rattache en effet à une racine **pac/pag (pa),** liée à l'idée d'*enfoncer, ficher, planter, fixer,* dont dépendent aussi les mots suivants :

PACTE ← **pactum,** dérivé de **pax.**

COMPACT ← **compactus,** *fixé ensemble.*

IMPACT ← **impactus,** *précipité contre.*

PAGE (nom fém.) ← **pagina,** à l'origine *vigne plantée en rectangle,* puis *feuille de papier rectangulaire.*

PROPAGER ← **propagare,** *provigner,* de **pagere,** *planter,* en particulier *planter une vigne.*

PROPAGANDE vient de l'expression ecclésiastique **de propaganda fide,** *qui concerne le fait de propager la foi.*

PROVIGNER : altération, sous l'influence du mot VIGNE, de l'a. fr. *provainier,* dérivé de *provain,* bouture de vigne ← **propago, propaginis,** *bouture.*

PAÏEN ← **paganus,** *paysan,* voir p. 258, de **pagus,** *borne fixée,* d'où *canton rural.* PAGANISME ← **paganismus.**

PAYS ← **pagensis,** *habitant d'un canton,* puis *canton.*

PAL et PIEU (voir p. 227) ← **palus,** de ***pacslus,** *pieu fiché.*

PALE ← provençal *pala* ← **pala,** *bêche,* de *** pacsla.**

PELLE ← **pala.**

PAYER ← **pacare,** *apaiser :* voir p. 255.

TRAVAIL ← **tripalium,** *engin formé de trois pieux* (voir p. 251).

PÈRE ← **pater, patris.**

PATERN- / PATR- = *père*

PATERNEL ← **paternus,** *de père :* propre au père.
PATERNALISME : attitude marquée de sollicitude et d'autorité comme celle d'un père. PATERNITÉ ← **paternitas :** le fait d'être père.
PATRILINÉAIRE (+ **linea,** *ligne, lignée*) : se dit d'une filiation fondée sur l'ascendance paternelle.
PATRILOCAL (+ LOCAL, voir p. 102) : où la résidence du couple est celle du père de l'époux.

La racine **pater/patr (parr, petr)** a également fourni :
PARRAIN ← **patrinus.**
PARRICIDE : voir p. 70.
PATRICIEN, d'après **patricius,** *qui appartient à la famille d'un père de la patrie,* c'est-à-dire d'un membre du Sénat.
PATRIE ← **patria.** Mais PATRIOTE et APATRIDE sont d'origine grecque.
REPAIRE : dérivé de l'a. fr. *repairier,* rentrer en son gîte ← **repatriare,** *rentrer dans sa patrie.*
PATRIMOINE ← **patrimonium,** *bien transmis par le père.*
PATRON ← **patronus,** *protecteur.*
COMPÈRE ← **compater,** litt. *qui est père avec.* Le mot désigna d'abord le parrain, puis un associé, un compagnon.
IMPÉTRANT ← **impetrare,** *obtenir.* PERPÉTRER ← **perpetrare,** *accomplir.* Les deux verbes latins sont des composés de **patrare,** *accomplir un acte,* à l'origine *accomplir avec l'autorité d'un père.*

PEUPLE ← **populus.**

POPUL- = *peuple*

POPULACE ← **populacia,** adj. fém., *du bas peuple :* bas peuple assemblé en foule.
POPULAIRE ← **popularis :** propre au peuple ou qui plaît au peuple. POPULARISER : faire connaître parmi le peuple.
POPULARITÉ ← **popularitas :** le fait de plaire au peuple.
POPULATION ← **populatio,** *peuplement* en bas latin : ensemble des individus qui peuplent un lieu ; le latin classique ne connaît qu'un mot **populatio,** qui signifie *dévastation,* et ne dérive peut-être pas de **populus.**
POPULATIONNISTE : favorable à l'accroissement de la population.

POPULEUX ← **populosus :** très peuplé.
POPULISME : tendance littéraire ou artistique qui cherche à dépeindre la vie du peuple.
DÉPOPULATION, REPOPULATION, SURPOPULATION sont à peu près synonymes de DÉPEUPLEMENT, REPEUPLEMENT, SURPEUPLEMENT.
POPULO est une abréviation familière de POPULAIRE dans un emploi de ce mot qui est aujourd'hui vieilli : « le populaire » au sens de : « le petit peuple ».

POIL ← **pilus.**

PIL- = *poil*

PILEUX ← **pilosus,** *poilu :* relatif au poil.
PILIFÈRE (+ -FÈRE, voir p. 72) : qui porte des poils.
PILOSISME : développement anormal des poils.
PILOSITÉ : ensemble des poils sur le corps. Le quasi-homonyme VILLOSITÉ :aspect velu ou excroissance d'aspect velu, dépend d'un mot **villosus,** *velu,* qui a donné VELOURS, tandis que la forme vulgaire *** villutus** donnait VELU.
DÉPILATOIRE a été tiré de **depilare,** *épiler :* qui provoque la chute des poils.
ÉPILER (+ préfixe É-, voir p. 47) : supprimer les poils.

Le verbe **pilare,** *épiler* a donné PELER, qui veut dire littéralement « enlever les poils ». Il y a toutefois une confusion phonétique et sémantique entre les mots dérivés de **pilus** (comme PELER, PELAGE, PELURE) et ceux dérivés de **pellis** → PEAU (comme PELISSE et PELLETERIE). C'est ainsi qu'un chien PELÉ n'a plus ses poils mais a encore sa peau tandis qu'un fruit PELÉ a perdu sa peau. On parle indifféremment de la PEAU ou de la PELURE d'une orange. La confusion est d'autant plus aisée que la peau est souvent couverte de poils. L'art de la PELLETERIE, par exemple, consiste à préparer les peaux d'animaux pour en faire des fourrures... or ces peaux n'ont de valeur que par les poils qui les recouvrent.

Sont également dérivés de **pilus :**
PELUCHE et ÉPLUCHER, qui reposent tous deux sur l'a. fr. *peluchier,* arracher les poils ← *** piluccare.**
PELOUSE ← **pilosa,** *poilue,* par comparaison entre le gazon et les poils.

POURRIR ← * **putrere,** classique **putrescere.**

PUTR- = *pourri*
PUTRÉFACTION ← **putrefactio :** état de ce qui est pourri ou processus du pourrissement.
PUTRÉFIER (+ suffixe -FIER, voir p. 59) : pourrir.
PUTRESCENT ← **putrescens,** *pourrissant :* en voie de putréfaction.
PUTRESCIBLE (d'où IMPUTRESCIBLE) : sujet au pourrissement.
PUTRIDE ← **putridus :** pourri.

Putrescere dépend d'une racine **pu,** liée à l'idée de *pourriture,* et dont dépendent également :
PUER ← **putere,** *être pourri, sentir mauvais.*
PUNAISE ← a. fr. *punais,* puant ← * **putinasius,** *qui pue au nez* (+ **nasus** → NEZ).
PUTAIN et PUTOIS se rattachent à l'a. fr. *put,* puant ← **putidus,** *pourri, puant.*
PUS ← **pus, puris ;** PURULENT ← **purulentus,** *plein de pus ;* SUPPURER ← **suppurare.**

QUEUE ← **cauda.**

CAUD- = *queue*
CAUDAL : qui appartient à la queue.
CAUDATAIRE : fonctionnaire du Vatican qui était chargé de porter la *queue* (la traîne) de l'habit du pape.

RAISON ← **ratio, rationis.**

RATIO- = *raison*

RATIOCINER ← **ratiocinari,** *raisonner :* se perdre en raisonnements inutiles.
RATIONALISME (d'où IRRATIONALISME) : manière de penser qui consiste à voir dans la raison le seul critère possible de la validité des connaissances.
RATIONNEL ← **rationalis,** *raisonnable :* conforme à la raison et à ses exigences ; IRRATIONNEL ← **irrationalis,** *où la raison n'intervient pas :* non conforme à la raison.
RATIONALITÉ (d'où IRRATIONALITÉ) ← **rationalitas,** *aptitude à raisonner :* caractère de ce qui est rationnel.
RATION, tiré par transmission savante de **ratio, rationis,** est, par son sens, tout à fait étranger aux mots qui précèdent. Il a conservé le sens primitif de **ratio,** *calcul, compte.*

La racine **re/ra** est liée à l'idée de *compter;* elle apparaît également dans :
RATIFIER, d'après **ratus,** *calculé, fixé.*
PRORATA ← **pro rata parte,** *selon une partie calculée, en proportion.*

ROND ← **rotundus.**

ROTOND- = *rond*

ROTONDE : bâtiment rond. ROTONDITÉ ← **rotunditas,** *rondeur :* état de ce qui est rond.

Rotundus dépend d'une racine **rot,** liée à l'idée de *rond* et à laquelle se rattachent les mots suivants :
RÔDER ← prov. *rodar* ← lat. **rotare,** *tournoyer.*
Attention : RODER une soupape s'écrit sans accent circonflexe et vient de **rodere,** *ronger.*
ROGNER ← * **rotundiare,** d'après **rotundare,** *arrondir.*
RÔLE ← **rotulus,** *rouleau de papier.* Les sens premiers de RÔLE sont « feuille de papier », « registre », « texte ». CONTRÔLE ← a. fr. *contre-rôle,* double d'un registre permettant les vérifications.
ROUE ← **rota ;** ROTATION ← **rotatio ;** ROTULE ← **rotula,** *petite roue.*
ROULER ← a. fr. *roeller,* de *roelle* ← lat. **rotella,** *petite roue.*
BROUETTE, de BEROUETTE, diminutif d'a. fr. * *beroue* ← **birota,** *véhicule à deux roues* (+ **bi-** = *deux*).

SAINT ← **sanctus.**

SANCT- = *saint*

SANCTIFIER ← **sanctificare :** rendre saint, ou révérer comme saint. SANCTIFICATION ← **sanctificatio :** action de sanctifier.
SANCTUAIRE ← **sanctuarium :** lieu saint.

Sanctus dépend d'une racine **sac (sanc, sacr, secr),** liée à l'idée de *sacré,* qui a fourni également :
SACRER ← **sacrare,** *consacrer.*
SACREMENT et SERMENT ← **sacramentum,** voir p. 229.
SACRIFIER ← **sacrificare,** litt. *rendre sacré* (+ **facere** → FAIRE); SACRIFICE ← **sacrificium,** *acte sacré.*
SACRILÈGE ← **sacrilega,** *celui qui vole des objets sacrés* (+ **legere,** *ramasser, voler*) et **sacrilegium,** *vol d'objets sacrés.*
SACERDOCE ← **sacerdotium.**
SACRUM ← **os sacrum,** voir p. 279.
CONSACRER ← **consecrare :** l'**e** latin a été remplacé par A pour maintenir le lien phonétique avec SACRE, SACRÉ, etc. Il ne l'a pas été dans CONSÉCRATION ← **consecratio,** d'un emploi plus rare et plus savant.
EXÉCRER ← **exsecrari,** *maudire, rejeter* (+ **ex,** *hors de*) *par des formules sacrées.* EXÉCRABLE ← **exsecrabilis,** *digne d'être maudit, abominable.*
SANCTION ← **sanctio,** *acte solennel, punition.*
Enfin, MONIALE n'est pas le féminin de MOINE (←**monachus,** nom d'origine grecque), mais est tiré de **monialis,** abréviation de **sanctimonialis,** *religieuse* (d'après **sanctimonium,** *sainteté*).

SIÈCLE ← **saeculum,** *temps d'une génération, époque,* ou *espace de cent ans* et, tardivement, *monde profane.*

SÉCUL- = *siècle*

Le mot SIÈCLE a deux significations : celle, courante, de « durée de cent ans » ; et celle, rare et propre au langage religieux, de « monde des hommes », « société profane ». A la première correspond SÉCULAIRE : qui existe pendant un siècle ou plusieurs siècles. A la seconde correspond SÉCULIER : qui est mêlé au monde profane, ou qui appartient au monde profane. SÉCULAIRE et SÉCULIER sont tous deux tirés de **saecularis,** *qui dure cent ans* et, tardivement, *profane.*

SINGE ← **simius.**

SIMI- = *singe*
SIMIEN : propre au singe.
SIMIESQUE : qui ressemble au singe, qui évoque le singe.

SOUFRE ← **sulfur.**

SULF- = *soufre*
SULFURÉ ← **sulfuratus,** *soufré :* combiné avec le soufre.
SULFUREUX ← **sulfurosus :** qui contient du soufre.
De très nombreux mots du vocabulaire chimique contiennent l'élément SULF-, qui indique que le corps auquel ils réfèrent contient des atomes de soufre : SULFAMIDE, SULFATE, SULFITE, HYPOSULFITE, SULFOCARBONIQUE, SULFONE, SULFURE, etc.

TEMPS ← **tempus, temporis.**

TEMPOR- = *temps*
TEMPORAIRE ← **temporarius :** qui ne dure qu'un temps.
TEMPOREL ← **temporalis :** relatif au temps; dans le langage ecclésiastique, le mot fut employé comme contraire d'« éternel », puis il devint synonyme de « profane ».
INTEMPOREL ← **intemporalis :** non inscrit dans le temps.
TEMPORALITÉ ← **temporalitas :** état de ce qui est temporel; INTEMPORALITÉ ← **intemporalitas,** *inopportunité :* état de ce qui est intemporel.
TEMPORISER : différer d'agir pour gagner du temps.
CONTEMPORAIN ← **contemporaneus :** qui est du même temps.

A la racine **tempus/tempes (tempor),** exprimant l'idée de *portion de temps,* se rattachent également :
TEMPÊTE ← ***tempesta,** de **tempestas.** Ce mot latin signifia d'abord *moment, période;* puis, à la suite d'expressions comme **bona, mala tempestas,** *bon, mauvais moment* (pour naviguer, récolter, etc.), il désigna le *temps qu'il fait* (le mot français TEMPS a subi exactement la même évolution, voir p. 230). Enfin **tempestas** se spécialisa dans la désignation du *mauvais temps.*
INTEMPESTIF ← **intempestivus,** *qui ne vient pas au bon moment.*
PRINTEMPS ← **primum tempus,** *premier temps.*
Malgré la similitude de forme et de sens entre les mots TEMPÊTE et INTEMPÉRIE, il n'est pas prouvé qu'ils se rattachent à la même racine : INTEMPÉRIE, ← **intemperies,** *absence de modération, excès, phénomène excessif;* voir p. 230.
Attention : TEMPORAL ne réfère pas au temps, mais à la *tempe* (←**temporalis,** *de la tempe*). TEMPE ← a. fr. *temple* ← lat. vulgaire ***tempula,** classique **tempus, temporis. Tempus, temporis** → TEMPS et **tempus, temporis** → TEMPE sont homonymes mais sans rapport étymologique.

TITRE ← **titulus,** *inscription.*

TITUL- = *titre*
INTITULER ← **intitulare :** donner un titre (à un ouvrage).
TITULAIRE : qui possède le titre de la fonction qu'il exerce;
TITULARISER : rendre titulaire.
TITULATURE : terminologie des titres honorifiques ayant cours dans une société.

TOUX ← **tussis.**
Le X final du nom français n'est qu'une survivance de la graphie médiévale, dans laquelle *-x* notait *-us,* voir p. 24.

TUSS- = *toux*
TUSSIGÈNE (+ -GÈNE, suffixe d'origine grecque) : qui provoque la toux. ANTITUSSIF : qui combat la toux (+ gr. **anti,** *contre*). Un médicament dont le nom comporte TUSS- s'annonce donc comme destiné à calmer la toux.
Le verbe TOUSSER est une réfection de l'a. fr. *toussir,* issu de **tussire,** *tousser.*

VER ← **vermis.**

VERMI- = *ver*

VERMICELLE ← ital. *vermicelli* ← * **vermicellus,** *petit ver :* pâtes découpées en forme de petits vers.
VERMICULAIRE, d'après **vermiculus,** *petit ver :* qui a la forme d'un ver. VERMICULÉ ← **vermiculatus,** orné de stries en forme de petits vers.
VERMIDIENS : embranchement zoologique comprenant des animaux ayant des affinités avec les vers.
VERMIFORME : en forme de ver.
VERMIFUGE : qui chasse les vers (voir -FUGE, p. 73).
VERMISSEAU ← * **vermicellus :** petit ver.
VERMIVORE : qui se nourrit de vers (voir -VORE, p. 77).

Sont également dérivés de **vermis :**
VERMEIL (d'où VERMILLON) ← **vermiculus,** *petit ver,* en particulier sorte de cochenille dont on tirait une teinture écarlate.
VERMINE, d'après **verminare,** *grouiller de vers.*

VOIX ← **vox, vocis.**

VOC- = *voix*

VOCAL ← **vocalis :** relatif à la voix.
VOCIFÉRER ← **vociferari** (+ **ferre,** *porter*) : donner de la voix.
Attention : dans VOCALISE, VOCALISME, il y a référence non pas à la VOIX, mais à la VOYELLE ← **vocalis** (voir p. 231).
VOCALISME signifie « le fait d'être une voyelle » ou encore « système des voyelles d'une langue ». Une VOCALISE consiste, dans un chant, à étirer une même voyelle sur plusieurs notes.
On note que les seuls dérivés de forme populaire du mot VOIX, les mots VOISÉ et DÉVOISÉ, appartiennent à un vocabulaire savant, celui de la phonétique et de la phonologie, et signifient « pourvu » et « dépourvu de la sonorité due aux vibrations glottales ».
La racine **voc** est liée à l'idée d'*émission de voix.* En dépendent, en français, les mots suivants :
VOCABLE (et VOCABULAIRE) ← **vocabulum,** *appellation.*
VOCATIF ← **vocativus,** *qui sert à appeler.*
VOCATION ← **vocatio,** *appel.*

AVOCAT et AVOUÉ (voir p. 212) ← **advocatus,** *appelé à l'aide.*
CONVOQUER ← **convocare,** *appeler ensemble.*
ÉVOQUER ← **evocare,** *appeler au-dehors.*
INVOQUER ← **invocare,** *appeler dedans.*
PROVOQUER ← **provocare,** *appeler en avant, faire sortir du rang pour un défi.*
RÉVOQUER ← **revocare,** *rappeler, mettre fin à une mission;* RÉVOCABLE ← **revocabilis,** *qu'on peut rappeler, sur quoi l'on peut revenir.*
ÉQUIVOQUE ← **aequivocus,** *qui dit deux choses égales, à double sens* (+ **aequus,** *égal*).
UNIVOQUE ← **univocus,** *qui n'a qu'un son, homonyme,* ou *qui n'a qu'un nom.* Le sens du mot français s'est complètement renouvelé par rapport au mot latin. UNIVOQUE est employé comme opposé d'ÉQUIVOQUE, ou bien pour qualifier une relation constante et exclusive entre deux objets : ainsi, en français, la relation entre la lettre j et le son [j] est univoque.
AVOUER ← **advocare,** *appeler à son secours; avouer* signifiait en a. fr. « appeler son suzerain à son aide » puis « reconnaître l'autorité de son suzerain », puis généralement « reconnaître » (en particulier une faute); AVEU est tiré de l'a. fr. *j'aveue* ← lat. **advoco,** *j'appelle à mon secours.*

Attention : VOUER et DÉVOUER ne se rattachent pas à cette racine, mais à celle du verbe **vovere,** *faire vœu,* et du nom **votum** → VŒU.

II. Différence due à l'existence en latin de deux états d'une même racine.

Ce phénomène joue principalement dans deux cas : celui des relations entre les verbes et les noms ou adjectifs qui leur correspondent (comme dans RÉPRIMER / RÉPRESSION / RÉPRESSIF), et celui des relations entre un nom de nombre et les mots porteurs de la même idée de nombre (comme dans QUATRE / QUART / QUATERNAIRE / QUADRUPÈDE). Avant d'en venir à ces groupes importants, nous verrons d'abord quelques cas isolés, dans lesquels le mot de référence est un nom.

1. Le mot de référence est un nom

ÉTÉ ← **aestas** dont est dérivé **aestivus,** *d'été.*

ESTIV- = *été*

ESTIVAL ← **aestivalis :** propre à l'été. ESTIVANT, d'après **aestivare,** *passer l'été :* personne passant ses vacances d'été en villégiature. ESTIVATION : engourdissement de certains animaux pendant l'été.

Aestas et **aestivus** sont faits sur une racine **aed (aest),** liée à l'idée de *brûler,* qui a également fourni :

ÉDICULE ← **aedicula,** *petit bâtiment,* de **aedes,** *maison* (à l'origine, **aedes** a dû signifier *foyer*).

ÉDIFIER ← **aedificare,** litt. *faire une maison* (**aedes** + **facere** → FAIRE) ; un discours ÉDIFIANT « construit » l'âme de celui qui l'entend. ÉDIFICE ← **aedificium.**

ÉDILE ← **aedilis** (de **aedes,** *maison*), *magistrat municipal* de l'ancienne Rome, chargé à l'origine de l'entretien des édifices.

ESTUAIRE ← **aestuarius,** litt. *endroit où l'eau bouillonne,* de **aestuare,** *bouillir.*

HÔTE ← **hospes, hospitis,** dont est dérivé **hospitalis,** *d'hôte.*

HOSPITAL- = *hôte*

HOSPITALIER : qui accueille volontiers les hôtes. HOSPITALITÉ ← **hospitalitas :** action d'accueillir les hôtes. Mais l'élément HOSPITAL- réfère aussi à l'hôpital. En effet, HÔPITAL ← **hospitale,** *maison d'accueil* (qui a également donné HÔTEL, voir p. 222).
HOSPITALIER : qui concerne les hôpitaux. HOSPITALISME : troubles psychiques consécutifs à un long séjour en hôpital ou en orphelinat. HOSPITALISER : faire entrer un patient à l'hôpital. HOSPITALO-UNIVERSITAIRE : qui concerne l'enseignement médical lié à une activité dans l'hôpital.
Sont également dérivés de **hospes :**
HOSPICE ← **hospitium,** *logement d'un hôte.*
OTAGE : voir p. 250.

MIDI ← a. fr. *mi di* ← **medius dies,** *milieu du jour.*
En latin, l'expression * **mediei die,** *au milieu du jour,* aboutissait à **meridie,** d'où on a tiré un nom **meridies,** *midi.*

MÉRIDI- = *midi*

MÉRIDIEN, adj. ← **meridianus :** de midi. Le nom MÉRIDIEN désigne d'abord un cercle imaginaire passant par les deux pôles de la sphère céleste et franchi par le soleil à midi, puis il désigne la projection de ce cercle sur la surface terrestre, c'est-à-dire tout cercle du globe terrestre passant par les deux pôles.
MÉRIDIONAL ← **meridionalis :** du midi.Pour la racine de **medius,** voir p. 161.

SAVEUR ← **sapor,** dont est dérivé **sapidus,** *savoureux.*

SAPID- = *saveur*

SAPIDE ← **sapidus :** qui a de la saveur.
SAPIDITÉ : état de ce qui a de la saveur. Le mot n'est pas synonyme de « saveur ». La saveur implique un jugement du sujet qui goûte ; la sapidité n'implique qu'une réaction des papilles gustatives.

La racine **sap** (**sip**) est liée à l'idée de *goût,* dans ses deux sens de *saveur* et d'*aptitude à savourer.* En dépendent également : SAVOIR ← **sapere,** *avoir du goût, du discernement, être intelligent;* SAGE ← ***sapius,** classique **sapiens,** participe présent de **sapere.**
SAVOURER ← **saporare,** *assaisonner;* SAVOUREUX ← **saporosus,** *qui a une saveur.*
INSIPIDE ← **insipidus,** *sans saveur.*
RÉSIPISCENCE ← **resipiscentia,** *action de retrouver son discernement.*
MAUSSADE ← a. fr. *malsade,* désagréable au goût, formé du préfixe *mal* et de *sade,* issu de **sapidus.**

VIDE ← ***vocitus,** forme vulgaire concurrente de **vacuus,** *vide.*

VACU- = *vide*
VACUITÉ ← **vacuitas,** *absence :* état de ce qui est vide. VACUOLE : intervalle vide ; d'où VACUOLAIRE.
VACUOME : ensemble des vacuoles aqueuses d'une cellule végétale.
ÉVACUER ← **evacuare,** *vider :* rendre vide ; ÉVACUATION ← **evacuatio :** opération consistant à faire vider un lieu de ses occupants.
De même que VIDER, ÉVACUER a pris par métonymie le sens d'« expulser », mais cet emploi du verbe est encore parfois tenu pour incorrect. On dira donc « évacuer une salle » mais on évitera de dire « évacuer les problèmes » ou « évacuer l'angoisse ».
Attention : l'état de VIDUITÉ n'est pas celui d'une personne vide, mais d'une personne veuve. VIDUITÉ est tiré de **viduitas,** *veuvage,* dérivé de **viduus** → VEUF.

La racine **vac (voc),** qui exprime l'idée de *vide,* est également représentée en français par VACANT (d'où VACANCE) et VAQUER. Ces deux mots sont tirés du verbe **vacare,** *être vide,* mais VACANT en a retenu le sens « d'être libre, inoccupé », et VAQUER celui « d'avoir du temps libre pour s'occuper de ».
Cette racine a d'évidents rapports avec les racines **van** et **vas** dont dépendent VAIN ← **vanus,** *vide;* VANTER ← ***vanitare,** *être vaniteux;* GÂTER ← **vastare,** *faire le vide dans;* DÉVASTER ← **devastare.**

2. Le mot de référence est un verbe.

AGIR ← **agere,** *mener,* puis *faire (mener une action),* part. passé **actus (* ag-tus).** Dans les verbes composés, **agere** devient **-igere.**

-ACT- correspond aux verbes en -AGIR ou en -IGER.
ACTE ← **actum** ou **actus :** ce qu'on fait quand on agit.
ACTEUR ← **actor :** celui qui agit. ACTIF ← **activus :** qui agit. ACTION ← **actio :** le fait d'agir.
ACTIONNAIRE : possesseur d'actions. Le mot repose sur ACTION au sens particulier de « part dans un capital » ; ce sens d'ACTION est probablement emprunté au néerlandais *actie,* lui-même emprunté au français ACTION, au sens disparu de « titre pour agir en justice ».
ACTIONNER : faire agir.

L'élément ACT- ne renvoie pas à AGIR dans les mots suivants :
ACTRICE ← **actrix,** *celle qui agit :* ce mot n'est féminin d'ACTEUR que pour la signification précise d'« acteur de théâtre », qui était unc de celles du latin **actor.**

ACTUAIRE : spécialiste des mathématiques financières, est moins connu que son dérivé ACTUARIEL : relatif aux mathématiques financières ; il est tiré de **actuarius,** *comptable,* litt. *celui qui dresse les actes* **(actus).**
ACTUEL ← **actualis,** *agissant :* le premier sens d' ACTUEL fut « effectif », conservé dans l'anglais *actually,* réellement.

Au verbe RÉAGIR (préfixe RÉ- indiquant le mouvement inverse + AGIR) correspondent RÉACTEUR ; RÉACTIF, RÉACTIVITÉ ; RÉACTION, RÉACTIONNAIRE.
Au verbe EXIGER ← **exigere,** *faire sortir, faire payer* ou *peser,* correspond EXACTION ← **exactio,** *recouvrement des impôts,* qui signifie d'abord « action d'exiger de l'argent », puis « acte de pillage et de violence ».
Au verbe RÉDIGER ← **redigere,** *ramener, réduire,* correspondent RÉDACTEUR, RÉDACTION.
Au verbe TRANSIGER ← **transigere,** *faire passer à travers,* d'où *arranger, conclure,* correspond TRANSACTION.
EXACT et RÉTROACTIF ne renvoient à aucun verbe français :
EXACT ← **exactus,** *bien pesé,* part. passé de **exigere,** *peser.*
RÉTROACTIF est fait sur **retroactus,** part. passé de **retroagere,** *faire reculer.*

De la racine **ag (a, ac, ig, g),** liée à l'idée de *pousser devant soi, mener,* dépendent aussi :
AGENDA ← **agenda,** *choses à faire.*
AGENT (d'où AGENCE) ← **agens,** *agissant,* part. présent de **agere.**
Attention : AGENCER, qui existait en français bien avant AGENCE, n'est pas dérivé de ce mot ; voir p. 143.
AGILE ← **agilis,** *que l'on mène facilement* ou *actif.*
AGITER ← **agitare,** *pousser de façon répétée.*
AMBAGES ← **ambages,** *action de mener de côté et d'autre, détour* (+ **ambi-,** *des deux côtés*).
AMBIGU ← **ambiguus,** litt. *qui mène de deux côtés à la fois.*
EXIGU ← **exiguus,** litt. *mesuré,* d'après **exigere,** *peser.*
PRODIGUE ← **prodigus,** *qui pousse devant soi en abondance, qui gaspille* (+ **prod-,** *en avant*).
COAGULER et CAILLER ← **coagulare,** litt. *rassembler, concentrer.*
ESSAI ← **exagium,** *pesée* (cf. **exigere**) ; ESSAYER ← **exagiare,** *peser.*
EXAMEN et ESSAIM ← **examen** (* **exagmen**), voir p. 219.

CACHER (d'où CACHET, CACHOT) ← **coacticare,** *presser, fourrer, enfouir* (+ préfixe **co-,** *ensemble*).
DÉCATI est fait d'après l'a. fr. *catir,* presser une étoffe ← ***coactire,** *feutrer.* Le mot se dit d'un tissu dont on a ôté l'apprêt.
OUTRECUIDANT, formé du préfixe OUTRE (voir p. 47) et de l'a. fr. *cuider,* croire ← **cogitare** (de ***coagitare**), *agiter avec soi-même, agiter dans son esprit, penser.* Une personne outrecuidante croit d'une manière excessive en ses capacités ou en ses droits.
COGITER et COGITATION, tirés de **cogitare** et **cogitatio,** sont des mots parodiques affichant une pédanterie voulue.

CONNAÎTRE ← **cognoscere,** *apprendre, prendre connaissance,* part. passé **cognitus.**

COGNIT- correspond au verbe CONNAÎTRE.
COGNITIF : relatif à la connaissance.
COGNITION ← **cognitio :** acte de connaître.

Cognoscere (co-gnoscere) dépend d'une racine **gno / gna (gni, no, na),** liée à l'idée de *connaissance,* et dont dépendent aussi :
IGNARE ← **ignarus,** *ignorant* (**in** privatif + **gnarus,** *qui connaît*).
IGNOBLE ← **ignobilis,** *inconnu, de basse naissance* (**in-** privatif + **nobilis,** *connu, célèbre*).
IGNORER ← **ignorare** (de **ignarus**).
NARRER ← **narrare,** de ***gnarrare,** *faire connaître, raconter.*
INÉNARRABLE ← **inenarrabilis,** *inracontable* (**in-** privatif + **enarrare,** *raconter*).
NOTICE ← **notitia,** *connaissance,* puis *registre.*
NOTIFIER ← **notificare,** *faire connaître.*
NOTOIRE ← **notorius.**
Attention : NOTE, NOTER, NOTAIRE se rattachent à la famille de **nota** → NOTE, sans lien étymologique avec la racine **gno.**

ACCOINTANCE de l'a. fr. *accointer,* faire connaissance, dérivé de *accointe,* connu ← **accognitus,** *dont on a fait la connaissance.*
NOBLE ← **nobilis,** *connu, célèbre.* Sur **nobilis** a été fait NOBILIAIRE : relatif à la noblesse.

DIRE ← **dicere,** *montrer par la parole,* part. passé **dictus.**

-DICT- correspond aux verbes en -DIRE.
DICTION ← **dictio,** *action de dire :* façon de dire. DICTON ← **dictum,** *dit :* formule, sentence passée en proverbe.

Au verbe CONTREDIRE ← **contradicere,** *parler contre* (+ **contra** → CONTRE) correspondent CONTRADICTION; CONTRADICTEUR, CONTRADICTOIRE.
Au verbe INTERDIRE ← **interdicere,** à l'origine *prononcer une sentence entre deux adversaires* (+ **inter** → ENTRE), correspond INTERDICTION.
Au verbe MAUDIRE ← **maledicere,** *injurier* (+ **male** → MAL), correspond MALÉDICTION.
Au verbe PRÉDIRE ← **praedicere,** *dire à l'avance* (+ **prae,** *avant*) correspond PRÉDICTION.

Il n'y a plus de rapport direct avec DIRE dans les mots suivants :
DICTIONNAIRE est fait d'après **dictio, dictionis,** au sens d'*expression;* un dictionnaire est un recueil d'expressions.
DICTER ← **dictare,** *dire fréquemment, dicter, ordonner.*
DICTATEUR ← **dictator,** *celui qui dicte ses ordres.*

Alors que MALÉDICTION renvoie à MAUDIRE, BÉNÉDICTION (← **benedictio**) renvoie à un verbe dans lequel on ne reconnaît pas la forme DIRE : le latin **benedicere,** *louer, célébrer* (+ **bene** → BIEN) aboutit en effet à BÉNIR. Le participe passé **benedictus** n'a pas été moins affecté par l'évolution phonétique, puisqu'il a donné BENÊT (les simples d'esprit étaient, disait-on, bénis de Dieu) et BENOÎT, qui ne survit guère que sous forme de prénom ou dans l'adverbe BENOÎTEMENT.

Dicere, dont le sens primitif est *montrer par la parole,* se rattache à une racine **dic (dex),** liée à l'idée de *montrer,* qui est à l'origine des mots suivants :
ABDIQUER ← **abdicare,** *repousser par la parole, renier, renoncer à.*
INDIQUER ← **indicare.**
CONDITION ← **condicio,** *statut, stipulation,* à l'origine fixés d'un commun accord (+ **con-,** *ensemble*).
INDICE ← **indicium,** *ce qui montre, qui fait comprendre.*
INDEX ← **index,** *qui indique,* voir p. 273.
DÉDIER ← **dedicare ;** DÉDICACE ← **dedicatio.**
ÉDIT ← **edictum,** part. passé du verbe **edicere,** *ordonner* (+ **e,** *hors de*).
Attention : ÉDITER, ÉDITION n'ont pas de rapport étymologique avec ÉDIT, mais se rattachent à une racine **do,** *donner,* voir p. 188.

PRÊCHER ← **praedicare,** *proclamer en public ;* PRÉDICATEUR ← **praedicator,** *prêcheur ;* PRÉDICAT ← **praedicatus,** *affirmé,* part. passé de **praedicare.**

ÉCRIRE ← **scribere,** part. passé **scriptus (* scrib-tus).**

-SCRIPT- correspond au verbe ÉCRIRE ou aux verbes en -SCRIRE.
SCRIPT : type d'écriture proche des caractères d'imprimerie, ou document écrit utilisé pour la réalisation d'un film. Dans ces deux sens, SCRIPT est un emprunt à l'anglais *script* ← **scriptum,** *écrit.*
SCRIPTEUR ← **scriptor,** *écrivain :* celui qui a écrit un texte manuscrit.
SCRIPTURAIRE, d'après **scriptura** → ÉCRITURE : relatif à l'Écriture Sainte.

TÉLÉSCRIPTEUR (+ gr. **têle-**, *au loin*) : appareil servant à écrire à distance.

Au nom CONSCRIT ← **conscriptus,** part. passé de **conscribere,** *écrire sur une liste, enrôler,* correspond CONSCRIPTION : action d'enrôler.
Au verbe DÉCRIRE ← **describere,** correspondent DESCRIPTIBLE ; DESCRIPTIF ; DESCRIPTION.
Au verbe INSCRIRE ← **inscribere,** *écrire sur* (+ **in,** *sur*) correspondent INSCRIPTIBLE ; INSCRIPTION.
Au verbe PRESCRIRE ← **praescribere,** *écrire en tête,* puis *recommander* (+ **prae,** *avant*) correspondent PRESCRIPTIBLE et PRESCRIPTION. Une prescription médicale est ce que le médecin prescrit (= ordonne) au patient pour sa guérison. Au sens juridique, PRESCRIRE signifie : « acquérir un bien ou se libérer d'une sujétion par l'action du temps ». Aussi dit-on qu'il y a prescription lorsqu'un délai trop long a rendu irrecevable une réclamation ou une action judiciaire. Dans le droit romain, la **praescriptio** était la formule inscrite en tête d'un acte judiciaire : cette formule prévoyait le cas où le temps aurait mis le défendeur à l'abri de toute réclamation ou poursuite. Un droit IMPRESCRIPTIBLE est un droit que le temps ne saurait rendre caduc.
Au verbe PROSCRIRE ← **proscribere,** *afficher, écrire au vu de tous,* en particulier *afficher le nom d'un condamné à l'exil et à la confiscation,* d'où *bannir* (+ **pro,** *devant*) correspond PROSCRIPTION.
Au verbe SOUSCRIRE ← **subscribere,** *écrire sous, signer* (+ **sub,** *sous*), correspondent SOUSCRIPTEUR ; SOUSCRIPTION. SOUSCRIRE, c'est littéralement inscrire son nom sous un projet, parmi les personnes qui l'approuvent et sont prêtes à collaborer, si nécessaire, à son financement.
Au verbe TRANSCRIRE ← **transcribere,** *réécrire dans une autre langue, une autre écriture ou sur un autre support,* correspondent TRANSCRIPTEUR ; TRANSCRIPTION.
Il n'y a plus de lien de sens entre CIRCONSCRIRE (← **circumscribere,** *tracer un cercle autour*), qui a pour sens « empêcher l'extension » et CIRCONSCRIPTION (← **circumscriptio,** *encerclement*), qui désigne un territoire : voir p. 291.

La racine **scrib (scrip)** a également fourni au français les mots SCRIBE ← **scriba** et ÉCRIVAIN ← ***scribanem,** accusatif vulgaire de **scriba.**

FAIRE ← **facere,** part. passé **factus.**
Dans les verbes composés, **facere** devient **-ficere** et **factus** devient **-fectus.**

-FACT- et **-FECT-** correspondent aux verbes en -FAIRE.
FACTEUR ← **factor,** *fabricant :* qui fait; le rapport de FACTEUR à FAIRE n'existe que dans le cas où le nom désigne un fabricant d'orgues ou de pianos. Dans ses autres sens, FACTEUR désigne des agents, soit humains, soit abstraits.
FACTUEL : qui est de l'ordre du fait.
FACTURE ← **factura,** *fabrication :* manière dont un objet est fait; MANUFACTURE (+ **manus** → MAIN) : littéralement « fabrication à la main ». Le mot FACTURE est le plus souvent employé avec la signification de « pièce comptable »; son emploi en ce sens s'est développé à partir du mot FACTEUR au sens d'« agent comptable ».
Le lien avec l'idée de *faire* est peu perceptible dans FACTICE ← **facticius,** *artificiel* (voir FÉTICHE, p. 243) et FACTITIF, terme grammatical qualifiant un verbe qui exprime une action dont le sujet est responsable, mais non exécutant; cet adjectif est formé d'après **factitare,** *faire souvent.*

Au verbe CONTREFAIRE correspond CONTREFACTEUR; mais le nom d'action est CONTREFAÇON.
Au verbe PARFAIRE et à l'adjectif PARFAIT, construits avec PAR + FAIRE / FAIT à l'imitation de **perficere,** *achever,* correspondent PERFECTIBLE; PERFECTION.
Au verbe REFAIRE, formé d'après FAIRE avec le préfixe RE-, correspond RÉFECTION. Un RÉFECTOIRE est littéralement un lieu où l'on se refait.
Le verbe auquel se rattachent AFFECT (← **affectus,** *sentiment*), AFFECTIF (← **affectivus,** *qui exprime un désir*), AFFECTION (← **affectio,** *disposition, sentiment*), AFFECTUEUX (← **affectuosus**) est AFFECTER, tiré de **affectare,** *aspirer à, atteindre, toucher,* fréquentatif de **afficere** (* **adfacere**), *faire quelque chose à quelqu'un* ou *disposer quelqu'un de telle ou telle manière.*
AFFECTATION (← **affectatio,** *recherche, poursuite, ambition*) a deux sens, qui correspondent à deux des sens d'AFFECTER : le premier de ces sens, « feindre un état auquel on aspire sans y parvenir », découle directement du

sens du latin **affectare.** Le second, « nommer à un poste », « désigner pour un usage », lui vient d'un mot du latin médiéval, **affectatus,** qui lui-même cherchait à traduire l'a. fr. *afaitié,* part. passé de *afaitier,* arranger, issu du latin vulgaire * **affactare.** A ce sens se rattache également DÉSAFFECTÉ : qui n'a plus d'affectation, de fonction.

CONFECTION est tiré de **confectio,** *achèvement,* dérivé de **conficere,** qui a donné en français CONFIRE : voir p. 133.

DÉFECTIF, DÉFECTION et DÉFECTUEUX remontent à **defectivus,** *incomplet;* **defectio,** *désertion,* et **defectus,** *manque,* trois dérivés de **deficere,** *se séparer de, être manquant, être défaillant,* qui n'a rien donné en français (DÉFAIRE est indépendant de **deficere :** c'est une formation purement française).

INDÉFECTIBLE est le contraire d'un adjectif qui n'existe que sous forme latine : **defectibilis,** *sujet à défaillance.*

EFFECTIF et EFFECTUER remontent à **effectivus,** *actif* et **effectus,** *exécution,* dérivés de **efficere,** *accomplir.* Du nom **effectus** a été tiré EFFET.

INFECT est tiré de **infectus,** part. passé de **inficere,** *imprégner, souiller;* INFECTER de **infectare,** fréquentatif de ce verbe, et INFECTION (d'où INFECTIEUX) de **infectio,** *action d'enduire, de souiller.*

PRÉFECTORAL est tiré de **praefectorius,** *de préfet* et PRÉFECTURE de **praefectura,** *fonction de préfet.* Les deux mots latins sont des dérivés de **praefectus** → PRÉFET, part. passé de **praeficere,** *mettre à la tête de.*

Enfin, l'élément -FACTION dans LIQUÉFACTION, RARÉFACTION, etc., renvoie souvent à un élément -FIER : LIQUÉFIER, RARÉFIER ; voir p. 59.

La racine **fac (fec, fic)** est liée à l'idée de *faire* et aussi de *disposer.* S'y rattachent également les mots suivants :

FACE ← **facia,** classique **facies,** *façon, aspect d'une chose faite,* puis *visage.*

FACILE ← **facilis,** *qui peut être fait.*

FAÇON et FACTION ← **factio,** voir p. 220.

FACULTÉ ← **facultas,** *possibilité de faire, ressources, talents.* C'est au sens de « talent collectif et personnifié » que le mot fut choisi, au Moyen Age, pour désigner un collège de professeurs de même discipline.

BIENFAIT ← **benefactum** (+ **bene** → BIEN); BÉNÉFICE ← **beneficium,** *bienfait;* BÉNÉFIQUE ← **beneficus.**

MALFAITEUR ← **malefactor** (+ **male** → MAL); MALÉFICE ← **maleficium,** *méfait;* MALÉFIQUE ← **maleficus.**
DÉFICIENT ← **deficiens,** *défaillant;* DÉFICIT ← **deficit,** voir p. 271.
DIFFICILE ← **difficilis.**
EFFICACE ← **efficax;** EFFICIENT ← **efficiens,** *effectuant.*
OFFICE ← **officium,** *service, devoir.*
SUPERFICIE ← **superficies,** *surface* (**super** + **facies**).
CONFIRE ← **conficere,** *façonner, élaborer* et, en langage populaire, *confectionner des mets,* des friandises. Les CONFETTI étaient d'abord, en Italie, des dragées qu'on jetait : sing. *confetto* ← **confectus,** part. passé de **conficere.**
CONFITURE ← **confectura,** *préparation.*
DÉCONFIT : part. passé de l'a. fr. *deconfire,* défaire, contraire de *confire* au sens de « préparer »; d'où DÉCONFITURE.
PROFIT ← **profectus,** *progrès,* de **proficere,** *faire des progrès.*
SUFFIRE ← **sufficere,** *mettre sous* et *suffire.*

FONDRE ← **fundere,** *verser,* part. passé **fusus (*fud-tus)**

-FUS- correspond aux verbes FONDRE et CONFONDRE.
FUSIBLE : qui peut fondre. FUSION ← **fusio :** état de ce qui fond ou action de se fondre avec; d'où FUSIONNER.
Au verbe CONFONDRE ← **confundere,** *verser ensemble, mélanger* (+ **con-** = *ensemble*), correspondent CONFUS; CONFUSION. CONFUSIONNEL réfère à la confusion mentale; le CONFUSIONNISME est l'entretien volontaire de la confusion dans les esprits.

Parmi les composés de **fundere,** seul **confundere** s'est maintenu en français; mais **diffundere,** *répandre en tout sens;* **effundere,** *verser au-dehors;* **infundere,** *verser dans;* **profundere,** *verser abondamment;* **transfundere,** *transvaser* sont représentés par leurs dérivés :
DIFFUS ← **diffusus,** *répandu en tout sens;* DIFFUSION ← **diffusio,** *débordement, épanchement.*
EFFUSION ← **effusio,** *action de répandre au dehors.*
INFUSE (adjectif qui ne s'applique qu'à une science que l'on posséderait sans avoir étudié) ← **infusus,** *versé dans, absorbé.*
INFUSION ← **infusio,** *action de verser dans;* l'INFUSOIRE est un protozoaire vivant dans des milieux liquides.
PROFUS ← **profusus,** *débordant;* PROFUSION ← **profusio,** *action de verser en abondance.*

TRANSFUSION (d'où TRANSFUSER) ← **transfusio,** *transvasement.*
Dans PERFUSION, l'élément PER- a la valeur d' « à travers » : la perfusion consiste à « verser » un liquide à travers la paroi veineuse.

La racine **fu,** dont dépend **fundere,** est liée à l'idée de *verser un liquide.* Elle a aussi fourni au français les mots suivants :
FOISON ← **fusio,** voir p. 221.
FONTE ← **fundita,** class. **fusa,** *versée, fondue.*
FUTILE ← **futilis,** *qui laisse échapper l'eau,* d'où *inefficace, vain.*

Attention : FONDER se rattache à la famille de **fundus** → FOND ; FUSEAU, FUSÉE, FUSER à celle de **fusus,** *fuseau,* homonyme de **fusus,** *fondu ;* FUSIL à celle de **focus,** *foyer.*

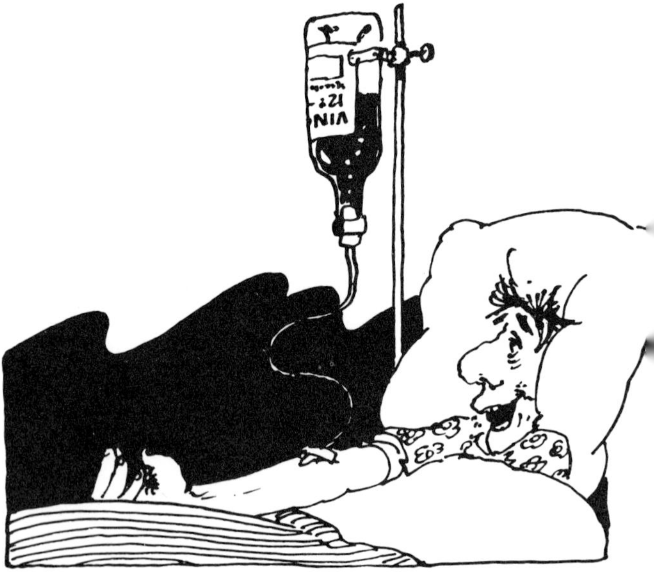

JOINDRE ← **jungere,** part. passé **junctus (* jung-tus).**

-JONCT- correspond aux verbes en -JOINDRE.

JONCTION ← **junctio :** action de joindre.
Au verbe ADJOINDRE (← **adjungere,** *joindre à*) correspond ADJONCTION.
Au verbe DISJOINDRE (← **disjungere**) correspondent DISJONCTEUR ; DISJONCTIF ; DISJONCTION.
Au verbe ENJOINDRE ← **injungere,** *emboîter, appliquer, imposer,* correspond INJONCTION.

On retrouve l'élément JONCT-, lié à l'idée d'assemblage, dans CONJONCTION ← **conjunctio,** *union ;* SUBJONCTIF ← **subjunctivus,** *qui sert à subordonner.*
Le tissu CONJONCTIF ← **conjunctivus,** *qui sert à lier,* occupe les intervalles entre les organes, qu'il *lie* entre eux. La CONJONCTIVE (d'où CONJONCTIVITE : inflammation de la conjonctive) est une membrane qui *unit* l'intérieur de la paupière au globe oculaire.
Pour CONJONCTURE, voir p. 287.

Jungere dépend de la racine **jug (jung, junc, jux, ju),** liée à l'idée *d'attelage,* à laquelle se rattachent également les mots suivants :
JOUG ← **jugum.**
CONJUGAL ← **conjugalis.**
CONJUGUER ← **conjugare,** *unir, marier.* Le sens grammatical de CONJUGUER est tiré de CONJUGAISON ← **conjugatio,** *union,* et en particulier *réunion de toutes les formes d'un même verbe.*
SUBJUGUER ← **subjugare,** *mettre sous le joug, soumettre.*
JUGULAIRE, de **jugulum,** *clavicule* (os en forme de joug) puis *gorge.*
JUGULER ← **jugulare,** *égorger.* Le sens de JUGULER a évolué d'« égorger » à « étrangler », puis « immobiliser par étranglement ». De nos jours, le mot n'est plus employé qu'au figuré.
JUMENT ← **jumentum,** *animal de trait* (porteur du joug).
JOUTER ← * **juxtare,** *combattre de près,* de *juxta* (* **jug-sta**), *près de :* voir p. 43.
JOUXTER repose sur l'a. fr. *jouste,* près de, relatinisé en *jouxte* ← **juxta.**
AJOUTER ← * **adjuxtare,** *mettre auprès.*

LIRE ← **legere,** *cueillir,* puis *lire (cueillir du regard les lettres et les mots),* part. passé **lectus** (***leg-tus**).

-LECT- correspond aux verbes en -LIRE.
LECTEUR ← **lector :** celui qui lit.
LECTURE : action de lire.

Au verbe ÉLIRE ← **eligere,** *ôter en cueillant, choisir,* correspond ÉLECTEUR d'où ÉLECTORAL, ÉLECTORAT, etc.; ÉLECTIF; ÉLECTION.
A ÉLIRE et RÉÉLIRE correspondent également des mots comportant un élément -LIG- : ÉLIGIBLE (← **eligibilis**), ÉLIGIBILITÉ, INÉLIGIBLE, RÉÉLIGIBLE.
L'élément -LECT- apparaît aussi dans des mots qui ne renvoient à aucun verbe en -LIRE :
COLLECTE ← **collecta,** *quête,* part. passé de **colligere** (***con-legere**), *ramasser, rassembler;* COLLECTEUR ← **collector,** *ramasseur;* COLLECTIF ← **collectivus,** *qui regroupe;* COLLECTION ← **collectio,** *rassemblement.*

Le verbe latin **colligere** s'est transmis en français sous une forme dans laquelle l'élément issu de **legere** n'est pas isolable : CUEILLIR.

RÉCOLLECTION est formé d'après **recollectus,** *recueilli.* Dans le langage ecclésiastique, une récollection est un acte de recueillement.

INTELLECT, INTELLECTION, INTELLECTUEL remontent à **intellectus,** *action ou faculté de comprendre;* **intellectio,** *compréhension;* **intellectualis,** *doué du pouvoir de comprendre,* qui sont dérivés de **intellegere** (* **inter-legere**), *choisir entre, discerner, comprendre.* De ce verbe dépendent INTELLIGENT ← **intellegens,** *comprenant;* INTELLIGENCE ← **intellegentia ;** INTELLIGIBLE ← **intellegibilis,** ainsi qu'ININTELLIGENT ← **inintellegens** et ININTELLIGIBLE ← **inintellegibilis.**

PRÉDILECTION est fait d'après DILECTION : amour, mot aujourd'hui vieilli, tiré de **dilectio,** *amour.* Une prédilection est un goût qui passe avant tous les autres (+ **prae,** *avant*). **Dilectio** est un dérivé de **diligere,** *choisir entre plusieurs, préférer, aimer.* Celui qui aime est attentionné, prévenant, d'où le sens de **diligens,** *consciencieux* → DILIGENT et **diligentia** → DILIGENCE ; ce mot signifie « soin, « empressement » ; son sens a glissé vers celui de « promptitude ». Cette valeur l'a fait choisir pour désigner un véhicule de poste créé vers 1680 et considéré alors comme rapide.

SÉLECTEUR ← **selector,** *celui qui choisit, qui met à part;* SÉLECTION ← **selectio ;** d'où SÉLECTIONNER. Le verbe latin de base est **seligere,** *choisir, trier* (+ **se,** *à l'écart*).

La racine **leg (lec, lig)** est liée à l'idée de *cueillir.* Le français lui doit aussi les mots suivants :

LEÇON ← **lectio,** *lecture.*

LÉGENDE ← **legenda,** *choses qui doivent être lues;* le mot désigna d'abord exclusivement le récit d'une vie de saint, dont la lecture était de règle à l'office de matines. La légende d'un dessin est ce qu'on doit lire pour le comprendre.

LÉGION ← **legio, legionis,** *troupe rassemblée.*

ÉLÉGANT ← **elegans,** *qui sait choisir, qui a bon goût.*

NÉGLIGER ← **neglegere** (+ **neg-,** préfixe négatif), *ne pas cueillir, ne pas faire cas de, ne pas s'occuper de.*

ÉLITE ← **electa,** *choses choisies.*

RÉCOLTE ← ital. *ricolta,* part. passé de *ricogliere* ← **recolligere,** *rassembler.*

METTRE ← **mittere,** *envoyer, laisser aller,* part. passé **missus** (* **mit-tus**)

-MISS- correspond aux verbes en -METTRE.
Au verbe ADMETTRE ← **admittere,** *laisser aller vers, laisser venir vers* (+ **ad,** *vers*) correspondent ADMISSIBLE ; ADMISSION.
Au verbe DÉMETTRE ← **demittere,** *laisser tomber* (+ **de,** *de haut en bas*), correspond DÉMISSION.
Au verbe ÉMETTRE ← **emittere,** *envoyer dehors* (+ **e,** *hors de*) correspond ÉMISSION.
Au verbe OMETTRE ← **omittere,** *laisser échapper* (+ **o-,** *devant soi*) correspond OMISSION.
Au verbe PERMETTRE ← **permittere,** *laisser libre* (+ **per,** ici à valeur intensive) correspondent PERMISSIF ; PERMISSION.
Au verbe COMPROMETTRE ← **compromittere,** *promettre mutuellement* (**con-,** *ensemble* + **promittere,** *promettre,* litt. *mettre en avant*) correspond COMPROMISSION. COMPROMETTRE fut d'abord employé d'une manière intransitive, avec le sens de « se promettre mutuellement d'accepter la décision d'un arbitre », puis le sens et l'emploi ont évolué : on a vu naître l'expression « compromettre quelqu'un », c'est-à-dire le soumettre à un arbitrage, puis à l'opinion publique, d'où « exposer à la réprobation ». SE COMPROMETTRE, c'est s'exposer à partager la mauvaise réputation d'autrui. COMPROMIS (accord, transaction) est resté proche du sens originel de COMPROMETTRE.
Au verbe SOUMETTRE ← **submittere,** *envoyer dessous* (+ **sub,** *sous*) correspond SOUMISSION ; d'où INSOUMISSION et SOUMISSIONNER. Il n'y a pas de lien sémantique direct entre SOUMISSIONNER et SOUMETTRE ; le candidat à l'adjudication d'un marché s'engageant à se soumettre au cahier des charges, son acte s'appelle une SOUMISSION : faire acte de candidature s'appelle SOUMISSIONNER.
Au verbe TRANSMETTRE ← **transmittere,** *envoyer de l'autre côté* (+ **trans,** *en franchissant*) correspondent TRANSMISSIBLE ; INTRANSMISSIBLE ; TRANSMISSION.

Il n'y a plus de lien sémantique entre METTRE et les mots commençant par MISS-, non plus qu'entre COMMETTRE et les mots commençant par COMMISS- :

Alors que METTRE n'a rien gardé de l'idée d'*envoyer* exprimée par **mittere,** on retrouve cette idée dans MISSIVE ; MISSILE ← **missile,** *arme de jet;* MISSION ← **missio,** *envoi,* d'où MISSIONNAIRE.

COMMETTRE est issu de **committere,** *mettre ensemble, accomplir,* et aussi *confier une charge à quelqu'un.* Dans le prolongement de ce dernier sens, COMMETTRE peut encore signifier : « préposer quelqu'un à une fonction » ; un COMMISSAIRE est une personne chargée d'une fonction ; une COMMISSION est une charge, une mission ; COMMISSURE (← **commissura**) par son sens de « jointure », est proche du sens originel de **committere.**

ÉMISSAIRE n'est pas lié sémantiquement à ÉMETTRE. Au sens de « canal d'évacuation », il se rattache à **emissarium,** *déversoir;* au sens d'« envoyé en mission » il dépend du mot **emissarius,** *agent envoyé chez l'adversaire.* Quant au « bouc émissaire », qui paie pour tous les autres, c'est le **caper emissarius** de la Bible latine. Il est dit dans le Lévitique qu' un bouc sera chargé de tous les péchés d'Israël et envoyé au désert. Pour les Latins, le **caper emissarius** était donc le bouc *qu'on envoie au dehors.* En réalité, l'adjectif résultait d'une erreur de traduction : l'adjectif qui qualifie le bouc dans le texte hébreu signifie « expiatoire ».

RÉMISSION ← **remissio,** *relâchement, abandon,* ne correspond à REMETTRE ← **remittere,** *renvoyer, relâcher, renoncer à,* que dans son sens vieilli de « pardonner, renoncer à sévir ».

Il en est de même pour IRRÉMISSIBLE ← **irremissibilis** (+ **in-** privatif) : qui ne peut être pardonné.

Le nom d'action correspondant à ENTREMETTRE, verbe construit avec ENTRE + METTRE, est ENTREMISE ; à REMETTRE correspond REMISE ; à PROMETTRE ← **promittere** correspond PROMESSE ← **promissa,** *choses promises.*

Autres mots de la famille de **mittere :**
MESSAGE d'après a. fr. *mes* ← **missus,** *envoyé.*
METS ← a. fr. *mes* ← **missum,** *ce qui est mis sur la table.* Le T a été introduit sous l'influence de METTRE.
MESSE ← **missa,** *action de laisser partir, de donner congé* (part. passé fém. de **mittere**). Dans les premiers siècles du christianisme, les candidats au baptême, qui n'étaient pas encore chrétiens à part entière, n'avaient le droit d'assister qu'à la première partie de l'office, jusqu'au sermon inclus. On procédait alors à leur renvoi, la **missa,** selon cette formule : **Ite missa est,** *Allez, c'est l'heure de prendre congé.* La **missa** coïncidait avec le début de la partie essentielle de l'office. Dans le langage des chrétiens, le mot devint peu à peu synonyme de *partie principale de l'office,* puis d'*office* tout entier. A partir du ve siècle, on trouve dans les textes **missa** au sens de *messe.*
MISSEL ← lat. d'église **missalis,** de **missa.**
COMITÉ : voir p. 244.
INTERMITTENT, de **intermittere,** *laisser des intervalles.*

NAÎTRE ← **nascere,** class. **nasci,** part. passé **natus.**

NAT- correspond au verbe NAÎTRE.
NATAL ← **natalis :** où l'on est né, relatif à la naissance.
NATALISTE : qui cherche à favoriser l'augmentation du nombre des naissances.
NATALITÉ : proportion des naissances dans une population ; DÉNATALITÉ : baisse de la NATALITÉ.
NATIF : qui est né à (natif de) ou qu'on possède à la naissance, ou tel qu'à la naissance, c'est-à-dire, en géologie et chimie, non combiné (métal natif). NATIVITÉ ← **nativitas,** *naissance :* naissance du Christ.
PRÉNATAL : qui précède la naissance (+ **prae,** *avant*).
PÉRINATAL : qui entoure le moment de la naissance (+ gr. **peri,** *autour*) ; PÉRINATALOGIE (pour * PÉRINATALOLOGIE) : spécialité médicale concernant la période périnatale (+ élément gr. **-logia,** *discours sur, science*).

POST-NATAL : qui suit la naissance (+ **post,** *après*).
Le mot désignant l'action de naître, NAISSANCE, vient d'une forme tardive **nascentia.** Les noms latins formés sur le radical **nat-** et signifiant l'*action de naître* ont vu leur sens évoluer dès l'époque latine : **natio, nationis** vers le sens de NATION ; **natura** vers celui de NATURE.

Nasci (de * **gna-sci**) et **natus** (de * **gna-tus**) se rattachent à une racine **gen/gna (ger, na),** liée à l'idée de *naissance,* de *procréation,* de *famille,* dont dépendent également :
GENRE ← **genus, generis,** *race, genre.*
GENDRE ← **gener.**
ENGENDRER : le mot n'est pas dérivé de GENDRE, mais issu du latin **ingenerare.**
GÉNÉRAL ← **generalis,** *qui tient à une race, à un genre.* Au sens militaire, le mot est l'abréviation de « capitaine général », ainsi nommé parce qu'il commandait à un ensemble d'unités, pour le distinguer des capitaines dont l'autorité ne s'exerçait que sur une unité.
GÉNÉREUX ← **generosus,** *de bonne race ;* jusqu'au XVIIIe siècle, le mot était synonyme de « noble ».
CONGÉNÈRE ← **congener,** *de même race.* CONGÉNITAL est fait sur **congenitus,** *né avec, présent dès la naissance.*

DÉGÉNÉRER ← **degenerare,** *déchoir de sa race.*
RÉGÉNÉRER ← **regenerare,** *faire revivre.*
GÉNÉRATION ← **generatio.**
GÉNÉRIQUE est forgé sur **genus, generis,** *genre.* Adjectif, il signifie « qui concerne le genre et non l'espèce ». Il est difficile de savoir comment le mot, employé comme nom masculin, est arrivé à désigner la partie d'un film ou d'une émission télévisée annonçant le nom des personnes qui ont collaboré à l'œuvre. On n'a pas encore situé avec précision la naissance de cet emploi du mot, apparu au début du XXe siècle. On peut imaginer que c'est l'abréviation de « plan générique », opposé à tous les plans particuliers — et numérotés — du film.
ENGIN ← **ingenium,** *caractère naturel, intelligence, talent.* Le mot signifia d'abord « malice, adresse », puis « procédé, instrument astucieux ».
INGÉNIEUR ← a. fr. *engeignor,* constructeur d'ENGINS.
INGÉNIEUX ← **ingeniosus,** *plein d'esprit, de talent.*
GÉNIE ← **genius.** Le **genius** était pour les Romains une divinité particulière à chaque individu, attachée à lui *dès le moment de la naissance;* d'où l'un des sens de GÉNIE : être surnaturel, sorte d'ange gardien ou de démon. Par métonymie, **genius** pouvait désigner le propre d'une personne, ce qui la caractérisait le mieux; le sens fut repris au XVIIe siècle, où le mot GÉNIE reçut la signification d'« aptitude naturelle », puis de « talent supérieur ». Enfin, à la fin du XVIIe siècle apparaît l'expression « génie militaire », au sens d'« art de construire les fortifications » : au XVIIe siècle, en effet, une relation de sens s'était établie entre GÉNIE (talent, adresse) et INGÉNIEUX (habile); or, le nom INGÉNIEUX avait longtemps désigné le constructeur de fortifications. Au XVIIe siècle, ce nom commençait seulement à être remplacé par INGÉNIEUR (les deux mots ayant encore le pluriel commun INGÉNIEUX); GÉNIE désigna donc l'art des « ingénieux », de même qu'il désignait l'habileté des personnes ingénieuses.
INGÉNU ← **ingenuus,** *né dans une famille libre,* d'où *plein de bons sentiments.* Le sens s'est restreint en français à « confiant », « ne pensant pas à mal ».
GÉNITAL ← **genitalis,** *relatif à la procréation.*
GÉNITEUR ← **genitor,** *celui qui procrée.*
GÉNITIF ← **genitivus,** *le cas qui sert à dire l'origine.*
PROGÉNITURE est fait sur **progenitus,** *mis au monde.*
INDIGÈNE ← **indigena,** *né dans le pays* (+ **indi-** = *dans*).

GENS ← **gens, gentis,** *famille, race, peuple.* Les GENS sont le pluriel de la GENT, qui signifiait « la nation », « le peuple ».
GENTIL ← **gentilis,** *de famille.* GENTIL a signifié d'abord « de bonne famille », puis « distingué », « gracieux ». Dans la Bible, les Gentils sont les non-Juifs. C'est le décalque du mot latin **Gentiles,** que les Latins ont choisi pour traduire une expression hébraïque signifiant *ceux des nations.*
AGENCER signifia d'abord « rendre beau », d'après l'a. fr. *gent,* bien né, beau ← **genitus,** *né,* puis *bien né.*
NÉANT ← * **ne gentem** (acc. de **gens, gentis**), *pas une seule espèce,* c'est-à-dire *personne.*
GERME ← **germen (* genmen**), *rejeton.*
GERMINATION ← **germinatio.**
GERMAIN ← **germanus,** *naturel* (de **germen**); le latin distingue le **frater germanus,** frère au sens plein, du demi-frère et du frère par adoption. **Germanus** s'applique également à l'enfant d'un frère ou d'une sœur de l'un des parents, c'est-à-dire le cousin germain.
NAÏF ← **nativus,** voir p. 225.
AÎNÉ ← a. fr. *ains né* ← * **antius natus,** *né avant.*
INNÉ ← **innatus,** *né dans.*
IMPRÉGNER ← **impraegnare,** *féconder,* de **praegnans** (* **prae-gnans**), *enceinte,* litt. *qui est avant la mise au monde.*

NIER ← **negare,** part. passé **negatus.**

NÉGAT- correspond au verbe NIER.
NÉGATEUR ← **negator :** personne qui nie; NÉGATION ← **negatio :** action de nier.
DÉNÉGATION ← **denegatio,** *action de nier énergiquement,* ne renvoie plus à DÉNIER ← **denegare,** *nier énergiquement* ou *refuser de donner,* mais tend à remplacer NÉGATION comme nom d'action de NIER. Le verbe DÉNIER ne signifie plus aujourd'hui que « refuser un droit, un devoir ou une évidence » et a pour nom d'action DÉNI.
Plusieurs mots français commençant par NÉGAT- reposent sur des acceptions particulières prises par l'adjectif NÉGATIF ← **negativus.** Celui-ci signifie d'abord « qui dit non », « qui sert à dire qu'une chose n'est pas ». Quand l'Europe connut l'algèbre, découverte par les mathématiciens arabes, on employa le mot NÉGATIF pour désigner les grandeurs affectées du signe « moins ». Le zéro étant devenu un point de

symétrie, le domaine du négatif est tout ce qui est à gauche ou au-dessous de zéro, et constitue l'inverse d'une réalité saisie comme vraie et effective.
NÉGATIF tend dès lors à signifier « inverse », par exemple dans le « NÉGATIF d'une photo », où blancs et noirs sont inversés par rapport à la réalité. En électricité, le NÉGATIF est l'inverse du positif, dans une symétrie parfaite, puisque aucun des deux opposés n'est privilégié en quelque manière. Sur ce sens de NÉGATIF repose NÉGATON, autre nom de l'électron, chargé d'électricité négative.
ABNÉGATION ← **abnegatio,** *refus, reniement :* renoncement en faveur d'autrui à tous ses désirs ou intérêts.

L'élément **neg-** de **negare** est une des formes prises par la racine **n/ne,** exprimant la négation, qu'on retrouve dans NE ← **ne;** NON ← **non,** NUL ← **nullus,** etc., ainsi que dans le préfixe IN- ← **in-.** La forme **neg** apparaît encore dans NÉGLIGER, voir p. 137, et NÉGOCE ← **negotium,** *occupation,* litt. *absence de loisir* (**neg-** + **otium,** *loisir*).

Verbes en -RIGER ← verbes en **-rigere** (de **regere,** *mener droit*), part. passé **-rectus (*reg-tus).**

RECT- correspond aux verbes en -RIGER.
Au verbe CORRIGER ← **corrigere,** *redresser,* correspondent CORRECTEUR; CORRECTIF; CORRECTION. Le sens de CORRECT (← **correctus,** *corrigé*) a évolué et n'est plus lié à CORRIGER : un sujet ou un objet peuvent être corrects sans avoir été corrigés.
Au verbe DIRIGER ← **dirigere,** correspondent DIRECTEUR; DIRECTIF; DIRECTION; DIRECTOIRE. L'adjectif DIRECT (← **directus,** *en ligne droite*) ne renvoie pas à DIRIGER (même cas que pour CORRIGER et CORRECT) : déjà le latin **directus,** d'abord part. passé de **dirigere,** s'était émancipé par rapport au verbe. Voir DROIT, pp. 177 et 218.
Au verbe ÉRIGER ← **erigere,** *dresser,* correspondent ÉRECTILE ; ÉRECTION.

Regere et ses composés en **-rigere** dépendent d'une racine **reg (rec, rig, rg)** liée à l'idée de *mener droit.* Dans les mots qu'elle forme prédomine tantôt l'idée de *ligne droite,* tantôt celle d'*autorité.* Le français lui doit également :
RECTEUR ← **rector,** *dirigeant.*

RECTIFIER ← **rectificare,** *remettre droit.*
RECTITUDE ← **rectitudo,** *droiture.*
RECTUM : voir p. 279.
RÉGIR ← **regere,** *diriger;* RÉGENT ← **regens,** *qui dirige,* part. présent de **regere.**
RÉGIME ← **regimen,** *conduite, gouvernement.*
RÉGIMENT ← **regimentum,** *commandement.*
RÉGION ← **regio,** *direction, ligne tracée, frontière, territoire délimité.*
RÈGLE ← **regula,** *instrument servant à mettre droit.*
RÉGULIER ← **regularis.**
ROI ← **rex, regis ;** ROYAL ← **regalis.** RÈGNE ← **regnum.**
REINE ← **regina.**
SURGIR ← **surgere (* sub-regere),** *se dresser de dessous.*
(S') INSURGER ← **insurgere,** *se dresser;* INSURRECTION ← **insurrectio,** *action de se dresser.*
RÉSURGENCE est fait d'après **resurgere,** *se redresser.*
RÉSURRECTION ← **resurrectio,** *action de se redresser.*
DRESSER ← *** directiare,** *mettre droit.*
RAIL : voir p. 245.
RILLETTES : diminutif de l'a. fr. *rille* (← **regula**), réglette, d'où languette de viande.

ROMPRE ← **rumpere,** *briser,* part. passé **ruptus.**

-RUPT- correspond aux verbes en -ROMPRE.

RUPTEUR ← **ruptor,** *celui qui rompt :* appareil qui rompt le courant électrique. Le nom de l'appareil vise à le distinguer de l'INTERRUPTEUR (voir plus bas). A la différence de l'interrupteur, le rupteur est fait pour interrompre et rétablir le courant selon un rythme régulier.
RUPTURE ← **ruptura :** action de rompre ou de se rompre; voir ROTURE, p. 228.

Au verbe CORROMPRE ← **corrumpere,** *détruire, gâter,* correspondent les mots CORRUPTIBLE; CORRUPTEUR; CORRUPTION.
Au verbe INTERROMPRE ← **interrumpere** correspondent INTERRUPTEUR; INTERRUPTION.
ÉRUPTIF, ÉRUPTION ← **eruptio,** *action de sortir en brisant,* IRRUPTION ← **irruptio (* in-ruptio),** *action d'entrer en brisant,* ne renvoient à aucun verbe : le français n'a pas hérité des verbes latins **erumpere** et **irrumpere.**

La racine **rup (rump)** exprime l'idée de *briser.* Outre les mots ci-dessus, le français lui doit encore :
ABRUPT ← **abruptus,** *brisé net, escarpé.*
COURROUCER ← *** corruptiare,** *aigrir.*
ROUTE ← **rupta (via),** *chemin frayé en coupant ou en brisant.*
BANQUEROUTE ← ital. *banca rotta* (*banca,* banc ou banque; *rotta,* rompue ← lat. **rupta**) : en cas de faillite, on brisait le comptoir du banquier.
RUPESTRE est fait d'après **rupes,** *rocher abrupt, roche.*

Verbes en -SOUDRE ← verbes en **-solvere** (de **solvere,** *détacher, dénouer*), part. passé **-solutus.**

-SOLU- correspond aux verbes en -SOUDRE.
Au verbe ABSOUDRE ← **absolvere,** *libérer, acquitter,* correspondent ABSOLUTION; ABSOLUTOIRE.
Au verbe DISSOUDRE ← **dissolvere,** *désagréger,* correspondent DISSOLUBLE; INDISSOLUBLE; DISSOLUTION. DISSOLUBLE ne correspond à DISSOUDRE qu'au sens de « dissoudre une assemblée ». Son emploi est donc bien distinct de celui de SOLUBLE (voir plus bas).
Au verbe RÉSOUDRE ← **resolvere,** *dénouer, dissiper,* correspondent RÉSOLUTIF; RÉSOLUTION; RÉSOLUTOIRE.

L'évolution de la langue a semé le désordre dans le système régulier que le latin avait construit autour du verbe **solvere.** Le verbe simple **solvere** avait abouti, en a. fr., au verbe *soudre,* qui ne s'est pas maintenu, exception faite pour le participe présent SOLVANT ← **solvens.** L'adjectif SOLVABLE (qui peut payer sa dette) a été forgé en français sur le verbe latin **solvere** au sens de *s'acquitter d'une dette* (dénouer le lien constitué par une dette).
SOLUBLE et SOLUTÉ renvoient à DISSOUDRE ; SOLUTION et INSOLUBLE à la fois à DISSOUDRE à RÉSOUDRE.

Les participes passés des verbes ABSOUDRE et DISSOUDRE sont ABSOUS et DISSOUS ; celui de RÉSOUDRE est RÉSOLU. Les participes latins **absolutus** et **dissolutus** ont abouti en français à des doublets : à côté d'ABSOUS et DISSOUS, le français en a tiré ABSOLU et DISSOLU, qui ont rompu tout lien de sens avec ABSOUDRE et DISSOUDRE. L'adjectif ABSOLU a pris à **absolutus** son sens de *détaché de tout, indépendant, complet par soi-même.* DISSOLU a pris à **dissolutus** le sens de *relâché, dépravé.*

TORDRE, ainsi que les verbes en -TORQUER ← **torquere,** *tordre,* et ses composés, part. passé **tortus** ou **torsus.**

-TORS- correspond au verbe TORDRE et aux verbes en -TORQUER.

TORS ← **torsus,** *tordu :* d'aspect tordu (colonnes torses). TORSADE : rouleau de fils ou de cordons tordus. TORSION : action de tordre.

Attention : TORSE, nom masc., vient du grec **thursos,** *branche.*

Au verbe EXTORQUER ← **extorquere,** *arracher en tordant,* correspond EXTORSION.

Au verbe RÉTORQUER ← **retorquere,** *retourner un acte, un argument contre son auteur,* litt. *tordre dans l'autre sens,* correspond RÉTORSION. Actuellement toutefois, le nom RÉTORSION désigne moins l'action de « retourner un argument contre » (RÉTORQUER) que l'action de « retourner une mesure contre ».

CONTORSION ← **contortio,** *entortillement,* renvoie à son dérivé CONTORSIONNER. DISTORSION ← **distorsio** renvoyait à un verbe qui, aujourd'hui, semble avoir quitté notre lexique, le verbe DISTORDRE ← **distorquere,** *tordre en écartant,* encore employé parfois au participe DISTORDU.

A la racine **torqu (torc, tor),** liée à l'idée de *faire tourner sur soi-même, arrondir par force, tordre,* se rattachent également :

TORT ← **tortum,** en latin populaire *mauvaise action, défaut,* neutre du part. passé **tortus,** *tordu.*

TORTUEUX ← **tortuosus,** *sinueux.*

TORTURE ← **tortura,** *action de tordre, torture.*

TORTIONNAIRE est fait d'après **tortionare,** *torturer,* de **tortio,** *torsion, torture.*

TOURMENT ← **tormentum,** *machine de guerre* à cordes enroulées et tordues, puis *instrument de torture, souffrance.*
TORCHE ← * **torca,** classique **torques,** *torsade.* TORCHE désigna d'abord un bouchon de paille entortillée. Enflammé, l'objet servait de flambeau. Mais on pouvait aussi s'en servir pour frotter, essuyer, d'où le verbe TORCHER et le nom TORCHON. Enfin, on pouvait l'incorporer à de l'argile pour faire du TORCHIS.
TREUIL ← * **troculum,** de **torculum,** *pressoir.*
TROUSSER ← a. fr. *torser,* mettre en botte (du foin, de la paille) ← * **torsare,** *torsader.*

VAINCRE ← **vincere ;** ÉVINCER ← **evincere ;** le part. passé des verbes en **(-)vincere** est **(-)victus.**

-VICT- correspond à VAINCRE, CONVAINCRE, ÉVINCER.
VICTOIRE ← **victoria :** action de vaincre. Le prénom VICTOR est la transcription du latin **victor,** *vainqueur.*
Au verbe CONVAINCRE ← **convincere,** *confondre un adversaire, démontrer victorieusement,* correspond le nom CONVICTION.
Au verbe ÉVINCER ← **evincere,** *vaincre complètement* et, en langue juridique, *vaincre un adversaire en le chassant de son bien,* correspond ÉVICTION.

Attention : le nom VICTIME n'a aucun rapport étymologique avec les mots précédents. Il est tiré de **victima,** *animal sacrifié,* d'étymologie inconnue.

VOIR ← **videre,** part. passé **visus (* vid-tus).**

-VIS- correspond aux verbes en -VOIR.
VISIBLE ← **visibilis :** qui peut être vu. VISION ← **visio,** *action de voir* ou *image :* action de voir ou chose vue. VISUEL ← **visualis :** qui concerne la vue. VIS, dans VIS-À-VIS, est issu de **visus,** *vision, aspect, aspect d'une personne, visage;* l'a. fr. *vis,* visage, ne s'est conservé que dans cette expression (= visage à visage). Mais les dérivés de *vis,* VISAGE et VISIÈRE, sont bien vivants.
VISER est issu de * **visare,** classique **visere,** *aller voir.* Si VISEUR est un dérivé de VISER, il n'en est pas de même pour RÉTROVISEUR, qui n'exprime pas l'idée de « viser », mais de « voir », et qui est composé de **retro,** *en arrière* (voir p. 39) + **visor,** *celui qui voit.* SUPERVISER est emprunté à l'anglais *to supervise,* du latin **super,** *par-dessus* + **visere,** *aller voir.*
VISITER ← **visitare,** fréquentatif de **visere,** *aller voir souvent.*

Au verbe PRÉVOIR ← **praevidere,** *voir avant,* correspondent PRÉVISIBLE; IMPRÉVISIBLE; PRÉVISION.
Au verbe POURVOIR ← **providere,** *voir par avance, veiller à,* correspond PROVISION : un chèque sans provision est tiré sur un compte qui n'est pas pourvu; une provision dans un paiement pourvoit aux besoins du créancier en attendant le versement de la totalité de la somme; d'où le sens de PROVISIONNEL. Au pluriel, PROVISIONS désigne un stock de vivres ou de matériaux nécessaires. PROVISEUR (← **provisor,** *celui qui prévoit ou qui pourvoit*) et PROVISOIRE, dont le sens originel est : « qui se fait en prévision de », ont rompu leurs liens avec POURVOIR.
IMPROVISER est formé sur **improvisus,** *non préparé.*
RÉVISEUR et RÉVISION ← **revisio,** *action de revoir,* ne renvoient à REVOIR qu'au sens de « revoir quelque chose pour le corriger ou pour l'apprendre ». Ils sont surtout liés à RÉVISER ← **revisere,** *revenir voir.*

AVIS (d'où AVISER) est la contraction de l'a. fr. *à vis* dans l'expression *m'est à vis* conservée en français moderne sous la forme M'EST AVIS. *M'est à vis* (compris comme *m'est à visage*) résultait d'un tentative pour rendre compréhensible l'expression plus ancienne *m'est vis,* issue de **mihi visum est,** *il m'a semblé que.* Voir aussi VISA, p. 278.
Pour la racine **vid (vis),** voir p. 69.

Trouvez le mot juste

Connaître l'histoire des mots français, et particulièrement leurs antécédents latins, permet de rassembler dans son esprit des familles de mots dont les membres n'accusent pas toujours entre eux une ressemblance frappante. C'est le moyen de trouver plus vite et plus sûrement que – par exemple – le nom qui désigne l'action de disjoindre est DISJONCTION, ou que l'adjectif signifiant « que l'on peut transmettre » est TRANSMISSIBLE... « et les mots pour le dire arrivent aisément. » Il est bon d'enrichir son vocabulaire, mais il est plus nécessaire encore de le structurer et d'y établir des associations nombreuses et actives. Nous proposons au lecteur de tester les ressources de son vocabulaire en répondant aux questions suivantes.

Quel est le nom qui désigne l'action d'ACQUÉRIR ? l'action de COMPRENDRE ? de DÉDUIRE ? d'ENFREINDRE ? d'ÉTEINDRE ? d'ÉTENDRE ? d'EXTRAIRE ? de GÉRER ? d'IMPRIMER ? d'INSTRUIRE ? d'OBSTRUER ? d'OBTENIR ? le fait d'être PÉRIMÉ ? l'action de PRÉSUMER ? de PROMOUVOIR ? de RECEVOIR ? de RESTREINDRE ? Enfin, qu'est-ce que la COLLATION des diplômes ou des grades universitaires ?

Réponses.

L'action d'ACQUÉRIR se dit ACQUISITION : lat. **acquirere,** part. passé **acquisitus.**

L'action de COMPRENDRE se dit COMPRÉHENSION : lat. **comprehendere,** part. passé **comprehensus.**

L'action de DÉDUIRE se dit DÉDUCTION : lat. **deducere,** part. passé **deductus** (voir p. 72).

L'action d'ENFREINDRE se dit INFRACTION : lat. **infringere,** part. passé **infractus** (voir p. 173).

L'action d'ÉTEINDRE se dit EXTINCTION : lat. **exstinguere,** part. passé **exstinctus.**

L'action d'ÉTENDRE se dit EXTENSION : lat. **extendere,** part. passé **extensus** (voir p. 180).

L'action d'EXTRAIRE se dit EXTRACTION : lat. **extrahere,** part. passé **extractus.**

L'action de GÉRER se dit GESTION : lat. **gerere,** *porter,* part. passé **gestus.**

L'action d'IMPRIMER se dit IMPRESSION : lat. **imprimere,** *appuyer sur, marquer en appuyant,* part. passé **impressus.**

IMPRIMER et IMPRESSION sont deux formations savantes. Par transmission populaire **imprimere** a abouti à EMPREINDRE. Ce verbe n'est plus usité aujourd'hui qu'au participe passé EMPREINT : un visage empreint de bonté porte la marque de cette bonté. Le féminin de ce participe est devenu le nom EMPREINTE, signifiant « marque imprimée ».

L'action d'INSTRUIRE se dit INSTRUCTION : lat. **instruere,** *construire dans, équiper (matériellement et mentalement),* part. passé **instructus.**
L'action d'OBSTRUER se dit OBSTRUCTION : lat. **obstruere,** *construire devant* (même famille que **instruere,** voir ci-dessus), part. passé **obstructus.**
L'action d'OBTENIR se dit OBTENTION : lat. **obtinere,** part. passé **obtentus.**
Le fait d'être PÉRIMÉ se dit PÉREMPTION : lat. **perimere,** part. passé **peremptus.**
L'action de PRÉSUMER se dit PRÉSOMPTION : lat. **praesumere,** *prendre d'avance,* part. passé **praesumptus.**
L'action de PROMOUVOIR se dit PROMOTION : lat. **promovere,** *pousser en avant,* part. passé **promotus** (voir p. 67).
L'action de RECEVOIR se dit RÉCEPTION : lat. **recipere,** part. passé **receptus.**
L'action de RESTREINDRE se dit RESTRICTION : lat. **restringere,** *resserrer,* part. passé **restrictus.**
Enfin, quand l'Université procède à la COLLATION des grades, elle ne les « colle » pas aux lauréats; elle les leur CONFÈRE : lat. **conferre (con-ferre),** part. passé **collatus (* con-latus) ;** ce verbe latin se conjuguait sur deux racines différentes. Au sens de « repas léger », « goûter », la COLLATION rappelle en outre la **collatio** des moines, c'est-à-dire la réunion (**conferre** signifiait aussi *rassembler*) au cours de laquelle ils prenaient quelque nourriture.

3. Le mot de référence est un nom de nombre

Le tableau suivant montre les rapports entre les diverses bases des mots français évoquant des nombres et les noms de nombre latins.

	Bases de mots français	cardinaux français		cardinaux latins	ordinaux latins
1	UNI-, PRIMI-, PRIMO-	UN	←	**unus**	**primus**
2	BI-, SECOND-	DEUX	←	**duo**	**secundus**[1]
3	TRI-, TER-, TERTI-, TIER-	TROIS	←	**tres**	**tertius**
4	QUADR-, QUADRA-, QUADRU-, QUATER-, QUART-	QUATRE	←	**quattuor**	**quartus**
5	QUINQU-, QUINQUA-, QUINT-	CINQ	←	**quinque**	**quintus**
6	SEXA-, SEXT-	SIX	←	**sex**	**sextus**
7	SEPT-, SEPTUA-	SEPT	←	**septem**	**septimus**
8	OCT-, OCTO-	HUIT	←	**octo**	**octavus**
9	NONA-	NEUF	←	**novem**	**nonus**
10	DÉC-, DÉCI-, DÉCIM-	DIX	←	**decem**	**decimus**
12	DUODÉCIM-	DOUZE	←	**duodecim**	**duodecimus**
20	VICÉSIM-	VINGT	←	**viginti**	**vicesimus**
100	CENT-, CENTI-, CENTÉSIM-	CENT	←	**centum**	**centesimus**
1 000	MILL-, MILLI-, MILLÉSIM-	MILLE	←	**mille**	**millesimus**

1. Les ordinaux **primus** et **secundus** ne se rattachent pas aux racines des cardinaux **unus** et **duo. Primus** se rattache à la racine de **prae,** *devant* (voir p. 39) et **secundus** (= *le suivant*) à la racine du verbe **sequi,** *suivre.*

Sur ces bases sont organisées différentes séries plus ou moins complètes.

• Série des adverbes multiplicateurs :
BIS : une deuxième fois ; TER : une troisième fois ; QUATER : une quatrième fois. C'est le réemploi des adverbes latins **bis,** *deux fois ;* **ter,** *trois fois ;* **quater,** *quatre fois.*

• Série des multiples :
DOUBLE, TRIPLE, QUADRUPLE, QUINTUPLE, SEXTUPLE, DÉCUPLE, CENTUPLE, d'où les verbes DOUBLER, TRIPLER, QUADRUPLER, etc. sont tirés de **duplus, triplus, quadruplus, quintuplus, sextuplus, decuplus, centuplus,** formes qui ont remplacé peu à peu les formes plus anciennes **duplex, triplex, quadruplex,** etc.

• Série des ensembles :
BINAIRE, TERNAIRE, QUATERNAIRE : composé de deux, trois, quatre éléments, sont tirés de **binarius, ternarius, quaternarius,** *divisible par deux, trois, quatre.*

• Série des systèmes arithmétiques :
DÉCIMAL, DUODÉCIMAL, VICÉSIMAL : dont la base est dix, douze, vingt. Ces adjectifs ont été formés au moyen du suffixe -AL accolé à une base fournie par les ordinaux latins : **decimus,** *dixième ;* **duodecimus,** *douzième ;* **vicesimus,** *vingtième.*

• Série des périodes pluriannuelles :
Les mots de cette série se reconnaissent à la présence de l'élément -ENN- diversement suffixé.
BIENNAL, TRIENNAL, QUADRIENNAL, QUINQUENNAL, DÉCENNAL, VICENNAL : qui dure ou qui a lieu tous les deux ans, trois ans, quatre ans, cinq ans, dix ans, vingt ans. Le modèle de ces formations est fourni par les mots **biennalis,** *de deux ans ;* **triennalis,** *de trois ans* et quelques autres semblables, dans lesquels l'élément **-enn-** représente le mot **annus** → AN.
DÉCENNIE, espace de dix ans, est tiré de **decennium,** nom neutre, avec passage au féminin.
SEPTENNAT, mandat de sept ans, est tiré de **septennium,** *espace de sept ans,* avec remplacement du suffixe **-ium** par le suffixe -AT (voir p. 56).

• Série des ères géologiques :
PRIMAIRE, SECONDAIRE, TERTIAIRE, QUATERNAIRE : première, seconde, troisième, quatrième en date. Les trois premiers mots sont tirés de **primarius,** *du premier rang;* **secundarius,** *de deuxième rang ou qualité;* **tertiarius,** *de la valeur d'un tiers.* Ces mots latins sont formés grâce au suffixe **-arius** accolé à l'adjectif ordinal. QUATERNAIRE est hétérogène : il eût fallu prendre pour source **quartarius** (**quartus,** *quatrième* + le suffixe **-arius**), et en tirer l'adjectif *QUARTAIRE.

• Série des âges :
QUADRAGÉNAIRE, QUINQUAGÉNAIRE, SEXAGÉNAIRE, SEPTUAGÉNAIRE, OCTOGÉNAIRE, NONAGÉNAIRE : personne ayant dépassé quarante, cinquante, soixante, soixante-dix, quatre-vingts, quatre-vingt-dix ans.
Chacun de ces mots a sa source latine, de même sens : **quadragenarius, quinquagenarius, sexagenarius, septuagenarius, octogenarius, nonagenarius.**
L'élément **-genarius** n'a rien à voir avec l'idée de génération : **gen** est la marque indiquant que le nombre signifié par l'élément initial est multiplié par dix. En effet, l'élément **-gen-/-gin-** sert en latin à composer les noms de dizaines : ainsi, par exemple, **quadraginta** → QUARANTE, signifie littéralement *quatre dix.* Car si l'on remonte à l'indo-européen, on constate que **decem** et **-gin-** sont deux formes de la même racine : **dekn* → **decem** et **dkn* → **-gin-.**

• Série des formats de livre :
Pour faire un livre, on peut assembler des feuilles de papier simplement pliées en deux : on a alors un IN-FOLIO (**in,** *dans, en* + **folium** → FEUILLE), litt. un livre *en feuille.* On peut assembler des feuilles pliées en quatre, et on obtient un IN-QUARTO (**quartus,** *quart*), litt. un livre *en quarts de feuilles.* Si on assemble des feuilles pliées en huit, on aura un IN-OCTAVO (**octavus,** *huitième*), et si les feuilles sont pliées en douze, on aura un * IN-DUODECIMO (**duodecimus,** *douzième*), qu'on appellera simplement IN-DOUZE.

• Série des intervalles musicaux :
TIERCE, QUARTE, QUINTE, SIXTE, SEPTIÈME et OCTAVE, noms féminins, sont les intervalles de trois, quatre, cinq, six , sept et huit notes. SEPTIÈME, qui désigne

l'intervalle le moins souvent mentionné, est un ordinal formé selon le procédé propre au français : voir le suffixe -IÈME, p. 58 ; les autres sont issus des ordinaux latins au féminin : **tertia,** *troisième;* **quarta,** *quatrième;* **quinta,** *cinquième;* **sexta,** *sixième;* **octava,** *huitième.*

● Série des ensembles instrumentaux :
DUO, TRIO, QUATUOR, QUINTETTE, SEXTUOR, SEPTUOR, OCTUOR, sont des ensembles de deux, trois, quatre, cinq, six, sept et huit instruments. La série est hétérogène. DUO, TRIO et QUINTETTE (ital. *quintetto*) nous viennent du latin par l'intermédiaire de l'italien ; QUATUOR est tout simplement – à un T près – le latin **quattuor,** *quatre.* Les trois derniers sont des monstres formés de radicaux latins auxquels on a ajouté la fin du mot **quattuor.**

● Série des mots en -ÉSIME :
Le suffixe **-esimus** servait en latin à former les ordinaux des dizaines, des centaines, et du nombre mille. On le retrouve dans VICÉSIMAL et CENTÉSIMAL. On le retrouve aussi dans MILLÉSIME. Ce mot est tiré de **millesimus,** *millième.* Le millésime était d'abord le chiffre désignant dans une date le nombre de milliers d'années. Aujourd'hui, le mot désigne la date de l'année inscrite sur une monnaie, une bouteille de vin, etc.
On lisait naguère sur les calendriers les mots SEPTUAGÉSIME, SEXAGÉSIME, QUINQUAGÉSIME, QUADRAGÉSIME, tirés de **septuagesimus,** *soixante-dizième,* **sexagesimus,** *soixantième,* **quinquagesimus,** *cinquantième,* **quadragesimus,** *quarantième.* Le premier des quarante jours de jeûne précédant Pâques (les dimanches n'en faisaient pas partie) était appelé **quadragesima** qui aboutit phonétiquement à CARÊME. Le dimanche de QUADRAGÉSIME était le premier du Carême. Le dimanche d'avant, cinquantième jour avant Pâques, fut appelé QUINQUAGÉSIME. Les dimanches précédents furent assimilés au soixantième et soixante-dixième jour avant Pâques, sans grand souci de l'arithmétique, puisque les semaines ont sept jours et non dix.
Voir, p. 259, d'autres mots issus des noms de nombre latins.

III. Différence due au succès d'une forme suffixée

« Entre deux mots il faut choisir le moindre », disait Paul Valéry. Cette règle, fondement du beau style, va totalement à l'encontre des tendances de la stylistique populaire, pour qui les mots courts sont insuffisamment clairs et surtout insuffisamment expressifs [1]. Cette tendance était bien marquée chez les populations latinophones, et tout particulièrement chez les Gallo-Romains, qui ont conservé les formes allongées beaucoup mieux que les formes courtes. L'allongement est réalisé par des suffixes de natures diverses, parmi lesquels les suffixes diminutifs jouent un rôle prépondérant. A voir la fréquence de la création et de l'emploi des diminutifs, telle qu'elle se manifeste de l'époque romaine au Moyen Age, on a l'impression que nos ancêtres débordaient de tendresse pour les êtres et pour les choses, ce que ne confirme pas toujours l'examen des mœurs et des événements de cette longue période. Mais à être trop employé, un diminutif finit par perdre toute connotation affective ou affectueuse, et quand nous employons l'adjectif « nouveau » ou le nom « sommeil », nous n'avons plus le sentiment de dire des mignardises.

ABEILLE ← **apicula,** diminutif de **apis,** *abeille.*

API- = *abeille*

APICULTURE (APICULTEUR, APICOLE) : élevage des abeilles (+ CULTURE, voir p. 71).

APIDÉS : insectes de la famille des abeilles (+ suffixe -IDÉ).

APITHÉRAPIE (+ gr. **therapeia,** *soin*) : utilisation des productions des abeilles à des fins thérapeutiques.

---

1. Cela n'est pas incompatible avec le principe du moindre effort, qui commande l'évolution phonétique. La même personne qui dit « chais pas » au lieu de « je ne sais pas » dira, si elle veut donner plus de relief à son énoncé, « j'en sais rien du tout ».

CERVEAU ← **cerebellum,** diminutif de **cerebrum,** *cerveau.* Le pluriel **cerebella,** pris pour un féminin, a donné CERVELLE.

CÉRÉBR- = *cerveau*

CÉRÉBRAL : relatif au cerveau.

CÉRÉBRO-SPINAL : commun au cerveau et à la moelle épinière (**spina** → ÉPINE ; **spinalis medulla,** *moelle de l'épine dorsale*).

DÉCÉRÉBRER : ôter le cerveau à un animal tout en le maintenant en vie.

Le radical **cerebr- (* ceres-r)** est une des réalisations latines d'une racine indo-européenne * *ker* liée à l'idée de *tête* et de *corne,* et dont dépendent également :

CERF ← **cervus,** dont le sens originel est *animal cornu ;*

CERVICAL ← **cervix,** *nuque* (voir p. 208).

CORNE ← **cornu.**

ÉGAL ← **aequalis,** forme suffixée de **aequus,** *égal, uni.*

ÉQU- = *égal*

ÉQUATEUR : ligne ou plan qui partage une sphère (surface ou volume) en deux parties égales.

ÉQUATION ← **aequatio,** *égalisation :* formule caractérisée par l'expression d'une égalité.

ÉQUIDISTANT ← **aequidistans :** à égale distance.

ÉQUILATÉRAL ← **aequilateralis** (+ **latus, lateris,** *côté*) : dont les côtés sont égaux.

ÉQUILIBRE ← **aequilibrium,** *égalité de poids sur une balance* (+ **libra,** *poids*) : égalité de forces s'exerçant en sens opposés sur un objet et le maintenant immobile.

ÉQUINOXE ← **aequinoctium** (+ **nox, noctis** → NUIT) : période de l'année où le jour a la même durée que la nuit.

ÉQUIPOLLENT ← **aequipollens,** *équivalent* (+ **pollere,** *être puissant*) : égal algébriquement.

ÉQUITÉ ← **aequitas :** qualité de celui qui fait la part égale à tous ; d'où ÉQUITABLE.

ÉQUIVALENT ← **aequivalens :** de valeur égale, d'effet égal.

ÉQUIVALOIR ← **aequivalere,** *valoir autant :* avoir une valeur égale, un effet égal.

PÉRÉQUATION ← **peraequatio,** *répartition égale de l'impôt :* répartition égalitaire.

D'ÉQUIDISTANT, ÉQUILIBRE etc. a été dégagé un préfixe ÉQUI- qui s'agrège librement à d'autres mots : voir p. 50.
EX-AEQUO : voir p. 272.
L'élément -ÉQU- a perdu sa référence à l'égalité dans ADÉQUAT, « approprié », et ADÉQUATION, « action de rendre approprié », tirés de **adaequatus,** *égalisé,* part. passé de **adaequare,** *rendre égal à,* et **adaequatio,** *égalisation.* Il en est de même dans ÉQUIVOQUE ← **aequivocus,** voir p. 120.

Se rattachent à la famille d'**aequus** les mots INIQUE ← **iniquus,** *inégal, injuste* (**in-** privatif + **aequus**) et INIQUITÉ ← **iniquitas.**

Attention : il existe un autre élément ÉQU- référant au cheval : voir p. 189.

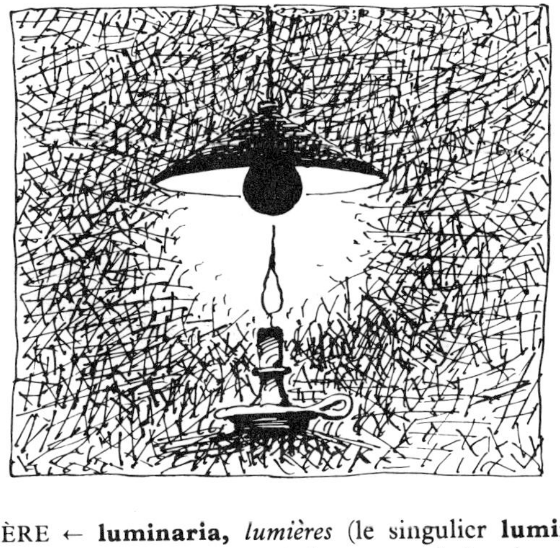

LUMIÈRE ← **luminaria,** *lumières* (le singulier **luminare** donne LUMINAIRE par transmission savante); **luminare** est une forme suffixée de **lumen, luminis,** *lumière;* **lumen** est lui-même issu de ***luc-s-meṇ ;** la forme dépourvue de tout suffixe est **lux, lucis,** *lumière.*

-LUC- / -LUMIN- = *lumière*
LUCIFUGE ← **lucifugus,** voir p. 73 : qui fuit la lumière.
LUCIMÈTRE : instrument servant à mesurer la quantité de lumière reçue (+ gr. **metron,** *mesure*).

LUCIDE (← **lucidus,** *lumineux, clair*) a perdu sa référence à la lumière : son sens premier était celui du latin **lucidus,** puis le mot fut en quelque sorte confisqué par le vocabulaire psychiatrique, et appliqué à l'état d'un malade qui recouvre momentanément la clarté de son esprit. Aujourd'hui, le sens usuel de LUCIDE est « qui a l'esprit clair », « claivoyant ». Le verbe ÉLUCIDER, sans renvoyer directement à l'idée de lumière, a conservé le sens du latin **elucidare,** *rendre clair ;* TRANSLUCIDE ← **translucidus,** *diaphane,* est directement lié à l'idée de lumière et signifie « qui laisse passer la lumière ».
LUCIOLE : insecte lumineux.
LUMINANCE : quotient de l'intensité lumineuse d'une surface par l'aire apparente de cette surface.
LUMINESCENCE : émission de lumière par un corps non incandescent.
LUMINEUX ← **luminosus :** qui émet ou renvoie de la lumière ; LUMINOSITÉ : qualité de ce qui émet ou renvoie de la lumière.
LUMINISTE : peintre spécialiste des effets de lumière .
LUMINOPHORE (+ gr. **phorein,** *porter*) : substance luminescente des écrans d'appareils de radioscopie.
ILLUMINER ← **illuminare,** *éclairer :* rendre lumineux. ILLUMINISME, mot désignant les doctrines de certains mystiques, renvoie à un sens figuré d'ILLUMINÉ (illuminé spirituellement par une révélation).
ENLUMINER, est une très ancienne formation savante reposant sur une graphie latine **inluminare,** concurrente de **illuminare.** Ce verbe signifiait en a. fr. « illuminer », puis il prit le sens d'« illustrer » (voir p. 161 ILLUSTRER), seule signification qui lui soit restée.

La racine **luc (lu),** liée à l'idée de *luminosité,* est aussi à l'origine des mots suivants :
LUCERNAIRE ← **lucernarium,** *lampe.* LUMIGNON ← ***luminio,** *lampe, torche.* ALLUMER ← ***alluminare,** *éclairer.*
ÉLUCUBRER ← **elucubrare,** *réaliser au prix d'un travail nocturne,* composé du préfixe **ex** + **lucubrare,** *travailler à la lumière de la lampe,* d'après **lucubrum,** *petite lampe.* Une ÉLUCUBRATION est proprement le résultat d'un travail intellectuel mené tard dans la nuit, dans la fatigue ou la fièvre, d'où son sens de « divagation ».
LUEUR ← ***lucor,** *luisance ;* LUIRE ← **lucere,** *briller.*

LUNE ← **luna (* luc-s-na),** litt. *la lumineuse;* LUNATIQUE ← **lunaticus,** *soumis à l'influence de la lune, épileptique, maniaque;* LUNULE ← **lunula,** *petit croissant;* SUBLUNAIRE ← **sublunaris,** *situé sous la lune;* pour les Anciens, le monde sublunaire, c'est-à-dire l'univers compris à l'intérieur de l'orbite parcourue par la lune autour de la terre, était le lieu de la naissance et de la mort.
LUSTRE est emprunté à l'italien *lustro,* éclat, dérivé de *lustrare,* éclairer, issu d'un verbe latin **lustrare,** *éclairer,* qui suppose un nom ***lustrum (* luc-s-trum**), *torche,* que le latin n'a pas conservé. Dans l'expression « il y a bien des lustres », le mot LUSTRE signifie « période de cinq ans » : il est tiré du latin **lustrum,** *purification,* et notamment *sacrifice purificatoire ayant lieu tous les cinq ans,* qui n'a aucun rapport avec la racine **luc,** *lumière.*
ILLUSTRE ← **illustris,** *éclatant, en vue;* ILLUSTRER ← **illustrare,** *éclairer, mettre en lumière.* On note que le verbe ILLUSTRER, dont le sens le plus courant est « assortir d'images un texte écrit », a subi la même évolution de sens qu'ENLUMINER.
LUZERNE : ← prov. *luzerna,* ver luisant ← **lucerna,** *lampe.* Les graines de luzerne ont un aspect luisant.

MILIEU est la réunion en un seul mot de MI ← **medius,** *du milieu, moyen* et LIEU ← **locus** (voir p. 102). A cause de sa brièveté et de sa faiblesse phonique, l'a. fr. *mi* a été renforcé en *mi-lieu,* devenu MILIEU. *Mi-lieu* signifiait à l'origine « le milieu du lieu », de même que *mi-janvier* signifie « le milieu de janvier ».
MOYEN ← **medianus,** *du milieu,* forme suffixée de **medius.**

MÉD- = *milieu* ou *moyen*

MÉDIAL : placé au milieu d'un mot ou d'une syllabe.
MÉDIAN : ← **medianus** (qui donne aussi MOYEN par transmission populaire) : placé au milieu.
MÉDIANE : droite qui joint le sommet d'un triangle au milieu du côté opposé.
MÉDIANTE ← **medians** (part. prés. de **mediare,** *être au milieu*) : note de la gamme occupant le milieu entre tonique et sus-tonique d'une part, sous-dominante et dominante de l'autre.
MÉDIASTIN ← **mediastinus,** *esclave moyen,* (c'est-à-dire

sans fonction particulière) : région du thorax située entre les deux poumons.
MÉDIAT : qui agit grâce à un intermédiaire (voir ce mot); IMMÉDIAT ← **immediatus :** qui agit sans moyen intermédiaire ou sans moment intermédiaire.
MÉDIATEUR ← **mediator :** personne qui tient le milieu entre des adversaires et s'efforce de favoriser leurs relations et leur accord; MÉDIATION ← **mediatio :** fonction du médiateur.
MÉDIATRICE ← **mediatrix,** *celle qui fait acte de médiation :* droite perpendiculaire à un segment et le coupant en son milieu.
MÉDIÉTÉ ← **medietas,** *milieu :* état de ce qui est en position moyenne.
MÉDITERRANÉE ← **mediterraneus,** *au milieu des terres :* (+ **terra** → TERRE) : mer située au milieu des terres. Les Romains n'utilisaient guère cet adjectif pour parler de cette mer : ils l'appelaient **Mare nostrum,** *notre mer.*
MÉDIÉVAL : qui concerne le Moyen Age, mot formé au XIXe siècle d'après **medius** et **aevum,** *âge.* On emploie le mot MÉDIÉVAL chaque fois qu'il est question du Moyen Age proprement dit, et l'on réserve le mot MOYENÂGEUX à l'évocation de ce qui porte les caractères du Moyen Age, qui s'en inspire ou qui l'imite. MÉDIÉVISTE : spécialiste de l'histoire du Moyen Age.
MÉDIO-DORSAL (+ **dorsus** → DOS) : situé au milieu du dos.
INTERMÉDIAIRE, fait sur **intermedius,** *intercalé :* qui fait le milieu entre, ou qui occupe une position moyenne.
INTERMÈDE passe par l'italien *intermedio,* divertissement entre deux parties d'un spectacle.
Voir aussi :
MI, DEMI, p. 49; MIDI, MÉRIDIEN, MÉRIDIONAL, p. 123; MÉDIA, MÉDIUM, MÉDIUS, pp. 274 et 275.

Autres mots dérivés de **medius :**
MÉDAILLE ← ital. *medaglia,* pièce de monnaie ancienne ← * **medalia,** de **medialia,** pluriel de **medialis,** *demi,* qui tardivement a pris le sens de *demi-denier.*
MÉDIOCRE ← **mediocris,** *moyen.* On note l'évolution de sens : le médiocre se situe aujourd'hui au-dessous de la moyenne.
MOITIÉ ← **medietas,** *milieu* ou *moitié.* En a. fr. la forme était *meitié.* Un *meiteier* était un paysan qui laissait la moitié des récoltes à son propriétaire; le mot est devenu MÉTAYER.

NEIGE est tiré du verbe NEIGER ← * **nivicare,** forme suffixée de **nivere,** *neiger.* NEIGE a remplacé l'a. fr. *noif,* issu de **nix, nivis,** *neige.*

NIV- = *neige*

NIVAL ← **nivalis,** *de neige :* relatif à la neige ; NIVÉAL se dit d'un végétal qui fleurit quand le sol est couvert de neige ; NIVO-GLACIAIRE, NIVO-PLUVIAL qualifient le régime d'un cours d'eau alimenté par la fonte des neiges et des glaciers, par la fonte des neiges et les pluies.

NOMBRIL ← * **umbiliculus,** diminutif de **umbilicus,** *nombril.*

NOMBRIL est un de ces mots qui littéralement se déguisent, par touches de grimage successives, comme pour se rendre méconnaissables. D'abord, on a tiré d'**umbilicus** le diminutif * **umbiliculus.** Puis, par un phénomène appelé *dissimilation,* le premier **l** s'est différencié du second en devenant **r** : * **umbiriculus.** Cette dernière forme a abouti à * *ombril.* Enfin, pour des raisons qui sont encore peu claires, un N s'est fixé à l'avant du mot (peut-être à la suite d'une fausse interprétation d'expressions comme *mon, ton, son* * *ombril*).

OMBILIC- = *nombril*

OMBILIC : désignation savante du nombril ou de structures botaniques ou géologiques en forme de nombril ; OMBILICAL : relatif au nombril. OMBILIQUÉ ← **umbilicatus,** *pourvu d'une sorte de nombril :* pourvu d'un nombril ou semblable à un nombril.

NOUVEAU » ← **novellus,** diminutif de **novus** → NEUF.

NOV- = *neuf, nouveau*

NOVATEUR ← **novator :** qui fait des choses nouvelles.

NOVICE ← **novicius,** *récent, esclave récemment acheté :* nouveau-venu dans une pratique, ou dans une communauté religieuse ; NOVICIAT : période probatoire subie par le nouveau membre d'une communauté religieuse.

INNOVER ← **innovare,** *renouveler :* faire des choses nouvelles. RÉNOVER ← **renovare,** *renouveler :* remettre à neuf.

Voir NOVA, p. 275.

OISEAU ← **aucellus (* avi-cellus),** diminutif de **avis,** *oiseau.*

AVI- = *oiseau*

AVICULTURE (AVICULTEUR, AVICOLE) : élevage des oiseaux, et particulièremment des volailles (+ CULTURE, voir p. 71).

AVION, AVIATION, AVIATEUR ont été forgés d'après **avis.**

Trois oiseaux portent dans leur nom la trace de la racine **avi :** AUTRUCHE ← **avis struthio,** d'après le grec **strouthos,** désignant des oiseaux extrêmement divers, du moineau à l'autruche. OIE ← **auca (* avica).** OUTARDE ← **avis tarda,** *oiseau lent.*

Le mot savant AUSPICE est tiré de **auspicium (* avi-spicium),** *art de prédire l'avenir d'après l'observation du vol des oiseaux* (+ **specere,** *regarder*). Une entreprise débutait sous d'heureux auspices quand les devins avaient constaté que les oiseaux volaient dans la partie du ciel et dans la direction définies par eux comme favorables.

POISSON ← * **piscio,** * **piscionis,** forme suffixée de **piscis,** *poisson* (le suffixe **-o, -onis** a une valeur augmentative ou péjorative).

PISCI- = *poisson*

PISCICULTURE (-CULTEUR, -COLE); élevage des poissons d'eau douce (+ -CULTURE, voir p. 71). PISCIFORME : en forme de poisson.

PISCINE est tiré de **piscina,** dont le sens premier est *vivier.* Par transmission populaire, * **piscare** (classique **piscari**) a donné PÊCHER, dont a été dérivé PÊCHE, et **piscator** a donné PÊCHEUR.

Homonymies : le nom de la PÊCHE (le fruit) vient de **persica,** *fruit de Perse.* Le nom de l'arbre, PÊCHER (a. fr. *peschier*) est bâti d'après PÊCHE. Dans PÊCHER, prendre du poisson, et PÊCHER, arbre, l'accent circonflexe correspond à un ancien *s* (voir p. 23). Dans PÉCHER : faire le mal, il n'y a pas trace d'*s*, donc pas d'accent circonflexe : le mot vient de **peccare,** *commettre une faute.* On ne confondra donc pas PÊCHEUR ← **piscator** et PÉCHEUR ← **peccator.**

POITRINE ← * **pectorina,** diminutif de **pectus, pectoris,** *poitrine.*

PECTOR- = *poitrine*

PECTORAL ← **pectoralis,** *de la poitrine :* qui se trouve ou se place sur la poitrine. La tisane de « fleurs pectorales » est supposée exercer une action contre les affections de la « poitrine », c'est-à-dire des bronches et des poumons.

EXPECTORER ← **expectorare,** *chasser de sa poitrine* : expulser des sécrétions de sa poitrine.

Par transmission populaire, **pectus** a donné PIS. En a. fr., *pis* signifiait encore *poitrine.* Puis le sens s'est restreint à « mamelle » des bovins ou des ovins.

RACINE ← **radicina,** diminutif de **radix, radicis,** *racine.*

RADIC- = *racine*

RADICAL ← **radicalis,** *qui va jusqu'à la racine :* qui tient à la racine, au fondement d'une chose. Un radical était au XIXe siècle un homme partisan de transformer la société jusqu'en sa racine ; il se contenterait aujourd'hui d'en changer quelques rameaux. En linguistique, un radical est une forme particulière prise par une racine (voir p. 8).

RADICANT, d'après **radicari,** *pousser des racines :* qui émet des racines le long de sa tige. RADICELLE : petite ramification d'une racine principale. RADICULE : forme primitive de la racine dans l'embryon d'une plante. RADICULAIRE : qui concerne la radicule ou, en médecine,

qui concerne la racine des nerfs ou des dents; RADICULITE : inflammation d'une racine nerveuse.
ÉRADICATION ← **eradicatio,** *déracinement :* action d'arracher quelque chose avec sa racine, suppression totale et définitive.
ÉRADIQUER ← **eradicare,** *déraciner :* arracher complètement et définitivement. Ce verbe a pour synonyme EXTIRPER ← **exstirpare,** *déraciner* (**ex** + **stirps,** autre nom signifiant *racine*).

Autres mots dérivés de **radix :**
RADIS ← it. *radice,* racine comestible ← **radix.**
ARRACHER ← a. fr. *esrachier* ← **exradicare,** forme vulgaire de **eradicare.**

SOLEIL ← * **soliculus,** diminutif de **sol,** *soleil.*

SOL- = *soleil*

SOLAIRE ← **solaris :** relatif au soleil. SOLARIGRAPHE (+ gr. **graphein,** *écrire*) : appareil qui sert à mesurer le rayonnement solaire.
SOLSTICE ← **solstitium,** *arrêt du soleil* (+ **status,** *arrêté*) : jour où le soleil cesse son progrès vers le zénith ou son abaissement progressif vers l'horizon.
INSOLATION ← **insolatio :** exposition au soleil, ou malaise résultant d'une telle exposition.
SOLARIUM : voir p. 277.
TOURNESOL ← ital. *tornasole* ou espagnol *tornasol :* plante dont la fleur se tourne vers le soleil.
La fleur nommée SOUCI n'en a jamais causé à personne, et n'en éprouve pas elle-même, sinon celui de suivre les mouvements du soleil, comme son grand cousin le tournesol. Son nom vient de **solsequia,** *qui suit le soleil* (+ **sequi,** *suivre*). Il s'écrivait autrefois *soussie* et fut écrit SOUCI par analogie avec le mot signifiant « préoccupation » (voir SOUCIER et SOLLICITER, p. 230).
Il y avait en latin deux groupes de racines **sol** homonymes, ou cinq racines **sol** homonymes si on ne tient pas compte de la quantité de la voyelle : **sōl** = *soleil;* **sōl** = *seul* d'où **solus** → SEUL; **sŏl** = *consoler* (voir plus bas **consolari**); **sŏl** = *base,* d'où **solum** → SOL; **sŏl** = *avoir l'habitude* (voir plus bas **insolens**). Il en résulte en français une situation qui prête à des confusions étymologiques. Il existe, en effet, en

plus de l'élément SOL- signifiant *soleil*, un élément SOL- signifiant *seul* (SOLITUDE, SOLISTE etc.) et un élément SOL- signifiant *pièce de terrain* (ASSOLEMENT, ASSOLER, mots construits non sur SOL mais sur un mot de même racine : SOLE, pièce de terrain ← * **sola**).

On notera, d'autre part, qu'INSOLENT ← **insolens,** *inhabituel, excessif, effronté,* INSOLENCE ← **insolentia,** *manque d'habitude, étrangeté, arrogance,* INSOLITE ← **insolitus,** *inhabituel,* doivent être bien distingués d'INSOLATION. On arrive à une situation curieuse, où CONSOLATION, DÉSOLATION, INSOLATION sont trois mots totalement étrangers les uns aux autres. En effet, **consolari** → CONSOLER, est un renforcement, par le préfixe **con-,** de **solari,** *réconforter,* tandis que **desolare** → DÉSOLER, rassemble le préfixe **de-** et le mot **solus** → SEUL, et signifie *rendre solitaire, dépeupler, vouer à l'abandon.*

SOMMEIL ← **somniculus,** diminutif de **somnus,** *sommeil.*

SOMN- = *sommeil*

SOMNAMBULE (+ **ambulare,** *marcher*) : qui marche pendant son sommeil.

SOMNIFÈRE ← **somnifer,** *qui apporte le sommeil* (+ **ferre,** *porter*) : qui provoque le sommeil (voir p. 73).

SOMNOLENT ← **somnolentus,** *assoupi :* qui sommeille à demi.

INSOMNIE ← **insomnia :** absence de sommeil; d'où INSOMNIAQUE.

Somnus se rattache à une racine **sop** (**som**) exprimant l'idée de *sommeil,* dont dépendent aussi les mots suivants :

SOMME, nom masculin ← **somnus;** d'où ASSOMMER : endormir. Mais le SOMMIER, bien qu'on y fasse des sommes, ne doit pas son nom à cet usage : parce qu'il est destiné à supporter un fardeau, on lui a donné, par métaphore, un nom qui signifie d'abord « bête de somme » et qui est issu de **sagmarius,** *bête de somme,* d'après **sagma,** *bât,* mot d'origine grecque. De **sagma** est issu SOMME (bête de...). Le troisième homonyme SOMME, signifiant « total », vient d'un mot latin **summa,** *total.*

SONGE ← **somnium,** *rêve.*

SOPORIFIQUE est construit d'après **sopor,** *sommeil.*

ASSOUPIR et ASSOUVIR ← * **assopire,** voir p. 212.

RADIO
TSF

IV. Différence due à un changement de racine

Un mot peut mourir de sa belle mort. Il peut aussi mourir assassiné : c'est ce qui se produit lorsqu'un autre mot se met à lui faire concurrence, puis le dépouille de tous ses emplois. Il y a quelques dizaines d'années existait en français le mot T.S.F. qui, pour s'écrire à la façon d'un sigle, n'en était pas moins, au plein sens du terme, un mot. Ce mot faisait partie du vocabulaire le plus courant, et, parmi les Français, nul n'en ignorait le sens. Aujourd'hui, le mot T.S.F. a été évincé par le mot RADIO, qui ne lui a pas laissé la moindre chance de survie. Un grand nombre de mots latins ont subi un sort identique. Pour quelques-uns, la disparition fut totale et définitive. Ainsi, le foie se disait en latin **jecur.** Or, parmi tous les foies, les Anciens préféraient le foie d'oie, particulièrement quand on avait pris soin d'engraisser l'oie avec des figues. Le foie par excellence, c'était ce **jecur ficatum** (de **ficus** → FIGUE), *le foie aux figues, le foie «figué».* On s'est bientôt contenté, sur tout le domaine romain, du mot **ficatum** pour désigner toute espèce de foie, et **ficatum** a donné en français FOIE, en italien *fegato,* en espagnol *hígado,* etc.

Parfois, le mot n'a sombré que sur une partie du domaine romain. Le nom latin classique désignant la femme était **mulier.** Sur le territoire de la France, il a donné d'abord l'a. fr. *moiller,* épouse, qui fut complètement évincé par FEMME, issu de **femina,** *femelle.* Mais il a survécu en territoire ibérique *(mujer)* et sur le territoire italique *(moglie).*

La réaction savante a souvent réussi à faire revivre, à défaut du mot lui-même, un ou plusieurs de ses dérivés. Ainsi **mansio,** *demeure,* d'où est issu MAISON, a chassé **domus :** mais comment qualifie-t-on ce qui se fait à la maison? au moyen de l'adjectif DOMESTIQUE, dépendant de la racine **dom** signifiant *maison* (voir p. 90).

Nous distinguerons trois types de remplacement d'un mot :

– le mot vainqueur est un mot admis dans le latin classique, plus ou moins synonyme du mot vaincu;

– le mot vainqueur est un mot vulgaire;

– le mot vainqueur n'est pas un mot latin.

1. Remplacement d'un mot latin par un mot latin synonyme

ARGENT ← **argentum,** *argent métal,* qui a évincé **pecunia,** *argent monnaie.*

PÉCUNI- = *argent*
PÉCUNIAIRE ← **pecuniarius :** qui a rapport à l'argent.
IMPÉCUNIEUX : qui manque d'argent.

Pecunia, qui désigna d'abord la *richesse en bétail,* dépend d'une racine **pecu** liée à l'idée de *bétail* en tant que *bien possédé.*
PÉCORE ← ital. *pecora,* bête ← **pecora,** pluriel de **pecus, pecoris,** *tête de bétail.*
PÉCULE ← **peculium,** *petit bien amassé par un esclave;* PÉCULAT ← **peculatus,** *détournement de fonds par petites sommes.*
Le mot **argentum,** qui signifie littéralement *le brillant,* dépend d'une racine **arg** liée à l'idée de *clarté,* d'*éclat,* qui a également fourni au français :

ARGILE ← **argilla,** *terre claire.*
ARGUER ← **arguere,** *rendre clair, démontrer.*
ARGUMENT ← **argumentum,** *ce par quoi on démontre.*
ARGUTIE ← **argutiae,** *moyens d'expression* ou *subtilités.*

BOUCHE ← **bucca,** qui a évincé **os, oris,** *bouche.*

OR- = *bouche*

ORAL : qui concerne la bouche ou qui se fait par la parole. Les deux sens de l'adjectif ORAL lui sont venus successivement. Au XVIe siècle on créa ORAL au sens de « qui a trait à la parole proférée ». Au XIXe siècle, on lui donne un second sens : « qui a trait à l'organe de la bouche ». Aujourd'hui, le mot est également utilisé comme substantif pour désigner l'ensemble des épreuves orales d'un examen.
ORIFICE ← **orificium** (+ **facere** → FAIRE) : ouverture comparable à une bouche.

La famille de **os, oris (* os-is) :**
Les sens de **os** se sont diversifiés, à partir de *bouche,* en *embouchure d'un fleuve ou d'un port* d'une part, et *visage* d'autre part.
HUISSIER est dérivé de HUIS ← **ostium,** *embouchure, entrée, porte.* L'HUIS est l'ancien nom de la porte. Les HUISSIERS furent d'abord des portiers. Dans le langage du bâtiment, les HUISSERIES sont les bâtis des portes et fenêtres.
ORÉE ← * **orata,** dérivé de **ora,** *rive.*
OURLER ← * **orulare,** *longer une rive, border.*
OSCILLER ← **oscillare,** *se balancer;* de **oscillum,** *petit visage.* Un **oscillum** était une figurine représentant le visage d'une divinité ; on la suspendait à un arbre fruitier et elle s'y balançait au vent. C'était à la fois un symbole religieux et un épouvantail.
OSCULATION ← **osculatio,** *baiser,* d'après **osculum,** *petite bouche,* d'où *baiser;* d'où le sens de « contact » en géométrie.

La famille de **bucca :**
Bucca désignait particulièrement l'intérieur de la bouche, puis les parois de celle-ci, les joues. **Buccula,** *petite joue,* désignait en particulier la mentonnière du casque, fixée le long de la joue ; d'où le sens de BOUCLE.
Du mot **bucca** ont également été tirés des mots référant à la bouche : BUCCAL, BUCCO-DENTAL, etc.

CAMPAGNE ← **campania,** *les champs, la plaine* (dérivé de **campus,** *plaine*), qui a évincé **rus, ruris** (* **rus-is**), *campagne.*

RUR- / RUS- = *campagne*

RURAL ← **ruralis :** relatif à la campagne.
RUSTIQUE ← **rusticus :** approprié à la campagne.
RUSTICITÉ ← **rusticitas :** état de ce qui est rustique.

L'activité économique caractérisant la campagne est l'AGRICULTURE ← **agricultura,** mot composé de **cultura** (voir p. 71) et **ager, agri,** *champ.* **Ager** a été éliminé par **campus** qui signifiait d'abord *plaine, terrain découvert.* On notera la performance de la famille de **campus,** qui a éliminé deux mots : **rus** et **ager.**
L'élément AGRO- dans AGRONOMIE, AGRO-ALIMENTAIRE est tiré du grec **agros,** *champ,* issu de la même racine indo-européenne que le latin **ager.**
La racine **agr,** qui exprime l'idée de *terrain agricole,* a fourni également AGRAIRE ← **agrarius,** *relatif aux terres agricoles;* AGRESTE ← **agrestis,** *champêtre.*

La famille de **campus** a fourni les mots suivants :
CAMP ← ital. *campo,* champ, et CHAMP ← **campus.**
CHAMPÊTRE ← **campester,** *de plaine.*
CHAMPIGNON ← * **campaniolus,** voir p. 189.
CHAMPION est un mot issu d'un étrange va-et-vient entre le latin et les langues germaniques. Les Germains savaient que les Romains appelaient **campus,** *plaine,* chacun des endroits où ils venaient leur livrer bataille. Ils en ont fait dans leur langue le mot * *kamp,* d'où *Kampf,* champ de bataille, combat. Ils en ont tiré le nom * *kampjo,* combattant, dont les Romains ont fait * **campio,** * **campionis,** *guerrier germain,* puis *guerrier* en général.

CASSER ← **quassare,** *secouer, briser,* qui a évincé **frangere,** *casser,* dont la racine présente également les formes **frag** et **frac.**

FRAC- / FRAG- / FRANG- = *casser*

FRACTURE ← **fractura :** cassure d'un os ou de l'écorce terrestre; FRACTION a perdu son lien sémantique avec *casser* sauf dans l'expression liturgique « la fraction du pain ». Le latin **fractio** signifiait *action de briser.*

FRAGILE ← **fragilis :** cassable; voir FRÊLE, p. 221.
FRAGMENT ← **fragmentum :** éclat, morceau brisé.
INFRANGIBLE ← **infrangibilis :** impossible à briser; le mot s'emploie généralement à propos de réalités abstraites, tandis qu'INCASSABLE ne s'applique qu'à des objets concrets.

A la racine **frag (frac, frang, fring),** liée à l'idée de *casser,* se rattachent aussi les mots suivants :
NAUFRAGE ← **naufragium,** litt. *bris de navire* (+ **navis,** *navire*).
SAXIFRAGE ← **saxifraga,** litt. *briseuse de rocher* (+ **saxum,** *rocher*).
DIFFRACTION est fait d'après **diffractus,** *mis en pièces;* EFFRACTION d'après **effractura,** *effraction.*
ENFREINDRE ← **infringere,** *briser;* INFRACTION ← **infractio,** *action de briser.*
RÉFRACTAIRE ← **refractarius,** *casseur d'assiettes, querelleur;* RÉFRACTION est fait d'après **refractus,** *réfraction;* RÉFRINGENT ← **refringens,** part. prés. de **refringere,** *briser,* et en particulier *réfracter.*
REFRAIN, d'après l'a. fr. *refraindre,* résonner, chanter en répétant ← **refringere,** *répercuter.*
FRETIN, d'après l'a. fr. *fret,* débris ← **fractus,** *cassé.*
SOUFFRETEUX, d'après **suffracta,** voir p. 256.

La racine **quat (cuss, cut, quass),** qui exprime l'idée de *secouer, ébranler,* a fourni, outre CASSER et ses dérivés :
CONCASSER ← **conquassare,** *ébranler, briser;* FRACASSER ← ital. *fracassare,* croisement de **frangere** et de **quassare.**
SECOUER est fait d'après l'a. fr. *secourre* ← **succutere (* sub-quatere);** SECOUSSE ← **succussa,** part. passé fém. de **succutere;** RESCOUSSE ← * **reexcussa,** part. passé fém. de * **reexcutere,** *refaire sortir de force :* RESCOUSSE signifia d'abord « délivrance d'un prisonnier ».
CONCUSSION ← **concussio,** litt. *action de secouer quelqu'un pour lui faire cracher son argent.*
DISCUTER ← **discutere,** *agiter;* DISCUSSION ← **discussio,** *agitation, passage au crible, examen d'une question.*
PERCUTER ← **percutere,** *frapper;* PERCUSSION ← **percussio,** *action de frapper.*
RÉPERCUTER ← **repercutere,** *être réverbéré.*
CASQUE ← esp. *casco,* pot cassé, puis crâne, puis casque, de *cascar,* casser, venant de * **quassicare.**

CHANGER ← **cambiare,** mot probablement emprunté au gaulois, et qui a pris un grand nombre des emplois de **convertere,** part. passé **conversus,** *retourner, changer,* qui a donné CONVERTIR.

CONVERS- / CONVERT- = *changer*

CONVERSION ← **conversio,** *action de tourner, de changer,* est le nom correspondant au verbe CONVERTIR.
CONVERTIBLE ← **convertibilis :** qui peut être changé.
CONVERTISSEUR : appareil qui sert à opérer un changement, une transformation.
Convertere (con-vertere, d'abord ***con-vortere)** a pour sens premier *tourner complètement, retourner,* conservé par CONVERTIR au sens moral, politique ou religieux.

La racine **vort (vert, vers, ors, os),** liée à l'idée de *tourner,* a également fourni les mots suivants :
VERS (préposition) ← **versus,** *en se tournant dans telle direction,* d'après **versus (*vert-tus),** part. passé de **vertere,** *tourner.*
VERS (nom) ← **versus,** *sillon* (à chaque bout duquel on tourne), d'où *ligne d'écriture,* d'où *vers.*
VERSATILE ← **versatilis,** *qui tourne aisément.*
VERSER ← **versare** (fréquentatif de **vertere**) *tourner souvent, malmener, bouleverser.* VERSER signifie d'abord renverser, puis spécialement « renverser un liquide ».
VERSÉ : « être versé dans la navigation » signifie tout autre chose qu'« être versé dans la marine » : dans cette dernière expression VERSÉ signifie « muté » et correspond à un des sens de VERSER : « apporter, fournir, incorporer ». Dans la première expression, VERSÉ signifie « compétent » et s'inspire de **versatus,** *expérimenté,* participe passé d'un verbe **versari** (frère de **versare**), *tourner dans un lieu, y résider habituellement, s'occuper d'une même chose.* Le composé **conversari** signifiait *résider avec, s'entretenir avec,* d'où le verbe CONVERSER; **conversatio,** *fréquentation* → CONVERSATION.
VERSION n'a pas de source latine et fut créé d'après un des sens de **vertere,** *traduire.* Le nom fut principalement employé pour désigner les différentes traductions de la Bible, et, par extension, les différents récits d'un même fait.
VERTÈBRE ← **vertebra,** *articulation, pivot.*
VERTICAL ← **verticalis,** *qui descend du sommet,* de **vertex, verticis,** *pivot, pôle, sommet.*

VERTIGE ← **vertigo, vertiginis,** *tournoiement.*

AVERTIR ← **avertere,** *détourner* (+**ab-** ou **a-,** *en s'éloignant de*). AVERTIR, c'est d'abord détourner quelqu'un d'un danger en le lui signalant.

ADVERSE ← **adversus,** *tourné vers, faisant face à, dirigé contre* (+ **ad,** *vers*); ADVERSAIRE ← **adversarius.**

INADVERTANCE est fait, à l'aide du suffixe privatif IN-, d'après **advertere,** *tourner (son esprit) vers, faire attention.*

CONTROVERSE ← **controversia,** *action de se tourner l'un contre l'autre.*

DIVERTIR ← **divertere,** *se détourner, divorcer,* confondu avec **devertere,** *détourner, faire sortir de son chemin, distraire.*

DIVERSION ← **diversio,** *action de détourner.*

DIVERS ← **diversus,** *tourné dans des sens opposés, différent,* part. passé de **divertere.**

INVERTIR ← **invertere,** *renverser, mettre à l'envers.*

INVERSER ← **inversare,** *mettre à l'envers;* INVERSION ← **inversio,** *mise à l'envers;* ENVERS et INVERSE ← **inversus,** *retourné,* part. passé de **invertire.**

PERVERTIR ← **pervertere,** *bouleverser, ruiner;* PERVERS ← **perversus,** *mis sens dessus dessous, défectueux, vicieux;* PERVERSION ← **perversio,** *renversement.*

REVERS ← **reversus,** *retourné.* RÉVERSIBLE est fait d'après **reversio,** *action de retourner en arrière.*

SUBVERSION ← **subversio,** *renversement.*

TRAVERS, TRANSVERSE ← **transversus,** *tourné en travers.*

ANNIVERSAIRE ← **anniversarius,** *qui retourne tous les ans* (+ **annus** → AN).

TERGIVERSER ← **tergiversari,** *tourner le dos, se dérober, user de faux-fuyants* (+ **tergum,** *dos*), d'où le sens exact du mot français : « retarder au maximum une réponse nette, une décision franche ».
UNIVERS ← **universus,** *tourné d'un seul côté, d'un bloc, entier,* d'où **universum,** *ensemble des choses.*
UNIVERSITÉ ← **universitas,** *ensemble, compagnie,* d'où *corporation,* particulièrement *corporation de professeurs.*
AILLEURS ← **aliorsum** ← ***alio-vorsum** (+ **alio-** signifiant *autre*) *tourné d'un autre côté.*
DIVORCE ← **divortium,** litt. *action de se tourner chacun de son côté.*
PROSE ← **prosa (oratio),** *discours en droite ligne :* **prosa** remonte à une forme * **pro-vorsa,** *tournée vers l'avant, qui va tout droit,* voir p. 250.
Voir aussi VICE-VERSA, p. 278 ; VERSO, p. 277.

CUISINE ← **cocina (coquina),** qui a évincé **culina,** *cuisine.*

CULIN- = *cuisine*

Cet élément ne se trouve que dans le mot CULINAIRE ← **culinarius,** *de cuisine :* qui concerne la cuisine. Cet adjectif est aussi isolé que l'était **culina.**

Au contraire, **coquina** se rattache à une famille féconde, celle de **coquere** → CUIRE, **coctus** → CUIT, dont la racine **coqu (coc),** qui exprime l'idée de *cuisson,* a donné les mots suivants :
CONCOCTER, fait d'après CONCOCTION ← **concoctio,** *action de cuire ensemble.*
DÉCOCTION ← **decoctio,** *action de réduire par la cuisson.*
PRÉCOCE ← **praecox,** *dont on hâte la maturité* (+ **prae,** *avant*) ; les Anciens assimilaient le mûrissement des fruits ou des céréales à une sorte de cuisson par le soleil.
CUISSON ← **coctio.**
CUISTRE ← **cocistro,** *esclave chargé de goûter les mets ;* le mot apparut en français avec le sens de « marmiton ». Il fut donné par dérision aux surveillants de collège, d'où son sens actuel de « pédant borné ».
ABRICOT ← espagnol *albaricoque,* de l'arabe *al barqouq,* issu de **praecoquum,** *abricot précoce.*
QUEUX dans MAÎTRE-QUEUX ← **coquus,** *cuisinier.*

DROIT ← **directus,** part. passé de **dirigere,** *mener droit.* **Directus** a évincé deux mots différents :

1. **Directus** a évincé la forme simple **rectus,** *droit.*

RECT- = *droit*

RECTANGLE ← **rectangulus,** *à angle(s) droit(s) :* qui comporte un ou plusieurs angles droits.
RECTIFIER ← **rectificare,** *redresser :* remettre droit.
RECTILIGNE ← **rectilineus :** en ligne droite.
RECTITUDE ← **rectitudo,** *droiture :* caractère de ce qui est moralement droit.
Voir la racine de **rectus** p. 144.

2. **Directum,** au sens de *chose conforme à la règle,* a évincé **jus, juris,** *le droit.*

JUR- = *le droit*

JURIDIQUE ← **juridicus,** *relatif aux tribunaux* (+ **dicere** → DIRE) : relatif au droit. JURIDICTION ← **jurisdictio,** *droit de rendre (de dire) la justice,* réfère à la justice et non au droit : c'est le lieu où l'on rend la justice et le domaine où un juge est autorisé à la rendre.
JURISPRUDENCE ← **jurisprudentia,** *science du droit* (+ **prudentia,** *le savoir*).
JURISTE : spécialiste du droit.

La racine **jus (ju, jur)** porte l'idée de *formule qui a force de loi* et a donné les mots suivants :
JUGE ← **judex, judicis (*jus-dex),** litt. *celui qui montre le droit.*
JUGER ← **judicare.**
JUDICIAIRE ← **judiciarius,** *relatif à l'action de juger.*
JUDICIEUX est fait d'après **judicium,** *jugement, opinion.*
ADJUGER ← **adjudicare,** *attribuer à quelqu'un par acte de justice.*
ADJUDICATION ← **adjudicatio,** *attribution par acte de justice.*
PRÉJUDICE ← **praejudicium,** *jugement préalable, préjugé défavorable, désavantage subi par une des parties.*
PRÉJUGER ← **praejudicare,** *juger préalablement.*
JURER ← **jurare (* jusare) :** c'est littéralement prononcer une formule qui garantit l'exactitude d'une déclaration.
ABJURER ← **abjurare,** *nier une dette par serment,* plus tard *nier une hérésie par serment.*

ADJURER ← **adjurare,** *jurer à quelqu'un,* puis *prier quelqu'un en prenant les dieux à témoins.*
CONJURER ← **conjurare,** *jurer ensemble;* CONJURATION ← **conjuratio,** *action de jurer ensemble (la perte de quelqu'un);* CONJURÉ ← **conjuratus,** *lié par serment.*
INJURE ← **injuria,** *injustice.*
PARJURER ← **perjurare;** PARJURE ← **perjurus,** *auteur d'un faux serment* et **perjurium,** *faux serment.*
JUSTE ← **justus,** *conforme au droit;* INJUSTE ← **injustus;** JUSTICE ← **justitia.**
JUSTIFIER ← **justificare.**

Jus, juris, *le droit,* avait un homonyme dépendant d'une autre racine, le nom **jus, juris,** *sauce, bouillon,* qui a donné JUS.

Vers le XIVe siècle, DROIT a évincé *destre,* du côté droit ← **dexter,** *du côté droit.*

DEXTR- = *la droite*
DEXTRALITÉ : le fait d'être droitier.
DEXTROGYRE (+ gr. **guros,** *action de tourner*) : qui dévie à droite le plan de la lumière polarisée; d'où les noms de substances chimiques dextrogyres : DEXTRINE, DEXTROSE.
AMBIDEXTRE ← **ambidexter** (+ **ambi-,** *des deux côtés*), litt. *qui a deux mains droites :* qui est aussi adroit des deux mains.
DEXTÉRITÉ ← **dexteritas,** *adresse,* n'évoque plus la main droite, mais seulement une habileté que la main droite possède plus souvent que la main gauche.

ENFANT ← **infans, infantis,** *nourrisson,* litt. *qui ne parle pas* (**in-** privatif + **fari,** *parler*), qui a évincé **puer,** *enfant.*

PUÉR- = *enfant*
PUÉRICULTURE : soins donnés aux tout jeunes enfants (+ CULTURE, voir p. 71). PUÉRIL ← **puerilis :** enfantin.
PUÉRILITÉ ← **puerilitas :** qualité de ce qui est enfantin.
PUERPÉRAL, sur **puerpera,** *accouchée* (+ **parere,** *mettre au monde*) : relatif à la période suivant l'accouchement.

Le français dispose de trois adjectifs signifiant « relatif à l'enfance », « propre à un enfant » : ENFANTIN, PUÉRIL et INFANTILE ← **infantilis.**

Infans, *nourrisson,* se rattache à une racine **fa (fe, fi),** liée à l'idée de *parler,* et dont dépendent également :
FABLE ← **fabula,** *récit;* FABULEUX ← **fabulosus.**
AFFABULATION ← **affabulatio,** *moralité d'une fable;* le mot français signifie « construction d'une fable », d'un récit « fabuleux ».
AFFABLE ← **affabilis,** *à qui l'on peut parler, accueillant.*
INEFFABLE ← **ineffabilis,** *inexprimable.*
FACONDE ← **facundia,** *éloquence.*
PRÉFACE ← **praefatio,** *action de dire avant.*
FAMÉ, d'après **fama,** *ce qu'on dit de quelqu'un, renommée.*
FAMEUX ← **famosus.** DIFFAMER ← **diffamare,** *répandre une mauvaise réputation.* INFÂME ← **infamis,** *mal famé* (l'accent circonflexe n'a aucune justification phonétique).
FATAL ← **fatalis,** *du destin,* dérivé de **fatum,** *destin,* litt. *ce qui est dit.* FATIDIQUE ← **fatidicus,** *qui prédit le destin.* FÉE ← **fata,** *déesse du destin,* fixant la destinée des mortels, et notamment le terme de leur vie.
FEU, FEUE ← * **fatutus,** voir p. 249.
MAUVAIS ← **malifatius,** *qui a un mauvais sort.*
CONFESSEUR ← **confessor,** *qui professe sa foi,* de **confessus,** (* **con-fet-tus),** participe passé de **confiteri** (* **con-fateri),** *dire avec, avouer, proclamer.* Les « saints confesseurs » vénérés par l'Église sont des chrétiens qui ont proclamé leur foi au péril de leur vie. Le mot sert également de nom d'agent au verbe CONFESSER, dans le sens d'« entendre une confession », tiré de CONFESSION ← **confessio,** *aveu.*
PROFESSEUR ← **professor,** *celui qui fait profession d'une doctrine, maître de philosophie,* de **profiteri,** *dire devant tous.*
PROFESSION ← **professio,** *action de faire profession de,* en particulier *d'un savoir, d'un métier.*
Voir FANTASSIN et INFANTERIE p. 240.

La racine **puer** porte le sens de *petit enfant.* Elle représente une des réalisations d'une racine indo-européenne liée à l'idée de *petitesse,* dont dépendent également PAUVRE ← **pauper,** *qui produit peu* (* **pau-,** *peu* + **parere,** *faire naître, produire*); PEU ← **paucum (* pau-cum);** POULE ← **pulla,** féminin de **pullus,** *petit d'animal;* PUCELLE ← **pullicella,** *poulette,* qui avait remplacé le classique **puella,** *jeune fille;* PUSILLANIME ← **pusillanimis,** *à l'âme mesquine* (**pusillus,** *tout petit* + **anima,** *âme*).

ENTENDRE ← **intendere,** *tendre vers, tendre son esprit vers,* qui s'est imposé aux dépens de **audire,** *entendre.*

AUDI- = *entendre*

AUDIBLE ← **audibilis :** qui peut être entendu ; AUDIBILITÉ.

INAUDIBLE ← **inaudibilis :** impossible à entendre.

AUDIENCE ← **audientia,** *action de prêter l'oreille :* le fait d'être entendu, et, par extension, séance où sont entendus des visiteurs, des plaideurs, des témoins.

AUDITEUR ← **auditor ;** AUDITRICE ← **auditrix :** personne qui entend. AUDITIF : qui se rapporte à la faculté d'entendre. AUDITION ← **auditio :** action d'entendre. On note que le dérivé d'ENTENDRE, le nom ENTENDEMENT, ne réfère pas à l'action d'entendre, mais à celle de comprendre, l'un des sens, aujourd'hui désuet, du verbe ENTENDRE.

AUDITIONNER : écouter une prestation pour juger de sa qualité. AUDITOIRE ← **auditorium,** *salle où l'on écoute* ou *assemblée d'auditeurs :* ensemble de ceux qui écoutent ; voir AUDITORIUM, p. 232.

AUDITORAT réfère à un sens particulier d'AUDITEUR et signifie « fonction d'auditeur au Conseil d'État ».

Voir AUDIO- p. 66.

De la racine **audi,** qui exprime l'idée d'*entendre,* dépendent également :

OUÏR ← **audire ;** le verbe OUÏR n'est plus employé que par archaïsme volontaire, mais le nom dérivé OUÏE, désignant le sens de l'audition, fait partie du vocabulaire usuel. L'orthographe permet de distinguer, à la lecture, le participe passé OUÏ et la particule affirmative OUI. Celle-ci remonte à l'a. fr. *oïl,* contraction de l'ancien pronom *o,* cela (← **hoc,** *ceci*) et du pronom personnel *il* (← **ille,** *celui-là*) ; aux questions « fais-tu telle chose ? », « un tel fait-il telle chose ? », on donnait comme réponse *o je :* « cela, je (le fais) », *o il :* « cela, il (le fait) » ; la réponse *o il* s'est étendue à toutes les personnes.

INOUÏ ← **inauditus,** *qu'on n'a encore jamais entendu.*

OBÉIR ← **oboedire (ob-audire),** *écouter ;* OBÉDIENCE ← **oboedientia,** *obéissance.*

Intendere, d'où est issu ENTENDRE, se rattache à une racine **ten (tin),** liée à l'idée de *tension,* qui a donné aussi :

TENDRE (verbe) ← **tendere.** TENSION ← **tensio.**

TENDRE (adjectif) ← **tener,** *frêle,* litt. *qui peut être étiré.*

TÉNU ← **tenuis,** *étiré, fin, mince ;* ATTÉNUER ← **atte-**

nuare, *amincir, amoindrir;* EXTÉNUER ← **extenuare,** *amenuiser.*

TENTE ← **tenta,** *tendue;* TENTURE est une réfection de l'a. fr. *tendure,* sous l'influence de TENTE.

TOISE ← **tensa,** *étendue,* part. passé fém. de **tendere.**

ATTENDRE ← **attendere,** *tendre l'esprit vers, être attentif à.*

ÉTENDRE ← **extendere.** PRÉTENDRE ← **praetendere,** *tendre devant soi, mettre en avant un droit, réclamer.*

ATTENTION ← **attentio,** *tension d'esprit.* INTENTION ← **intentio,** *tension vers un but.*

INTENDANT ← **intendens, -entis,** *qui fait attention, qui surveille,* part. prés. d'**intendere** → ENTENDRE.

INTENSE ← **intensus,** *tendu, acharné.*

OSTENSIBLE et OSTENSOIR ont été faits d'après **ostensus,** part. passé de **ostendere,** *montrer* (***obs-tendere,** *tendre devant*); OSTENTATION ← **ostentatio,** *action de montrer avec insistance.*

TENIR ← **tenere,** *tendre ses muscles pour tenir.*

TENACE ← **tenax, tenacis,** *qui tient solidement.*

TENAILLE ← **tenacula,** *pinces pour tenir.*

S'ABSTENIR ← **abstinere,** *se tenir éloigné* (+ **abs,** *en s'écartant de*). CONTENIR ← **continere,** *tenir ensemble;* etc.

ABSTENTION ← **abstentio,** *action de s'abstenir*

ABSTINENCE ← **abstinentia,** *action de s'abstenir.*

CONTENT ← **contentus** (part. passé de **continere**), *qui se maintient grâce à, qui se satisfait de.* CONTINENT (adjectif) ← **continens, -entis** (part. prés. de **continere**), *qui se contient;* CONTINENT (nom) ← **terra continens,** *terre d'un seul tenant.* INCONTINENT (adjectif) ← **incontinens,** *qui ne (se) retient pas;* INCONTINENT (adverbe) ← **in continenti tempore,** *dans un temps continu, à un moment non séparé du précédent;* CONTENANCE et CONTINENCE ← **continentia,** voir p. 216. CONTINU ← **continuus,** *qui tient ensemble.*

PERTINENT ← **pertinens, -entis,** *qui concerne :* part. prés. de **pertinere,** *s'étendre jusqu'à,* d'où *concerner,* verbe supplanté en latin populaire par son composé ***appertinere** → APPARTENIR.

TENTER ← **tentare** (fréquentatif de **tendere**), *tendre la main vers, attaquer.* Ce verbe s'est confondu avec un verbe **temptare,** issu de la même racine, et qui signifiait *tendre la main, palper, sonder.*

ATTENTER ← **attentare,** *attaquer;* d'où ATTENTAT.

INTENTER ← **intentare,** *diriger contre.*

FEU ← **focus,** *foyer,* qui a évincé **ignis,** *feu.*

IGN- = *feu*

IGNÉ ← **igneus :** de feu. IGNIFUGE (+ -FUGE, voir p. 73) : qui rend ininflammable ; d'où IGNIFUGER.
IGNITION : état de ce qui est en feu.
IGNIVOME ← **ignivomus,** *qui vomit du feu* (+ **vomere** qui a donné VOMIR) : se dit (de moins en moins) d'un volcan en éruption.
D'autre part, **focus** a été remplacé par **focarium,** *fourneau de cuisine,* d'où est issu FOYER. Les mots renvoyant à l'idée de foyer d'ellipse ou de lentille optique comportent l'élément FOC- tiré de **focus ;** ainsi FOCAL : relatif au foyer d'une ellipse ou d'une lentille. De **focus** dépend également FUSIL ← *** focilis,** *pierre à feu.*

FORÊT ← **forestis (silva),** *bois du seigneur.* Au début du Moyen Age, en Gaule, les forêts les plus vastes et les plus giboyeuses étaient propriété du seigneur ou du roi. Pour les distinguer des bois placés sous un régime différent, on les qualifiait au moyen de l'adjectif **forestis,** pour lequel il existe deux interprétations : dérivé de **foras,** *dehors,* il signifiait *exclu, interdit à l'exploitation ;* dérivé de **forum,** *place publique, tribunal,* il signifiait *placé sous la juridiction directe du seigneur.* Le sens du nom **silva** s'est déplacé sur l'adjectif **forestis.**

SYLV- = *forêt* (L'Y vient d'une graphie pédante : **sylva**).

SYLVE : forêt vaste et profonde. SYLVESTRE ← **silvestris :** propre aux forêts. SYLVICOLE ← **silvicola :** qui vit en forêt ou qui concerne la sylviculture. SYLVICULTURE : exploitation et entretien des forêts.
Par transmission populaire, **silvaticus,** *qui vit, qui pousse en forêt,* a donné SAUVAGE.

JEU ← **jocus,** *plaisanterie,* qui a évincé **ludus,** *jeu.*

LUD- = *jeu*

LUDIQUE : qui a rapport au jeu.
LUDOTHÈQUE (+ gr. **thêkê,** *lieu de dépôt*) : lieu où sont réunis des jeux que les enfants peuvent utiliser sur place ou emprunter.

La racine **lud (lus),** qui porte l'idée de *jeu,* a également fourni les mots suivants :
ÉLUDER ← **eludere,** *éviter en jouant, esquiver.*
ALLUSION ← **allusio,** *action de mentionner sous forme de jeu.*
COLLUSION ← **collusio,** *le fait d'être partenaire dans un jeu,* d'où *entente frauduleuse.* On ne confondra pas ce mot avec COLLISION ← **collisio,** *choc,* d'une racine différente.
ILLUSION ← **illusio,** *fait de se jouer de quelqu'un, tromperie.*

A la racine **joc,** qui porte l'idée de *plaisanterie,* de *non-sérieux,* se rattachent également :
JOUER ← **jocari,** *plaisanter.*
JOYAU ← ***jocale,** *amulette, hochet.*
JOAILLER ← * **jocalarius.**

LABOURER ← **laborare,** *travailler,* a évincé **arare,** *labourer.*

ARA- = *labour*

ARABLE ← **arabilis :** qu'on peut labourer. ARAIRE ← **ararium,** *charrue :* instrument de labour, charrue primitive.
ARATOIRE ← **aratorius,** *de labour :* qui sert à labourer.

Le verbe **laborare** est dérivé du nom **labor,** *fatigue, travail,* qui a donné LABEUR. LABOUR n'est pas un doublet de LABEUR, mais a été dérivé de LABOURER. Le verbe composé **collaborare,** *travailler ensemble,* a donné COLLABORER.
Avec son sens primitif de *fatigue,* **labor** est probablement lié à une racine **lab (lap),** signifiant *glisser, tomber,* et dont dépendent LABILE ← **labilis,** *qui glisse,* et le mot latin LAPSUS (voir p. 274). Cette racine est peut-être la même que la racine **lab** de **labrum** → LÈVRE, qui à l'origine aurait évoqué l'idée de *pendre mollement.*

MAISON ← **mansio, mansionis,** *action de rester, demeure,* qui a évincé **domus,** *maison.*

DOM- = *maison*

DOMESTIQUE ← **domesticus,** *de la maison :* qui appartient à la maison. DOMESTICITÉ ← **domesticitas :** ensemble du personnel de maison.
DOMICILE ← **domicilium :** maison où l'on habite.
Pour la racine **dom** de **domus,** voir p. 90.

De la racine **man** de **mansio,** liée à l'idée de *demeurer,* dépendent également :
MANANT ← **manens,** *demeurant, habitant.* MANOIR ← **manere,** *rester, demeurer;* le mot *manoir* fut en a. fr. un verbe signifiant «demeurer». Le MANOIR a désigné l'habitation, comme le MANGER désigne le repas.
IMMANENT ← **immanens,** *demeurant dans :* mot choisi par la philosophie médiévale pour qualifier ce qui a son siège dans le monde, dans les choses : la justice immanente est celle qui réside dans la nature des choses, et qui punit ou récompense sans intervention de l'homme ni de Dieu.
PERMANENT ← **permanens,** *se maintenant jusqu'au bout.*
RÉMANENT ← **remanens,** *subsistant;* est rémanent ce qui persiste après la disparition de sa cause.
MÉNAGE est dérivé de l'a. fr. *mesniee,* maisonnée ← * **mansionata.**
MASURE ← * **mansura,** *habitation.*

NAGER ← **navigare,** *naviguer,* qui a évincé **natare,** *nager,* part. passé **natatus.**

NATAT- = *nage.*
NATATION ← **natatio,** *action de nager :* pratique de la nage.
NATATOIRE ← **natatorius :** qui sert à nager.

Le verbe latin **natare** est un fréquentatif formé sur un verbe **nare,** *nager,* dont la racine **na** est distincte de la racine **nav** (signifiant *navire*) de **navigare.**
De la racine **nav** dépendent aussi les mots français NAVIRE ← a. fr. *navile, navilie* ← **navicula,** *petit bateau;* NACELLE ← **navicella,** *petit bateau;* NAVAL ← **navalis,** *de navire;* NEF ← **navis,** *navire.*

PRISON ← **prehensio,** *action de prendre, arrestation,* qui a évincé **carcer,** *prison.*

CARCÉR- = *prison*
CARCÉRAL ← **carceralis,** *de prison :* qui a rapport à la prison. INCARCÉRER (+ préfixe IN- signifiant *dans*) : mettre en prison.

A la racine **carcer (cancel),** liée à l'idée de *treillis, bois entre-croisés, barrière,* se rattachent aussi :

CHANCELER ← **cancellare,** *disposer en treillis* ou *biffer d'une croix* (de **cancellus,** *treillis, barrière*). Le sens du verbe CHANCELER lui est venu par une métaphore dont la signification n'est pas claire. Le point de départ est certainement l'idée de *rature en croix*, mais cette idée fut-elle associée aux zigzags d'un homme qui titube, ou aux jambes croisées du poulain ou du cheval qui va tomber?
CHANCELIER ← **cancellarius,** *huissier, gardien de la grille* ou *greffier*. On lit dans l'histoire de ce mot et de quelques autres l'étonnante promotion que connurent certaines humbles fonctions. Ainsi un **minister** → MINISTRE n'était à l'origine qu'un *serviteur*, un *subalterne;* le **comes stabuli** → CONNÉTABLE, c'est-à-dire le *comte de l'étable*, était simplement préposé à l'écurie royale ou seigneuriale; et le nom germanique * *marnskalk* → MARÉCHAL désigna d'abord un simple palefrenier. Imitation maladroite de la somptueuse administration romaine, extension des responsabilités de chaque agent à mesure que la seigneurie s'agrandissait, ascension du serviteur modeste et sûr aux dépens de personnages mieux titrés mais trop puissants, tels sont les phénomènes lointains dont ces mots conservent le souvenir.

Prehensio, d'où est issu PRISON, est un dérivé de **prehendere,** *saisir* → PRENDRE. De cette famille font partie tous les verbes en -PRENDRE et les noms en -PRÉHENSION.

VILLE ← **villa,** *ferme, exploitation agricole* (voir p. 252). **Villa,** puis son descendant VILLE, ont prévalu aux dépens du nom **urbs,** *ville*.

URB- = *ville*

URBAIN ← **urbanus :** qui se rapporte à la ville; URBANISATION : développement des villes aux dépens de la vie rurale; URBANISER : favoriser la croissance ou la naissance des villes. URBANISME : technique de construction des villes.
URBANITÉ ← **urbanitas,** *le fait de vivre en ville*, ou *le raffinement des gens des villes :* politesse autrefois considérée par les gens des villes comme leur signe distinctif.
CONURBATION (+ préfixe CON-, voir p. 36) : agglomération de plusieurs villes. INTERURBAIN : (+ préfixe INTER-, voir p. 37) : qui fait communiquer plusieurs villes. PÉRIURBAIN (+ gr. **peri-,** *autour*) : situé à la périphérie

d'une ville. SUBURBAIN ← **suburbanus,** *aux portes de la ville,* litt. *sous la ville* (car le centre des ville était souvent situé sur une hauteur) : qui concerne la banlieue.

Villa repose sur une forme * **vic-sla,** dépendant d'une racine **vic (vi),** liée à l'idée de *lieu d'habitation d'une famille ou d'un clan,* et qui a également fourni au français :
VILAIN ← ***villanus,** voir p. 259.
VOISIN ← **vicinus,** litt. *du quartier, du hameau,* d'après **vicus,** *groupe de maisons ;* VICINAL ← **vicinalis,** *du voisinage,* d'après **vicinus.**

Municipium désignait une ville qui était soumise à Rome, mais dont les citoyens avaient conservé la gestion. En dérive MUNICIPAL ← **municipalis :** propre à une commune qui peut être ville ou village ; d'où MUNICIPALITÉ.

Civitas → CITÉ désignait une unité politique constituée autour d'une ville indépendante.
A ce nom se rattachent les mots suivants :
CITOYEN ← a. fr. *citeien :* membre d'une cité au sens de « communauté politique ».
CITADELLE ← ital. *citadella,* diminutif de *cittade,* ville ← acc. **civitatem** de **civitas :** partie fortifiée d'une ville, constituant le point de majeure résistance. CITADIN ← ital. *cittadino* (dérivé de *cittade*) : habitant d'une ville.
Civitas dépend d'une racine **civi,** qui porte l'idée de *citoyen,* membre libre d'une communauté politique (**civis,** *citoyen*).
Elle a également fourni au français :
CIVIL ← **civilis,** *qui concerne les citoyens ;* CIVILITÉ ← **civilitas,** *qualité de citoyen,* d'où *courtoisie* (cf. **urbanitas**); CIVIQUE ← **civicus,** *relatif à la cité.*

2. Remplacement d'un mot latin par une forme vulgaire ou un mot expressif

Toutes les langues possèdent des mots vulgaires, bannis du beau langage, mais employés par tous. Les textes latins écrits pendant l'Antiquité et transmis jusqu'à nous sont ou se veulent, dans leur quasi-totalité, rédigés en beau langage. Les mots vulgaires en sont exclus. Et cependant, nous les connaissons en partie, grâce aux grammairiens antiques qui signalent les incorrections habituellement commises, grâce aussi aux inscriptions et aux graffiti, grâce enfin aux reconstitutions phonétiques qui permettent de retrouver la forme latine des mots des langues romanes.
Il y avait deux sortes de mots vulgaires. Les uns étaient considérés comme incorrects en toute circonstance, comme le sont par exemple en français *FROMAGIER au lieu de FROMAGER, *S'EXCLAFFER au lieu de S'ESCLAFFER. D'autres n'étaient vulgaires que lorsqu'ils étaient détournés de leur emploi normal. Pour prendre de nouveau un exemple entre mille dans le français, le mot BOBINE n'a rien de vulgaire dans un rapport sur l'industrie textile, sauf si l'on

dit que les actionnaires de cette industrie en font de drôles. Les mots vulgaires sont doués d'une grande vitalité. Si la masse parlante forge des mots incorrects, ce n'est pas pour le plaisir : c'est parce que ces formes sont plus claires à l'oreille, mieux rattachées à des ensembles connus. Quant aux mots dont la vulgarité dépend du contexte, ils doivent leur succès à leur expressivité. Il n'est donc pas étonnant que le latin ait vu quelques-uns de ces mots en supplanter d'autres, plus élégants, mais moins « parlants » et moins vigoureux :

AJOUTER ← * **adjuxtare,** qui a évincé **addere,** part. passé **additus,** *ajouter.*

ADDIT- = *ajouter*

ADDITIF ← **additivus,** *additionnel :* ce qui s'ajoute à autre chose. ADDITION ← **additio :** action d'ajouter; d'où ADDITIONNEL, ADDITIONNER.

Addere repose sur * **ad-da-re,** *donner en plus* (de **dare,** *donner*) et **additus** sur * **ad-da-tus.** Ces formes se rattachent à une racine **do / da (de, di),** liée à l'idée de *donner,* dont dépendent également :

DATE : mot transcrit de la formule médiévale **littera data** suivie de l'indication du jour, *lettre donnée le,* figurant au début de chaque acte officiel; **data** est le part. passé féminin de **dare,** *donner.*

DATIF ← **dativus** (en grammaire), *cas de la personne à qui on donne.*

DÉ ← **datum,** *chose donnée,* en particulier *pion de jeu.* Pour le DÉ à coudre, voir p. 91.

ÉDITEUR ← **editor,** *celui qui produit, auteur;* ÉDITION ← **editio,** *production, publication,* d'après **edere,** *produire au dehors* (* **e-dare**).

DON ← **donum;** DONNER ← **donare,** *faire don;* DONATEUR ← **donator;** DONATION ← **donatio,** d'après **donare.** Le français présente ici un piège orthographique, puisque DONATEUR et DONATION sont fidèles à l'orthographe latine, tandis que celle de DONNER doit ses deux N à la prononciation nasalisée du Moyen Age, le premier N servant à noter la nasalisation du O.

PARDONNER ← **perdonare,** *accorder.*

DOT ← **dos, dotis;** DOTER et DOUER ← **dotare,** voir p. 218.

PERDRE ← **perdere (* per-dare),** *abandonner tout à fait;* PERDITION ← **perditio,** *action de perdre* ou *de se perdre;*

PERTE ← **perdita,** *perdue.*
RENDRE ← ***rendere,** class. **reddere (*red-dare).**
RENTE ← ***rendita,** class. **reddita,** *rendue* et *intérêt rendu par un placement.* REDDITION ← **redditio,** *action de rendre;* ce mot ne signifie « action de rendre » que dans l'expression « reddition de comptes »; le plus souvent, il signifie « action de se rendre (à l'ennemi) ».
TRAHIR ← **tradere (*tra-dare),** *donner en faisant passer, livrer.* TRAÎTRE ← **traditor.**
TRADITION ← **traditio,** *livraison, transmission.*
Pour la racine **jug** de ***adjuxtare,** voir p. 135.

CHAMPIGNON : mot issu, avec changement de suffixe, de différentes formes d'a. fr. comme *champegnuel, * champignou* ← ***campaniolus fungus** (d'après **campania** → CAMPAGNE, voir p. 172), *champignon des champs.* L'adjectif a hérité du sens du nom **fungus,** *champignon.*

FONG- = *champignon*
FONGICIDE : substance qui détruit des champignons (+ le suffixe -CIDE, voir p. 71); FONGIFORME : qui a la forme d'un champignon. FONGIQUE : qui a la nature d'un champignon. FONGISTATIQUE (+ gr. **statikos,** *propre à arrêter*) qui arrête le développement des champignons pathogènes. FONGOSITÉ : excroissance charnue et molle qui se développe à la surface d'une plaie, et dont la forme et la consistance rappellent celles d'un champignon.
Pour la racine **camp** de ***campaniolus,** voir p. 172.

CHEVAL ← **caballus,** *bidet, « canasson »,* qui a évincé **equus,** *cheval.*

ÉQU- = *cheval*
ÉQUESTRE ← **equester,** *de cheval* ou *de cavalier :* qui représente une personne à cheval, ou qui concerne l'art de monter à cheval.
ÉQUIDÉ : animal appartenant à la famille du cheval.
ÉQUIN ← **equinus,** *de cheval :* propre au cheval.
ÉQUITATION ← **equitatio :** art de monter à cheval.

Attention : ÉCUYER, ÉCUYÈRE, malgré leur sens actuel, ne se rattachent pas à **equus,** mais au mot **scutarius,** *porteur de bouclier,* puis *garde du corps,* d'après **scutum,** *bouclier,* qui a

donné ÉCU. De même, bien que les chevaux finissent à l'ÉQUARRISSAGE, ce mot n'est pas lié au nom du cheval, et dépend d'* **exquadrare,** *rendre carré,* voir p. 261.
En revanche, malgré l'étonnante différence de forme, il se pourrait que ZÈBRE se rattachât à **equus!** Le latin possédait un mot **equiferus,** *cheval sauvage* (+ **ferus,** *sauvage*). On sait d'autre part que ZÈBRE est emprunté au portugais *zebra,* qui remonte à une forme hispano-portugaise *ezebro / ezebra.* Si l'on suppose une transformation de **equiferus** en * **eciferus,** on tient là une origine vraisemblable de *ezebro.*

GRAISSE ← * **grassia,** *épaisseur* (de * **grassus,** altération de **crassus,** *épais,* sous l'influence de **grossus** → GROS) qui a évincé **adeps, adipis,** *graisse.*

ADIP- = *graisse*

ADIPEUX : de nature graisseuse ou plein de graisse. Acide ADIPIQUE : acide obtenu avec de l'huile. ADIPOLYSE : dissolution des graisses (+ gr. **lusis,** *dissolution*). ADIPOPEXIE : fixation des graisses dans les tissus (+ gr. **pêxis,** *fixation*). ADIPOSE : surcharge graisseuse des tissus. ADIPOSITÉ : accumulation de graisse sous-cutanée.

MANGER ← **manducare,** *mâcher, manger gloutonnement,* qui a évincé **edere,** *manger,* et son composé de même sens **comedere,** part. passé **comestus.**

COMEST- = manger

Cet élément ne se trouve que dans COMESTIBLE ← **comestibilis :** mangeable. **Comedere** dépend d'une racine **ed/d (es)** liée à l'idée de *manger.* Le français lui doit également les mots :
DENT ← **dens, dentis,** probablement ancien part. présent du verbe indo-européen dont découle **edere,** *manger.*
OBÈSE ← **obesus (* ob-ed-tus),** *qui a trop mangé,* de **obedere,** *ronger.*

Manducare dépend d'une racine **mand,** synonyme de la précédente, et qui a fourni MANDIBULE ← **mandibula,** *mâchoire;* MANDUCATION ← **manducatio,** *action de manger.*

NOYAU ← * **nodellus,** diminutif de **nodus** → NŒUD, qui a évincé **nucleus,** *noyau.*

-NUCLÉ- = *noyau*
NUCLÉAIRE : qui concerne le noyau de la cellule ou le noyau de l'atome. NUCLÉÉ ← **nucleatus,** *pourvu d'un noyau :* qui a un ou plusieurs noyaux. NUCLÉINE : une des substances constituant le noyau cellulaire. NUCLÉOLE : petit corps présent dans les noyaux cellulaires. NUCLÉON : un des éléments constituant le noyau atomique. NUCLÉOPROTÉIDE, NUCLÉOPROTÉINE, NUCLÉOSIDE, NUCLÉOTIDE : substances présentes dans le noyau cellulaire.
ÉNUCLÉER ← **enucleare :** extraire chirurgicalement l'œil comme on extrait le noyau d'un fruit.
MONONUCLÉAIRE (+ gr. **monos,** *seul*) : cellule à un seul noyau.

A la racine **nod** de * **nodellus,** liée à l'idée de *nœud,* se rattachent également :
NOUER ← **nodare.**
NOUEUX ← **nodosus.**
NODOSITÉ, fait d'après **nodosus.**

A la racine **nuc,** liée à l'idée de *partie dure d'un fruit,* se rattachent également :
NOIX ← **nux.**
NOYER ← * **nucarius.**
NOUGAT : mot provençal issu de * **nucatum,** *gâteau de noix.*

PEAU ← **pellis,** *peau des animaux,* qui a évincé **cutis,** *peau des êtres humains.*

CUT- = *peau*
CUTANÉ : qui a trait à la peau.
CUTICULE ← **cuticula,** *peau :* membrane externe des insectes ou crustacés, ou pellicule recouvrant feuilles et tiges, ou couche de peau très mince recouvrant certains organes.
CUTINE : substance contenue dans la cuticule des plantes.
CUTI-RÉACTION : réaction inflammatoire de la peau à certaines substances qu'on y introduit afin de juger si l'organisme leur est sensibilisé. Le mot s'abrège en CUTI.

SEMBLABLE : cet adjectif fut réalisé en français à partir de l'adjectif-participe SEMBLANT, issu de **similans, similantis** (part. présent de **similare,** *être semblable*), qui avait évincé le classique **similis,** *semblable.*

-SIMIL- = *semblable*

SIMILAIRE : de nature semblable. SIMILI- : élément susceptible d'être associé à un nom pour désigner une réalité semblable (mais inférieure) à la réalité désignée par le nom : SIMILI-CUIR, SIMILI-ÉLECTIONS ; SIMILITUDE : état de ce qui est semblable.
ASSIMILER ← **assimilare,** *rendre semblable :* considérer comme semblable. Le sens le plus courant d'ASSIMILER, « fixer dans son esprit, s'imprégner d'une connaissance », est un développement de l'emploi physiologique du verbe : assimiler une nourriture, c'est la rendre semblable à soi, en la transformant en tissus ; ASSIMILATION ← **assimilatio :** action de (se) rendre semblable. DISSIMILATION : le fait de devenir dissemblable (**dissimilis,** *dissemblable*)

Similis dépend d'une racine **sem** / **sim (sin),** liée à l'idée d'*unité.* La plupart des mots qu'elle fournit au latin sont dérivés de **similis (* sem-il-is),** litt. *qui ne fait qu'un avec.* Le français lui doit aussi les mots suivants :
SEMBLER ← **similare,** *être semblable.* ASSEMBLER ← **assimulare,** *mettre ensemble,* d'après **simul,** ancien neutre de **similis** devenu adverbe au sens de *en un seul moment, en même temps.*
ENSEMBLE ← **insimul,** renforcement de **simul.**
SIMPLE ← **simplex,** litt. *d'une seule pièce, plié une seule fois* (+ **plicare,** *plier*).
SIMULACRE ← **simulacrum,** *imitation, apparence.*
SIMULER ← **simulare,** *rendre semblable, faire semblant.* DISSIMULER ← **dissimulare,** *feindre de ne pas.*
SIMULTANÉ : d'après **simultas,** *présence en même temps.*
SINGULIER et SANGLIER ← **singularis,** voir p. 229, de **singuli,** *un par un* (**sim** + un second élément obscur).

TÊTE ← **testa,** *pot, « carafe »,* qui a évincé **caput, capitis,** *tête.*

CAPIT- = *tête*

CAPITÉ, terme de botanique : terminé en tête arrondie. CAPITEUX ← ital. *capitoso :* qui monte à la tête.

DÉCAPITER : couper la tête. Cependant la peine CAPITALE n'exige pas la DÉCAPITATION et chacun des pays qui lui trouvent encore des attraits l'administre à sa façon : en latin **poena capitis** signifiait *peine qui prive le condamné de sa propre personne,* d'après un des sens de **caput :** *personne.*

A la racine **caput (capit, cep, cipit)** se rattachent :

CADEAU ← provençal *capdel,* lettre capitale avec enjolivures ← **capitellum,** *tête, extrémité.* Du sens de « lettre enjolivée », *cadel,* puis CADEAU sont passés au sens de « compliment écrit », puis « divertissement offert à une dame » et enfin « présent ». Voir plus bas CHAPITEAU issu du même mot.

CADET ← gascon *capdet,* petit chef ← **capitellus.** CADET a d'abord désigné un officier gascon, puis le plus jeune fils d'une famille noble appelé, selon la tradition, à la carrière militaire, enfin simplement le plus jeune fils d'une famille.

CAP ← provençal *cap,* forme équivalente de CHEF en français et signifiant *tête* ou *promontoire* ← ***capum,** voir plus bas CHEF.

CAPITAINE ← **capitaneus,** *qui vient en tête.*

CAPITAL et CHEPTEL ← **capitalis,** voir p. 214.

CAPITONNER, de CAPITON ← ital. *capitone,* étoffe grossière ← **capito, capitonis,** *grosse tête.* Voir plus bas CHEVESNE.

CAPITULE et CHAPITRE ← **capitulum,** *tête, en-tête, titre de chapitre, article d'un document :* voir p. 213.

CAPITULER ← **capitulare,** *établir les articles d'un traité.*

RÉCAPITULER ← **recapitulare,** *revoir les articles.*

CHAPITEAU ← **capitellum,** *« tête » d'une colonne.*

CHEF ← ***capum,** forme vulgaire pour **caput.**

CHEVET ← **capitium,** *châle, capuchon.*

CHEVESNE ← ***capitinem,** accusatif vulgaire (class. **capitonem**) de **capito,** *(poisson) à grosse tête.*

ENCHEVÊTRER, dérivé de CHEVÊTRE (licou) ← **capistrum,** *licou* (harnais passé sur la tête).

PRÉCIPICE ← **praecipitium,** *lieu où l'on tombe,* de **praeceps, praecipitis,** *qui tombe tête la première* (+ **prae,** *en avant*).

PRÉCIPITER ← **praecipitare,** *tomber, se hâter.*

Voir BICEPS, TRICEPS, OCCIPUT, p. 279.

La racine **caput** paraît être une des réalisations d'une racine indo-européenne * *cap* signifiant *tête,* dont pourraient dépendre également CAPE et CHAPEAU issus de **cappa,** *coiffure,* et de son diminutif ***capellum ;** CHEVEU ← **capillus.**

TOUCHER ← **toccare,** *frapper en faisant « toc, toc »,* qui a évincé **tangere,** part. passé **tactus,** *toucher.*

TANG- / TACT- = *toucher*

TANGENT ← **tangens, tangentis,** part. présent de **tangere :** qui touche. TANGIBLE ← **tangibilis :** qu'on peut toucher. INTANGIBLE : qu'on ne peut ou ne doit toucher.
TACTILE ← **tactilis,** *qu'on peut toucher :* relatif au toucher.
CONTACT ← **contactus :** situation dans laquelle des êtres ou objets se touchent.

Tangere et **tactus** dépendent d'une racine **tag (ta, tac, tang, teg, tig, ting)** liée à l'idée de *toucher,* et qui a donné :
TACT ← **tactus,** *action de toucher.* Avoir du tact, c'est prendre une juste mesure, comme par le toucher, de la sensibilité d'autrui. INTACT ← **intactus,** *non touché.*
TÂTER ← *** taxitare (* tag-si-tare),** *toucher fréquemment.*
ATTEINDRE ← **attingere,** *toucher à.*
CONTINGENT ← **contingens,** part. présent de **contingere,** *toucher quelqu'un, arriver à quelqu'un, se produire par hasard.* Est CONTINGENT ce qui peut ou non se produire, par opposition au nécessaire, qui ne peut pas ne pas se produire. Le CONTINGENT en arrive à désigner le lot échu, la part reçue, puis la part fournie, particulièrement la part d'hommes fournie pour le service militaire.
CONTINGENCE ← **contingentia,** *hasard.*
CONTIGU ← **contiguus,** *qui touche.*
CONTAGION ← **contagio,** *contact, infection transmise par contact.*
CONTAMINER ← **contaminare,** *souiller par contact,* d'après **contamen (* con-tag-s-men), contaminis,** *souillure.*
ENTAMER ← **intaminare,** *porter la souillure dans, profaner, abîmer en surface.*
ENTIER et INTÈGRE ← **integer,** *non touché, non entamé, irréprochable;* INTÉGRER repose sur **integrare,** mais n'en a pas conservé le sens. **Integrare** signifiait *rendre entier, achever;* d'où l'expression « partie intégrante » : partie qui contribue à ce qu'un tout soit complet. Sous l'influence de cette expression, INTÉGRER prit comme signification « faire d'une chose une partie intégrante d'une autre », « incorporer ».
INTÉGRITÉ ← **integritas,** *le fait d'être entier ou non corrompu.*
ENTÉRINER : a. fr. *enterin,* achevé ← *** integrinus.**

3. Remplacement d'un mot latin par un mot grec

Quand, à partir du IIIe siècle avant J.-C., la souveraineté romaine s'étendit, comme une tache d'huile, sur l'espace grec, les vainqueurs furent émerveillés par le monde qu'ils découvraient. Sciences, techniques, arts, culture, les vaincus avaient tout ce dont les Romains, obscurément, rêvaient. L'élite de Rome se mit à l'école des Grecs ; elle s'y maintint pendant des siècles. La percée du vocabulaire grec dans le latin philosophique, scientifique, rhétorique, et plus tard dans le latin chrétien, fut considérable. Mais, pendant que le latin classique s'ouvrait volontiers aux emprunts grecs exprimant des abstractions, il prenait le parti d'ignorer un grand nombre de vocables usuels que la population romaine

empruntait à la langue grecque. Dans de vastes parties du territoire romain, des objets courants étaient désignés par des mots empruntés au grec : pour nommer la chaise, le mot **cathedra** (gr. **kathedra,** *siège*) s'imposa notamment en Gaule, d'où les mots français CHAIRE et CHAISE. Pour nommer le visage, le mot **cara** (gr. **kara,** *tête*) connut un beau succès en Gaule et en Espagne, d'où le français CHÈRE (faire BONNE CHÈRE signifia d'abord « faire bon visage ») et l'espagnol *cara.*
Même des outils grammaticaux furent empruntés au grec : des suffixes comme **-ía** (gr. **-ia**) qui a donné en français -IE, **issa** (gr. **-issa**) qui a donné en français -ESSE ; une préposition **cata** (gr. **kata**), qui a donné en espagnol *cada,* chaque, et dont le français CHACUN porte la trace, puisqu'il résulte de * **cascunus,** croisement de **quisque unus,** *chacun,* et de **cata unum** qui copiait le grec **kath'hena,** *un par un.*

COUPER a d'abord signifié « porter un coup » ; ce verbe est en effet dérivé de COUP ← **colaphus,** *coup de poing* ← gr. **kolaphos,** *gifle.* En latin classique, deux verbes exprimaient l'idée de *couper :* **caedere** et ses composés en **-cidere,** part. passé **-cisus,** et **secare,** part. passé **sectus.**

-CIS- = *couper*

CISAILLE ← * **cisacula :** outil servant à couper ; CISEAU ← * **cisellum :** instrument servant à couper.
CIRCONCIS ← **circumcisus,** litt. *coupé autour* (+ **circum,** *autour*) : qui a subi la circoncision ; CIRCONCISION ← **circumcisio :** ablation du prépuce par coupure circulaire.
EXCISION ← **excisio :** action d'enlever un organe en le coupant ; d'où EXCISER.
INCISIVE : dent qui sert à couper.
INCISION ← **incisio,** *coupure :* action de couper dans un organe, d'où INCISER. INCISURE ← **incisura,** *entaille :* en botanique ou en anatomie, structure découpée, échancrée.
Dans CONCISION ← **concisio,** *action de couper, d'élaguer,* DÉCISION ← **decisio,** *action de trancher une question,* PRÉCISION ← **praecisio,** *action de retrancher,* l'évolution sémantique a fait disparaître l'idée de *couper.*

Les verbes en **-cidere** et leurs participes en **-cisus** dépendent d'une racine **caed (cae, caes, cid, cis) :** voir p. 71.

SÉCA- / -SECT- / -SÉQU- = *couper*

SÉCABLE ← **secabilis :** qui peut être coupé.
SECANT (en géométrie) : qui coupe.
SÉCATEUR : outil servant à couper.
SECTION ← **sectio,** *coupure :* surface présentée par un volume coupé ou manière dont une chose est coupée ; d'où SECTIONNER. Au sens de « partie », « subdivision », SECTION ne renvoie qu'indirectement à l'idée de *couper.*
BISSECTRICE : droite qui coupe un angle en deux parties égales (+ **bis,** *deux fois*).
DISSECTION ← **dissectio,** *action de trancher :* action de découper un organe ou un corps pour en étudier l'anatomie. DISSÉQUER ← **dissecare,** *trancher :* effectuer une dissection. VIVISECTION (+ **vivus,** *vivant*) : dissection effectuée sur un animal vivant.
INTERSECTION ← **intersectio,** *action de couper par le milieu :* lieu où deux droites, plans ou volumes se coupent.
RÉSECTION ← **resectio,** *taille de la vigne :* opération consistant à tronquer un organe ; RÉSÉQUER ← **resecare,** *rogner :* effectuer une résection.
L'idée de couper n'est guère perceptible dans SECTEUR ← **sector,** *coupeur,* ni dans INSECTE ← **insectum,** traduction du grec **entomon,** *animal « découpé »* (dont le corps est formé de plusieurs volumes nettement distincts).

Le verbe **secare** se rattache à une racine **sec (seg)** qui exprime l'idée de *couper,* et a encore fourni au français : SCIER ← **secare.** SEGMENT ← **segmentum,** *pièce de tissu découpée.* SEIGLE ← **secale,** litt. *plante que l'on coupe.*

PARLER ← * **paraulare,** altération de **parabolare,** dérivé de **parabola** emprunté au grec **parabolê,** *comparaison.* Dans les Évangiles, le Christ fait des récits fictifs dont chaque élément se compare à un élément de la réalité : en grec, un tel récit se nommait **parabolê.** Les Latins en ont tiré le mot **parabola** que le langage populaire a employé au sens de *récit,* puis de *parole.* Le verbe * **paraulare** a évincé l'ancien **loqui,** part. passé **locutus,** *parler.*

LOCUT- / -LOQU- = *parler*

LOCUTEUR ← **locutor :** celui qui parle ; LOCUTION ← **locutio,** *langage, façon de parler :* groupe de mots formant une unité de sens.

ALLOCUTION ← **allocutio :** discours bref adressé à une ou plusieurs personnes.
CIRCONLOCUTION ← **circumlocutio** (+ **circum,** *autour*) : action de parler sans en venir au fait, en tournant autour du sujet.
ÉLOCUTION ← **elocutio,** *expression :* manière de parler, débit, articulation
INTERLOCUTEUR d'après **interloqui,** *intervenir dans une conversation, interrompre :* personne avec qui l'on parle.
LOQUACE ← **loquax, loquacis,** *bavard :* qui parle volontiers.
COLLOQUE ← **colloquium,** *conversation :* réunion destinée à un échange de discours et de discussions sur un sujet donné.
ÉLOQUENT ← **eloquens :** qui parle bien.
GRANDILOQUENT, d'après **grandiloquus,** *au langage pompeux* (+ **grandis** → GRAND) : qui parle en usant de grands mots, emphatique, pompeux.
INTERLOQUÉ, d'après **interloqui,** *interrompre :* décontenancé, incapable de reprendre la parole.
SOLILOQUE ← **soliloquium** (+ **solus,** → SEUL) : acte de celui qui parle tout seul.
VENTRILOQUE ← **ventriloquus** (+ **venter, ventris** → VENTRE) : artiste donnant l'illusion qu'il parle avec son ventre.

D'autre part, **parabola,** bientôt altéré en ***paraula,** a éliminé **verbum,** *parole, mot.*

VERB- = *parole, mot*

VERBAL ← **verbalis,** *de parole :* qui se fait par la parole ou qui a rapport au verbe grammatical. VERBALISER : exprimer par des mots, ou dresser un procès-verbal. VERBALISME : utilisation des mots pour eux-mêmes aux dépens des idées.
VERBEUX ← **verbosus :** caractérisé par une quantité excessive de mots.
VERBIGÉRATION : mode de discours de certains psychopathes caractérisé par un emploi anormal des mots existants ou par l'emploi de néologismes ; le mot français n'a pas le même sens que le verbe latin dont il copie la forme : **verbigerare,** *échanger des mots hostiles* (+ **gerere,** *exécuter, combattre*) : il fut créé par les psychiatres comme doublet médical de LOGOMACHIE, qui désigne un emploi incontrôlé

des mots, après avoir signifié « querelle de mots » conformément au grec **logomakhia** (**logos,** *mot* + **makhê,** *bataille*).
CRUCIVERBISTE (+ **crux, crucis** → CROIX) : amateur de mots croisés.
L'éviction du mot **verbum** ne fut pas totale, puisque le pluriel **verba,** *les mots,* pris pour un féminin, a donné VERVE par transmission populaire. D'autre part, la langue savante a tiré de **verbum** le mot VERBE en lui redonnant ses deux sens latins :
1) le sens de « parole », par exemple « la magie du verbe » ;
2) le sens grammatical, par lequel **verbum** désignait un type de mot : le *verbe.*
Deux composés de **verbum** ont fourni au français les mots suivants :
ADVERBE ← **adverbium,** litt. *mot placé auprès du verbe.*
PROVERBE ← **proverbium,** *parole publique.*

Attention : VERBIAGE n'a aucun rapport étymologique avec **verbum.** C'est un nom dérivé de l'a. fr. *verbier,* gazouiller, issu du francique * *werbilan,* tourbillonner. Il doit néanmoins son sens actuel de « bavardage » à sa ressemblance avec VERBE, VERBEUX, etc.

PIERRE ← **petra** ← gr. **petra,** *rocher,* qui a évincé **lapis, lapidis,** *pierre.*

LAPID- = *pierre*

LAPIDAIRE ← **lapidarius,** *de pierre, sur pierre :* artisan qui grave la pierre, ou « propre aux inscriptions gravées sur la pierre » ; ces inscriptions, longues à effectuer, devaient, dans la mesure du possible, dire le plus de choses avec le moins de mots, d'où le sens métaphorique de LAPIDAIRE : « bref, concis ». LAPIDER ← **lapidare :** tuer ou blesser à coup de pierres. LAPIDIFICATION : transformation des sédiments en roches.
LAPIS-LAZULI : voir p. 273.

La référence à la pierre n'existe pas dans DILAPIDER qui n'a conservé que le sens figuré de son modèle latin **dilapidare,** *jeter des pierres de tout côté,* puis *gaspiller sa fortune comme on jette des cailloux.*

4. Remplacement d'un mot latin par un mot germanique

Au Ve siècle, tout l'Empire romain d'Occident, Gaule, (Grande) Bretagne, Italie, Espagne et même Afrique du Nord, tomba aux mains de quelques chefs de tribus germaniques et de l'élite de leurs guerriers. Sauf en (Grande) Bretagne, en Belgique occidentale, en Alsace et dans l'extrême nord de l'Italie, les Germains ne peuplèrent pas les territoires conquis ; trop peu nombreux, il se contentèrent de les dominer et d'en exploiter les richesses. Dans les palais, les forteresses et les riches demeures d'où ils avaient chassé les Romains, ils parlaient leurs langues germaniques. Partout autour d'eux on parlait le latin évolué qui allait devenir le roman (voir p. 14). Cependant, en assez grand nombre, les mots des idiomes des vainqueurs migraient dans le latin. Ces idiomes, tous germaniques, étaient différents les uns des autres. Le francique, langue de Clovis et de ses guerriers, était l'un d'eux. Cette langue est de toutes les langues germaniques celle qui a apporté la plus forte contribution à l'édification du vocabulaire français, mais tout mot français d'origine germanique n'a pas forcément été amené par les Francs.

Le latin, puis le roman, véhiculaient d'un bout à l'autre de l'ex-empire des emprunts à différentes langues germaniques. Aussi avons-nous renoncé à indiquer ici laquelle de ces langues, précisément, est à l'origine de chacun des mots dont nous allons maintenant parler.

BOIS ← germ. * *bosk,* bois, qui a évincé **lignum,** *bois.*

LIGN- = *bois*

LIGNEUX ← **lignosus,** *semblable à du bois :* de la nature du bois. LIGNICOLE (+ -COLE, voir p. 71) : qui vit dans le bois. (SE) LIGNIFIER (+ **-ficare,** voir p. 59) : se convertir en bois (se dit à propos d'un tissu végétal). LIGNINE : substance qui favorise la transformation des tissus végétaux en bois. LIGNITE : combustible fossile issu du bois dans un état de carbonisation moins avancé que la houille.

Attention : le mot LIGNE est sans rapport avec **lignum ;** il est issu de **linea,** *ligne.*

ÉCAILLE ← germ. * *skalja,* tuile, qui a évincé **squama,** *écaille.*

SQUAM- = *écaille*

SQUAME : lamelle qui se détache de l'épiderme à la manière d'une écaille. SQUAMEUX ← **squamosus :** écailleux ou d'aspect écailleux.

SQUAMIFÈRE ← **squamifer :** porteur d'écailles.

SQUAMULE ← **squamula :** écaille minuscule.

SE DESQUAMER ← **desquamare,** *écailler :* se détacher par petites plaques, se débarrasser de ses squames. DESQUAMATION : élimination de pellicules, d'écailles ou de la couche superficielle de l'épiderme.

GUERRE ← germ. * *werra,* qui a évincé **bellum,** *guerre.*

BELL- = *guerre*

BELLICISTE, d'après **bellicus,** *de guerre :* partisan de la guerre.

BELLIGÉRANT ← **belligerans,** part. présent de **belligerare,** *faire la guerre :* qui prend part à une guerre ; d'où BELLIGÉRANCE. BELLIQUEUX ← **bellicosus,** *guerrier :* prompt à faire la guerre.

La racine **duell (bell)** exprime l'idée de *bataille.* On la retrouve dans :
REBELLE ← **rebellis,** *qui recommence la guerre, qui se soulève ;* (SE) REBELLER ← **rebellare,** *reprendre les armes, se soulever ;* RÉBELLION ← **rebellio,** *reprise des hostilités, soulèvement.*
DUEL ← **duellum,** *combat.* La forme ancienne **duellum** s'est maintenue en latin à côté de la forme évoluée **bellum.** Au XVIe siècle, le français savant en a tiré DUEL, avec une fausse étymologie reliant ce mot à **duo,** *deux,* d'où le sens de « combat entre deux adversaires ». Il existe en français un autre mot DUEL, exprimant le nombre grammatical propre à la désignation de deux êtres ou objets (nombre qui existe dans certaines langues à côté du singulier et du pluriel) ; ce mot est lié étymologiquement à **duo ;** il est tiré de **dualis,** *de deux.*

HANCHE ← germ. * *hanka,* qui a remplacé **coxa,** *hanche.*

COX- = *hanche*

COXAL : relatif à la hanche. COXALGIE (+ gr. **algos,** *douleur*) : douleur à la hanche.
COXARTHROSE : arthrose de la hanche (+ gr. **arthrôsis,** *maladie d'une articulation*).
Le nom **coxa** n'a pas été éliminé par * *hanka,* mais a subi un déplacement de sens : il s'est mis à désigner la cuisse, chassant de ce rôle le classique **femur, femoris** (voir FÉMUR, p. 279). **Coxa,** par transmission populaire, a donné CUISSE. Le mot COUSSIN suppose un mot latin * **coxinum,** qui se présente comme un dérivé de **coxa.**

JARDIN ← germ. * *gard,* qui a évincé **hortus, horti,** *jardin.*

HORTI- = *jardin*

HORTICOLE ← **horticola,** *jardinier* (+ **-cola,** voir p. 71) : relatif au jardinage. HORTICULTEUR : spécialiste de la culture florale ou maraîchère, l'HORTICULTURE.
HORTILLONNAGE ← **hortilio, hortilionis,** *jardinier :* culture de légumes dans des jardins conquis sur des marais.
L'HORTENSIA a reçu arbitrairement un nom de dame romaine, **Hortensia,** féminin de **Hortensius,** nom propre latin signifiant *l'homme des jardins.*

Le latin **hortus** et le germanique **gard* sont frères et dépendent de la même base indo-européenne **ghorto*, enclos. De cette même base dépendent aussi le latin **cohors, cohortis (co-hortis),** *enclos, basse-cour,* qui a donné en français COUR. O surprises de l'étymologie! Voici que le côté cour et le côté jardin ne font plus qu'un.
Dans le vocabulaire militaire, **cohors** signifiait *division du camp,* puis *troupes cantonnées dans cette division;* dans ce sens, il a donné COHORTE.
Voir aussi CORTÈGE, p. 240.

Attention : EXHORTER vient de **exhortare,** qui n'a rien à voir avec **hortus.**

MARCHER ← germ. **markôn*, imprimer une marque sur le sol, fouler aux pieds, qui s'est imposé aux dépens d'**ambulare,** *marcher, se promener.*

AMBUL- = *marcher*

AMBULACRE ← **ambulacrum,** *promenade, avenue :* organe rétractile dont l'oursin se sert pour « marcher »; d'où AMBULACRAIRE. AMBULATOIRE ← **ambulatorius,** *propre à la promenade :* relatif à la marche.
DÉAMBULER ← **deambulare,** *se promener :* marcher d'un pas de promenade; DÉAMBULATION ← **deambulatio,** *promenade :* action de marcher sans but. Le DÉAMBULATOIRE est la galerie semi-circulaire qui borde le chœur d'une église du côté opposé à la nef, d'un bas-côté à l'autre. Son nom est tiré du latin **deambulatorium,** *galerie-promenade.*
FUNAMBULE ← **funambulus** (+ **funis,** *corde*) : qui marche sur une corde tendue au-dessus du sol. NOCTAMBULE (+ **nox, noctis,** *nuit*) : qui se promène ou se divertit la nuit. SOMNAMBULE (+ **somnus,** *sommeil*) : qui marche pendant son sommeil.
AMBULANT ← **ambulans, ambulantis,** *qui marche,* ne réfère pas précisément à la marche, mais au déplacement. AMBULANCE signifia d'abord « hôpital mobile ».
PRÉAMBULE, paroles ou texte précédant un discours ou un écrit, n'a conservé que le sens figuré du latin **praeambulus,** *qui marche devant.*

On suppose que **ambulare** est à l'origine du français ALLER, mais on ne peut expliquer l'évolution phonétique

que cette hypothèse implique. Phonétiquement, **ambulare** ne peut donner qu'AMBLER. En langage de cavalerie, **ambulare** signifiait *marcher l'amble,* c'est-à-dire, pour un cheval, avancer ensemble les deux jambes d'un même côté ; c'est cette signification qui s'est conservée dans le verbe AMBLER dont est dérivé AMBLE.
Les deux autres radicaux constituant la conjugaison du verbe ALLER ont en tout cas des origines parfaitement claires : VAIS, VA, VONT, sont issus du verbe **vadere,** *marcher ;* IRAI, IRAS, IRAIS, etc. sont issus de **ire,** *aller.*

RAMPER ← germ. * *krampôn,* grimper avec des griffes, qui a évincé **repere,** part. passé **reptum,** *ramper.*

REPT- = *ramper*

REPTATION ← **reptatio :** action de ramper. REPTILE ← **reptilis,** *rampant :* animal rampant.
SUBREPTICE ← **subrepticius,** *qui se glisse dessous :* qui se fait par surprise, litt. « en s'insinuant par-dessous ».
Si l'on admet que la racine **rep** remonte à une forme indo-européenne * *srep,* jumelle de * *serp,* qui a donné en latin **serpere,** *ramper,* part. présent **serpens, serpentis,** alors les mots SERPENT et REPTILE sont cousins.

Les points cardinaux

Ils sont désignés par des noms d'origine germanique qui ont éliminé les noms d'origine latine. Mais ces noms germaniques, sauf NORD, n'ont pas engendré de dérivés utiles, et les adjectifs qui leur correspondent sont d'anciens adjectifs latins.

EST ← vieil anglais *east,* a pour adjectif ORIENTAL ← **orientalis,** *de l'orient,* dérivé de **oriens, orientis,** *soleil levant,* part. présent de **oriri,** *se lever.* ORIENT (là où le soleil *se lève*), issu de **oriens,** est synonyme d'EST en langage recherché et, en langage usuel, désigne l'ensemble des pays et civilisations de l'Est.

La racine **or** d'ORIENT exprime l'idée de *surgissement*, de *naissance*. On lui doit aussi les mots suivants :
ORIGINE ← **origo, originis,** *naissance, provenance.* ORIGINAIRE, ORIGINEL, tirés de **originarius,** *indigène* et **originalis,** *primitif.*
ABORTIF ← **abortivus,** *qui fait avorter,* dérivé de **aboriri,** part. passé **abortus,** *avorter,* litt. *ne pas naître* (**ab-** indiquant l'action contraire + **oriri,** *naître*). AVORTER ← **abortare,** fréquentatif de **aboriri.**

NORD ← vieil anglais *north* a pour adjectifs :
NORDIQUE, dérivé de NORD.
SEPTENTRIONAL ← **septentrionalis,** dérivé de **Septentriones,** *la Grande-Ourse,* constellation indiquant le nord ; **septentriones** est composé de **septem** →SEPT et de **trio, trionis,** *bœuf de labour ;* le nom signifiait à l'origine le *bœuf aux sept étoiles.*
BORÉAL ← **borealis,** dérivé de **boreas,** *vent du Nord,* emprunté au gr. **Boreas,** *vent du Nord* (personnifié ou non).
ARCTIQUE, qui ne s'applique qu'à l'extrême Nord, est tiré du grec **arktikos,** *de la région de l'Ourse* (**arktos,** *ours*). Dans la même constellation, les Latins voyaient un bœuf et les Grecs un ours.

OUEST ← vieil anglais *west,* a pour adjectif OCCIDENTAL ← **occidentalis,** *du lieu où le soleil se couche,* tiré de **occidens,** part. présent de **occidere,** *tomber, se coucher.* Il y a entre OCCIDENT, issu de **occidens,** et OUEST les mêmes différences d'emploi qu'entre ORIENT et EST.

Occidere dépend d'une racine **cad (cas, cid),** liée à l'idée de *tomber,* qui a aussi donné :
CADAVRE ← **cadaver,** *corps tombé.*
CADENCE ← ital. *cadenza* ← **cadentia,** *mots qui tombent, fins de phrase, rythme.* DÉCADENCE : forme issue du latin scolastique **decadentia,** mot imaginé pour traduire le français DÉCHÉANCE, dérivé de DÉCHOIR (voir plus bas).
CADUC ← **caducus,** *qui tombe.*
CAS ← **casus,** *chute, arrivée fortuite de quelque chose, circonstance ;* CASUEL ← **casualis,** *accidentel.*
CASCADE ← ital. *cascata,* de *cascare,* tomber ← ***casicare,** *tomber continuellement.* On peut supposer que l'argot

CASQUER, « payer », vient de *cascare,* au sens de « tomber dans un piège » et qu'il est donc sans rapport avec le mot CASQUE (voir p. 173).
OCCASION ← **occasio,** *le fait de bien tomber, chose qui tombe bien.*
ACCIDENT ← **accidens,** *qui tombe, qui arrive,* part. présent de **accidere (* ad-cadere),** *arriver.*
INCIDENT ← **incidens,** *qui se présente,* part. présent de **incidere (* in-cadere),** *tomber sur, se présenter à.*
RÉCIDIVE ← **recidiva,** fém. de **recidivus,** *qui retombe.*
CHANCE ← **cadentia,** *les choses qui tombent, qui arrivent,* plur. neutre de **cadens,** part. prés. de **cadere** → CHOIR.
CHUTE résulte du croisement de ***cadecta** et ***caduta,** deux formes vulgaires du part. passé de **cadere.**
DÉCHOIR ← ***decadere,** *tomber de haut;* ÉCHOIR ← ***excadere,** *sortir en tombant.* DÉCHÉANCE et ÉCHÉANCE sont dérivés des participes présents *décheant,* inusité aujourd'hui, et ÉCHÉANT ; ils conservent l'*e* de l'a. fr. *decheoir* et *echeoir.*
MÉCHANT est le part. présent de l'a. fr. *meschoir,* mal tomber ; il signifiait d'abord « malchanceux ».

West se rattache à une racine indo-européenne **wes* signifiant *soir.* Cette racine a donné en latin **vesper,** *soir* et **vespera,** *soirée,* dont est issu VÊPRES, ainsi que **vesperalis,** dont on a tiré VESPÉRAL.

SUD ← vieil anglais *suth,* a pour adjectifs :
MÉRIDIONAL ← **meridionalis,** *du midi,* de **meridies,** *midi,* voir p. 123.
AUSTRAL ← **australis,** *du sud,* dérivé de **auster, austri,** *vent du sud.*
L'adjectif AUSTRAL pourrait relever de la même racine indo-européenne qu'EST. Cette racine **aws,* signifiant *l'aurore,* a donné en latin **aurora (* aus-os-a)** → AURORE. Sous la forme élargie **awst,* elle a donné en germanique **ost,* d'où l'anglais *east.* On suppose qu'un dérivé indo-européen **awstro* a signifié *vent d'Est.* Le rameau indo-européen qui allait devenir la population latine aurait conservé le nom en l'appliquant à un vent d'orientation différente : au cours de leur migration, les futurs Latins ont pu rencontrer un vent du Sud dont les caractéristiques leur rappelaient le vent d'Est du pays qu'ils venaient de quitter.

5. Remplacement de mots latins par des mots d'origine diverse ou inconnue

Nous ne faisons figurer dans cette rubrique que les mots non attestés dans le latin classique. Ainsi, on n'y trouvera pas le mot **caballus** → CHEVAL (voir p. 189), bien qu'il soit d'origine non latine et d'une provenance difficile à préciser.

BRÛLER a une origine incertaine. On suppose l'existence, en latin vulgaire, d'un verbe * **brustulare** qui aurait abouti à l'a. fr. *brusler,* d'où BRÛLER. * **Brustulare** est le résultat d'altérations complexes qui se sont accumulées à partir du verbe **urere,** *brûler.* De ce dernier verbe découlerait également **comburere,** *brûler complètement,* part. passé **combustus.**

COMBUR- / COMBUST- = *brûler*

COMBURANT : qui est responsable de la combustion.
COMBUSTIBLE : qui peut brûler.
COMBUSTION ← **combustio :** le fait de brûler.

Le mot **bustum,** dérivé de * **burere,** autre avatar d'**urere,** signifiait *lieu où l'on brûle les morts,* puis *monument funéraire;* ces monuments étaient souvent ornés d'un buste; c'est en ce sens que l'italien a tiré du latin le mot *busto* dont le français a fait BUSTE.

MOUTON ← gaulois * *multo,* mâle châtré, qui a évincé **ovis,** *brebis, mouton.*

OVI- = *mouton*

OVIDÉS : groupe de mammifères dont font partie moutons et brebis. OVIN ← **ovinus,** *de mouton :* relatif au mouton, au bélier, à la brebis.

Le diminutif **ovicula,** *petite brebis,* a donné en français OUAILLE, qui n'est plus employé que dans l'expression stéréotypée « mes, tes, ses ouailles », c'est-à-dire « mes, tes, ses protégés ».

Les ovins comprennent moutons, agneaux, béliers et brebis. AGNEAU ← **agnellus,** diminutif de **agnus,** *agneau.* BÉLIER n'a pas d'origine latine; son étymologie prête à discussion; l'explication par le verbe BÊLER est en tout cas probablement fausse. BREBIS est issu de **berbix, berbicis,** mot masculin désignant le mouton ou le bélier. Le lieu abritant les moutons s'appelait * **berbicale,** mot qui a donné BERCAIL. Le gardien des moutons s'appelait * **berbicarius,** d'où est issu BERGER.

Enfin, le cri du mouton s'écrivait en latin **bee,** ce qui ne surprendra personne.

Attention : ne pas confondre cet élément OVI- avec l'élément OV- de **ovum** → ŒUF : OVULE, OVIPARE, voir p. 110.

NUQUE ← arabe *nukra,* nuque, désigne ce que les Latins appelaient **cervix, cervicis.**

CERVIC- = *nuque.*

CERVICALGIE (+ gr. **algos,** douleur) : douleur à la nuque.

CERVICAL : qui concerne la nuque.

Ces mots ne sont donc pas dérivés de CERVEAU ← **cerebellum.** Cependant, CERVICAL et CERVEAU sont étymologiquement apparentés puisque **cervix** et **cerebellum** paraissent dépendre tous deux d'une racine indo-européenne * *ker* signifiant la *tête :* voir p. 158.

TIRER : l'origine de ce verbe si commun est des plus obscures et des plus discutées. Il apparaît en français dans la *Chanson de Roland* en 1080 sans le moindre acte de naissance, mais ses équivalents existent très anciennement dans la plupart des langues romanes : espagnol *tirar,* italien *tirare,* etc. Il a en tout cas rejeté dans un sens très particulier le verbe TRAIRE, issu de **trahere,** part. passé **tractus,** *tirer.*

TRACT- / -TRAIT = *tirer*

TRACTABLE : qu'on peut tirer derrière un véhicule. TRACTER : tirer au moyen d'un procédé mécanique. TRACTEUR : véhicule servant à tirer. TRACTIF : qui agit en tirant. TRACTION ← **tractio :** action de tirer.

ATTRACTIF ← **attractivus :** qui attire ; ATTRACTION ← **attractio :** action d'attirer, d'où numéro de spectacle ou distraction proposée à un public. ATTRAIT, dérivé de l'a. fr. *attraire,* attirer : ce qui attire.

RETRAIT : action de retirer ou de se retirer (dérivé de l'a. fr. *retraire :* retirer). Le mot RÉTRACTION renvoie non à RETIRER mais à RÉTRACTER. Une RÉTRACTATION ← **retractatio,** *remaniement,* consiste à retirer ce qu'on a dit.

Des dérivés et composés de **trahere** dépendent aussi les verbes ABSTRAIRE ← **abstrahere,** *entraîner au loin ;* DISTRAIRE ← **distrahere,** *détacher, détourner ;* EXTRAIRE ← **extrahere,** *tirer hors de ;* SOUSTRAIRE ← **subtrahere,** *tirer par-dessous,* et leurs noms en -TRACTION.

TRAITER ← **tractare,** *tirailler, manier.* CONTRACTER ← **contractare,** *toucher, s'approprier :* le verbe a ce sens dans « contracter une maladie » ; l'autre sens du verbe (= resserrer) s'inspire de **contractio,** *resserrement* → CONTRACTION.

DÉTRACTEUR ← **detractor,** *celui qui tire vers le bas.*

TRAIT ← **tractus,** *traînée, trace.* TRAITE ← **tracta,** *tirée.*

TRACER ← * **tractiare,** *traîner.* TRAÎNER (d'où TRAIN) ← * **traginare.**

INTRAITABLE ← **intractabilis,** *impossible à manier.*

TRACT : voir p. 245.

Les doublets

Nous avons parfois constaté que certains mots latins ont subi un double traitement. Parallèlement à leur naturelle évolution phonétique, ils se sont trouvés transposés en français sous une forme qui n'était qu'un calque du latin. C'est ainsi que nous nous trouvons devant des paires de jumeaux. Certains se resssemblent : PARTIEL et PARTIAL, PITIÉ et PIÉTÉ; d'autres n'ont aucune ressemblance : MÉTIER et MINISTÈRE, la MOULE et le MUSCLE; seule une étude étymologique permet dc découvrir qu'ils ont un même père. Ces jumeaux s'appellent des doublets.

Dans certains cas, rares, les deux mots ont le même sens ou un sens presque identique : GEINDRE et GÉMIR; PIEU et PAL. Parfois la différence de sens tient de la nuance : une jeune fille GRACILE est agréable à regarder tandis qu'un enfant GRÊLE fait pitié; une saveur AIGRE n'est pas forcément désagréable, mais des vapeurs ÂCRES sont suffocantes. Une femme peut être FROIDE avec l'inconnu qui l'aborde sans pourtant être FRIGIDE dans les bras de quelqu'un qu'elle connaît mieux. Très souvent, les deux mots ont pris un sens si divergent que rien ne semble les réunir, ni la forme, ni le contenu sémantique : ESSAIM et EXAMEN; ORTEIL et ARTICLE. Le mot savant, celui qui est calqué sur le latin, fait souvent partie du vocabulaire scientifique ou désigne de nobles fonctions. Le prêtre exerce un MINISTÈRE, mais le maçon fait son MÉTIER; la RÉDEMPTION rachète les âmes tandis qu'une RANÇON suffisante rachète les corps; nous nous chauffons au CHARBON, constitué essentiellement de CARBONE. Et si la peur nous fait parfois « CAILLER le raisin », notre sang ne peut que se COAGULER en laboratoire.

ABSOUS et **ABSOLU** ← **absolutus,** *dégagé* (voir p. 146).

AIGRE et **ÂCRE** ← **acer,** *piquant* (voir p. 82).

AIRE et **ARE** ← **area,** *surface.*

APPRENDRE et **APPRÉHENDER** ← **apprehendere,** *saisir physiquement ou par l'esprit.*
C'est au XVIe siècle que le mot APPRÉHENSION, qui jusque là signifiait uniquement « acte de saisir par l'esprit », commence à dévier vers le sens de « crainte », à la suite d'expressions comme « l'appréhension (la prise de conscience) d'un danger ». Au XVIIe siècle, cette signification s'étend au verbe APPRÉHENDER. Le sens judiciaire de « prendre au corps » s'y est ajouté plus tard, conformément à un des emplois du latin **apprehendere.**

ÂPRETÉ et **ASPÉRITÉ** ← **asperitas,** *aspérité, âpreté.*
On note que les doublets se répartissent les deux sens du mot latin.

ARMURE et **ARMATURE** ← **armatura,** *armure.*

ASSOUVIR et **ASSOUPIR** ← * **assopire,** *endormir.*
* **Assopire** est une composition populaire à partir de **sopire,** *endormir.* Le cas de ces doublets est particulier et rare puisque le mot le plus savant, ASSOUPIR, est tiré d'un mot latin non attesté dans la littérature.
Voir la racine **sop,** p. 167.

ATTITUDE et **APTITUDE** ← **aptitudo,** *disposition.*

AVOUÉ et **AVOCAT** ← **advocatus,** *celui qu'on appelle à son aide, conseiller, avocat.*
Au Moyen Age, AVOUÉ désignait d'une façon générale celui qui prenait la défense de quelqu'un. Il a donc fallu créer un

mot nouveau pour désigner celui qui défend professionnellement les accusés. Voir la racine **voc,** p. 119.

BÉTON et **BITUME** ← **bitumen,** *goudron.*
Au Moyen Age, le mot *betun* désignait une boue visqueuse susceptible de se solidifier. Il désigna ensuite une boue mêlée de cailloux pouvant servir de matériau de construction.

BOULE et **BULLE** ← **bulla,** *bulle* ou *bouton.*

BOURRE et **BURE** ← **burra,** *étoffe grossière.*
Muni du suffixe -EAU (voir p. 61), BURE donne BUREAU qui désigna d'abord une étoffe dont on couvrait les tables puis, par extension, la table ainsi recouverte; le mot, aujourd'hui, peut désigner un local contenant une ou plusieurs tables à écrire. Muni du même suffixe sous sa forme plus ancienne *-el,* BOURRE donne *bourrel,* tas de bourre, dont le BOURRELIER garnissait les selles de cheval. Un BOURRELET est une bosse oblongue formée par un rembourrage. Mais une âme BOURRELÉE de remords n'est pas particulièrement bosselée : elle est seulement torturée comme par un BOURREAU ; ce dernier mot est sans rapport avec BOURRE et demeure inexpliqué.

CAILLER et **COAGULER** ← **coagulare.**
Voir la racine **ag,** p. 126.

CHAPITRE et **CAPITULE** ← **capitulum,** *petite tête.*
Ce que nous appelons la fleur de la pâquerette est en réalité un ensemble de fleurs. Les botanistes ont comparé cet organe à une petite tête et l'ont appelée CAPITULE, d'après **capitulum,** diminutif de **caput, capitis,** *tête* (voir p. 192). Le rapport entre CHAPITRE et l'idée de *tête* est plus lointain. Parmi ses significations figurées, **caput** possédait celle de *point capital* d'un discours ou d'un livre; il fut donc employé au sens de *partie d'une œuvre, chapitre, paragraphe;* ce sens est conservé dans CHEF D'ACCUSATION (= article d'un acte d'accusation). Mais c'est surtout le diminutif **capitulum** qui fut utilisé dans cet emploi, aboutissant en français à CHAPITRE. Une salle CAPITULAIRE est une salle où se réunit un CHAPITRE, c'est-à-dire une assemblée de

religieux. Cette assemblée fut ainsi appelée parce qu'on y lisait un chapitre de la règle monastique. Les moines autorisés à participer à l'assemblée et à y intervenir avaient donc VOIX AU CHAPITRE ; mais si un religieux avait manqué à ses devoirs, le supérieur, alors, devant tous les frères, le CHAPITRAIT.

CHARBON et **CARBONE** ← **carbo, carbonis,** *charbon.*

CHÂTRER et **CASTRER** ← **castrare,** *châtrer.*
La création de CASTRER, synonyme exact de CHÂTRER, ne répondait à aucune nécessité. Elle fut entraînée par l'existence du mot CASTRAT, emprunté à l'italien *castrato* ← **castratus** (→ CHÂTRÉ).

CHENILLE et **CANICULE** ← **canicula,** *petite chienne.*
Voilà un exemple de doublets très éloignés l'un de l'autre par leur forme et leur sens. La divergence considérable de sens est due à ce que les deux mots français retiennent deux sens métaphoriques différents de **canicula.** Quelle était, aux yeux des Latins, le lien entre une chenille et une petite chienne? On ne peut que le conjecturer : la voracité? la forme de la tête? ou n'est-ce pas plutôt une dénomination arbitraire, comme en français DEMOISELLE pour LIBELLULE, ou BÊTE-À-BON-DIEU pour COCCINELLE? Le passage de **canicula** au sens de *grosse chaleur* est beaucoup plus clair. La « Petite Chienne » était le nom donné à la constellation que nous appelons aujourd'hui le Grand Chien, et dans laquelle brille d'un vif éclat l'étoile Sirius. Le jour où pour la première fois cette constellation, en émergeant de l'horizon quelques minutes avant le soleil, laissait voir son lever, marquait pour les Anciens le début de la saison chaude.

CHEPTEL et **CAPITAL** ← **capitale,** neutre singulier de **capitalis,** *qui concerne la tête.*
Le rapport entre les deux noms, CAPITAL et CHEPTEL, est clair si l'on observe que dans la plus ancienne tradition la fortune s'évaluait essentiellement en têtes de bétail (voir aussi l'origine de PÉCUNIAIRE, p. 170).
Sur la racine **caput,** voir p. 193.

CHÉTIF et **CAPTIF** ← **captivus,** *prisonnier de guerre.*
Les prisonniers de guerre n'offrent jamais un aspect très fringant. Dans l'Antiquité et au Moyen Age, ils paraissaient franchement misérables. Le mot qui les désignait est devenu en français synonyme de « faible » et en italien *(cattivo)* synonyme de « méchant ».

CHEVILLE et **CLAVICULE** ← **clavicula** (vulg. * **cavicula**), *petite clé,* de **clavis** → CLÉ.
Une CHEVILLE est d'abord une pièce d'assemblage; le nom en fut donné métaphoriquement à l'articulation joignant le pied à la jambe. C'est également à une métaphore que la CLAVICULE doit son nom, puisqu'elle fut comparée à une clé de voûte.

CHOSE et **CAUSE** ← **causa,** *cause, procès, affaire.*
Aussi loin qu'on remonte dans l'histoire de la langue latine, **causa** apparaît porteur de deux sens : 1) *cause efficiente, raison déterminante;* 2) *cause judiciaire, procès, affaire.* Logiquement, le sens de *cause efficiente* doit être le plus ancien; on suppose que l'emploi privilégié du mot **causa** dans le langage juridique a dégagé le second sens. **Causa** a ensuite subi le même sort que le français AFFAIRE : il a été employé pour désigner n'importe quel objet concret. C'est naturellement dans son sens le plus concret que le mot a été transmis par la voie populaire.
Le verbe CAUSER a deux sens, car il est le point de convergence de deux processus différents :
– il est le verbe d'action de CAUSE : « être cause de »;
– il est le reflet savant de **causari,** *plaider une cause.* CAUSER signifia d'abord « argumenter », puis fut employé par plaisanterie érudite au sens de « bavarder ». Reçu avec grande faveur par le langage commun, CAUSER a perdu aujourd'hui tout l'effet stylistique qui le distinguait de PARLER.

COMBLER et **CUMULER** ← **cumulare,** *entasser.*

COMMUNIER et **COMMUNIQUER** ← **communicare,** *mettre en commun* ou *recevoir en commun.*
Les doublets se sont répartis les deux sens de **communicare,** puisque COMMUNIER signifie « partager », « recevoir ou éprouver avec d'autres » et COMMUNIQUER « faire partager », « donner une part de ce qu'on possède ».

CONTER et **COMPTER** ← **computare,** *énumérer.*
Le verbe CONTER, qui a d'abord voulu dire « énumérer les chiffres », a vite signifié « énumérer les faits et les événements », « raconter ». C'est pour établir une distinction définitive entre les deux emplois qu'on a refait un savant COMPTER, avec une orthographe conforme à l'étymologie.

CONTENANCE et **CONTINENCE** ← **continentia,** *le fait de contenir* ou *de se contenir.*
Voir la racine **ten,** p. 180.

COUPLE et **COPULE** ← **copula,** *union, lien.*
Le mot COUPLE conserve le genre féminin de **copula** dans « une couple » qui désigne, dans le langage de la chasse, un lien servant à attacher ensemble deux ou plusieurs chiens.
De deux animaux, mâle et femelle, qui s'unissent sexuellement, on dira qu'ils S'ACCOUPLENT ; s'il s'agit d'un couple humain, le terme devient quelque peu péjoratif et on

dira plutôt qu'ils COPULENT. On pourra par ailleurs parler de COPULE sans offenser la pudeur, puisque ce nom ne désigne pas autre chose que ce qui, dans un énoncé, relie le sujet au prédicat (cas de *est* dans « la terre *est* ronde »).
Notons que le français dispose de trois noms savants pour désigner l'acte sexuel. COPULATION s'inspire de **copulatio** qui ne signifiait qu'*assemblage.* FORNICATION connote l'interdit et le péché : il est tiré de **fornicatio,** qui signifiait *construction en voûte,* mais que les auteurs chrétiens ont employé pour traduire le grec **porneia,** *prostitution,* nom qui, dans l'Ecriture, évoque tout acte sexuel non légalisé par le mariage. Le choix de **fornicatio** pour traduire **porneia** fut en partie commandé par la ressemblance fortuite entre les sonorités des deux noms ; il s'appuyait en outre sur le sens de **fornix,** *voûte, chambre voûtée* et en particulier *chambre de prostituée.* Le nom couramment employé est COÏT, tiré de **coitus,** *action d'aller ensemble,* d'où *accouplement,* dérivé de **coire** (**co-** + **ire,** *aller,* voir p. 204), *aller ensemble.*

COUR et **COHORTE** ← **cohors, cohortis,** *enclos, quartier militaire* (voir p. 203).

CRÊPER et **CRISPER** ← **crispare,** *friser, rider.*
Le verbe CRISPER signifie d'abord « tortiller, tordre » : un membre crispé est un membre en position anguleuse et contournée. Se CRÊPER les cheveux (ou le chignon !), c'est les friser pour leur donner du volume. Le latin **crispare** est formé sur l'adjectif **crispus,** *frisé, tordu,* qui a donné en ancien français l'adjectif *cresp,* devenu le nom CRÊPE :
– au masculin, le CRÊPE est d'abord un tissu dont les fils de chaîne sont tordus ;
– au féminin, la CRÊPE est une galette faite d'une pâte liquide qui se ride et se gondole dans la poêle.

DÉNUÉ et **DÉNUDÉ** ← **denudatus,** *mis à nu, dépouillé.*
Denudatus est le part. passé de **denudare** → DÉNUDER, bâti sur **nudus** → NU.

DÉTROIT et **DISTRICT** ← **districtus,** *pressé, resserré,* homonyme de **districtus,** *territoire délimité.*

Le verbe **distringere** signifiait *serrer en écartant, écarteler,* mais aussi *empoigner, s'emparer de, occuper;* son participe passé était **districtus.** Le sens du mot *destroit* en a. fr. (= resserré, oppressé) montre qu'en latin populaire **districtus** était employé comme forme renforcée de **strictus** (voir p. 220). Dès la *Chanson de Roland,* le mot *destroit* est employé comme nom avec le sens de « passage resserré, défilé » (en l'occurrence celui de Roncevaux).
Par ailleurs, l'administration du Bas-Empire créa le nom **districtus** *territoire occupé par une cité ou un peuple.*

DISSOUS et **DISSOLU** ← **dissolutus,** *désuni, relâché* (voir p. 147).

DOUER et **DOTER** ← **dotare,** *doter.*
Le verbe DOTER a été calqué sur **dotare** pour correspondre à DOT ← **dos, dotis.** Le sens de DOTER s'est élargi comme l'avait fait celui de DOUER, mais les emplois des deux verbes ne se confondent pas : un père peut DOTER sa fille, mais seuls Dieu ou la nature peuvent DOUER quelqu'un.
Sur la racine **do,** voir p. 188.

DROIT et **DIRECT** ← **directus,** *droit* (voir p. 147).
La multiplication des sens de DROIT a rendu nécessaire la création d'un mot exprimant nettement l'idée de ligne droite : on a pour cela réutilisé l'adjectif **directus.**
Voir la racine **reg,** p. 144.

ÉCOUTER et **AUSCULTER** ← **auscultare,** *écouter.*
Voir la racine **aus,** p. 110.

EMPLOYER et **IMPLIQUER** ← **implicare,** *emmêler, entortiller dans* (**in,** *dans* + **plicare** → PLIER).
EMPLOYER fut, comme **implicare,** une façon expressive de dire « mettre tel produit dans un mélange », « telle pièce dans un assemblage ». L'abus du terme expressif fait qu'il cesse de l'être et EMPLOYER finit par être synonyme d'« user de » ou « se servir de ». Être IMPLIQUÉ dans une affaire, c'est proprement y être entortillé, mêlé d'une façon inextricable.

ENDUIRE et **INDUIRE** ← **inducere,** *mener dans, appliquer sur.*
L'existence de ces doublets fournit une justification inattaquable du calembour populaire : « enduire d'erreur » au lieu d'« induire en erreur ».
Voir la racine **duc,** p. 72.

ENTIER et **INTÈGRE** ← **integer,** *non entamé.*
Voir la racine **tag,** p. 194.

ENVERS et **INVERSE** ← **inversus,** *renversé.*
A rapprocher des deux doublets suivants :

TRAVERS et **TRANSVERSE** ← **transversus,** *en travers.*
Voir la racine **vort (vers)** p. 174.

ÉPICE et **ESPÈCE** ← **species,** *aspect.*
Le latin **species** a donné en a. fr. des formes diverses écrites *espice, especc, espesse.* La forme *espece* fut choisie par la langue savante pour exprimer le sens classique de **species.** Le mot est d'abord passé en français avec le sens général d'« apparence ». **Species** était également employé, plus rarement, au sens que nous donnons aujourd'hui à ESPÈCE : *cas particulier.* Enfin, comme **causa** (voir p. 215), **species** était communément employé dans un sens concret : *objet, marchandise,* et particulièrement *drogue, ingrédient,* sens conservé par ÉPICE. La racine est la même que dans RESPECT et RÉPIT, voir p. 228.

ESSAIM et **EXAMEN** ← **examen,** *troupe* ou *pesée.*
La valeur fondamentale de la racine **ag** dont dépend **examen (* ex-ag-men,** voir p. 126), donne le lien entre les deux sens du mot. La racine **ag** signifie *pousser.* **Examen** signifiait donc *l'acte de pousser au dehors,* de *faire sortir un troupeau,* un ESSAIM. Pour le sens de *pesée,* de *contrôle,* conservé par EXAMEN, on peut proposer deux explications, suggérées par des sens du verbe **exigere(* ex-agere) :**
1) **exigere** signifie *faire sortir de l'argent, se faire payer :* on relie à ce sens celui de *calculer, mesurer, peser.*

2) **exigere** signifie *agir à fond, achever* (de même que **agere,** *pousser,* avait évolué vers *agir*) : on relie à ce sens celui d'*élaborer, régler, mesurer.*

ÉTROIT et **STRICT** ← **strictus,** *resserré* (part. passé de **stringere,** *serrer,* qui a donné ÉTREINDRE; voir plus haut DÉTROIT, p. 217).
C'est pour traduire l'adverbe de la langue juridique **stricte,** *étroitement, rigoureusement,* que l'on créa au XVIe siècle l'adverbe STRICTEMENT, dont s'est dégagé, au XVIIIe siècle, l'adjectif STRICT.

FÂCHEUX et **FASTIDIEUX** ← **fastidiosus,** *rebutant.*

FAÇON et **FACTION** ← **factio, factionis,** *manière de faire* ou *groupe de gens.*
Des deux sens du latin **factio,** celui qui correspond à FACTION était de beaucoup le plus fréquent. L'explication du lien entre ce sens et celui de **facere** → FAIRE pose quelques problèmes, mais n'est pas impossible. Le sens fondamental de la racine **fac** paraît être, après comparaison avec les autres langues indo-européennes, celui de *poser, placer.* Le sens primitif de **factio** pourrait donc avoir été *disposition de troupes, rang,* d'où le sens de *troupe, parti.* L'emploi de FACTION au sens de « fonction de sentinelle » semble être dû à l'influence de l'italien *fazione,* obligation de faire, dans l'expression *essere di fazione,* être de service.
Voir la racine **fac,** p. 132.

FÉAL et **FIDÈLE** ← **fidelis,** *fidèle.*
Fidelis est un adjectif dérivé de **fides** → FOI. L'adjectif FÉAL est marqué d'archaïsme et ne s'emploie plus que pour évoquer la fidélité du sujet à son prince ou du vassal à son suzerain. La finale -AL est probablement due à l'influence de LOYAL (voir p. 224), car l'évolution naturelle conduit à *feel,* attesté en ancien français.
On se gardera de rattacher FÉAL à FÉODAL, malgré leur affinité référentielle. FÉODAL est la transcription de ce que les scribes médiévaux écrivaient en latin **feodalis,** fait d'après **feodum,** altération de **fevum,** transcription romane

du germanique **fehu*, bétail, biens. Ce mot germanique vit encore dans l'allemand *Vieh,* bétail. C'est la forme qu'a prise en germanique la racine indo-européenne qui a donné en latin **pecus,** *bétail,* origine de notre adjectif PÉCUNIAIRE : voir p. 179.

FOISON et **FUSION** ← **fusio, fusionis,** *action de verser* et *fonte.*
Le mot FOISON, qui signifiait en a. fr. « action de répandre en abondance », n'est plus employé que dans l'expression À FOISON, remontant aux expressions a. fr. *a foison, a grant foison,* dont le sens peut se comparer à « à verse », « à seaux », « à pleins seaux ».
Voir la racine **fu (fund),** p. 134.

FORGE et **FABRIQUE** ← **fabrica,** *fabrique.*
FORGER et **FABRIQUER** ← **fabricare,** *fabriquer.*
Fabrica est dérivé de **faber, fabri,** *artisan,* qui a donné en a. fr. *fèvre :* le mot s'est éteint (sauf dans ORFÈVRE). Il subsiste toutefois dans le patronyme des familles dont l'ancêtre était un artisan : FABRE, FAURE, DUFAURE, LEFÈBVRE ou LEFÉBURE, LEFÈVRE.

FRÊLE et **FRAGILE** ← **fragilis,** *cassable.*
Voir la racine **frag,** p. 173.

FRISSON et **FRICTION** ← **frictio, frictionis,** *frottement.*
Si le savant FRICTION conserve, comme il se doit, le sens classique de **frictio,** le populaire FRISSON a hérité d'un sens audacieusement détourné. Il apparaît en effet qu'en latin populaire **frictio** a été réinterprété en fonction de ses affinités phonétiques avec **frigére,** *avoir froid* (**frictio** parut désigner le frisson de froid) et de **frígere** → FRIRE (**frictio** fit penser au frisson de l'eau ou de l'huile qui bout).

FROID et **FRIGIDE** ← **frigidus,** *froid.*
Voir la racine **frig,** p. 95.

GAINE et **VAGIN** ← **vagina,** *fourreau.*
Si le mot savant se présente au masculin, c'est que l'organe qu'il désigne a d'abord été désigné par le mot latin employé au masculin, le VAGINA, comme il arrive fréquemment quand un mot latin est importé sans modification : cf. un HORTENSIA, du PURPURA, un TIBIA, tous noms féminins en latin.

GRÊLE et **GRACILE** ← **gracilis,** *mince.*
Attention : le nom de la GRÊLE a une origine toute différente et vient du germanique **grisilôn*.

HÉRITIER et **HÉRÉDITAIRE** ← **hereditarius,** *relatif à l'héritage* (de **heres, heredis,** *héritier*).

HÔTEL et **HÔPITAL** ← **hospitale,** *chambre pour hôte.*
En a. fr. le mot *hostel* pouvait désigner la maison de soins qui accueille les malades; ce sens est conservé dans le nom de l'Hôtel-Dieu (= maison de Dieu), qui fut le premier hôpital de Paris. Voir la famille de **hospes,** p. 123.

JOUR et **DIURNE** ← **diurnus,** *de jour.* Voir JOUR, p. 90.

JUMEAU et **GÉMEAU** ← **gemellus,** *jumeau.*
GÉMEAU est une ancienne (XIIe siècle) réfection savante de JUMEAU d'après le modèle latin. Son emploi s'est peu à peu cantonné dans la désignation, sous le pluriel GÉMEAUX, de la constellation du zodiaque que les Latins appelaient « les Jumeaux » et où ils voyaient, à la suite des Grecs, les plus célèbres jumeaux de la mythologie, Castor et Pollux, fils de Zeus-Jupiter et de Léda, reine de Sparte.

LIVRER et **LIBÉRER** ← **liberare,** *libérer.*
DÉLIVRER et **DÉLIBÉRER** ← **deliberare,** *réfléchir.*
LIVRER et LIBÉRER présentent un cas spectaculaire de doublets contraires l'un de l'autre par le sens; car livrer un homme à la police, un pays à ses ennemis, est bien le

contraire de le libérer. Dans les langues romanes, les verbes issus de **liberare** apparaissent avec le sens de *fournir.* L'évolution de sens n'a cependant rien d'inexplicable. Un fournisseur, au moment où il fournit, cesse d'exercer sa possession sur l'objet de la transaction. Du reste, le verbe DÉLIVRER subit exactement la même évolution : voir les expressions « délivrer un passeport », ou encore « délivrance des colis, des marchandises ».

Liberare ayant changé de sens dans le latin populaire, l'idée de *libérer* fut transférée au verbe **deliberare,** qu'on voit apparaître avec ce nouveau sens à partir du IIIe siècle, alors que jusque-là il avait une signification totalement différente conservée dans le français savant DÉLIBÉRER.

Reste que le problème du lien entre l'idée de *liberté* et celle de *délibération* demeure entier ; nul philologue n'a pu jusqu'ici le résoudre de manière satisfaisante.

Si le lien de sens nous échappe, le lien de forme ne fait guère de doute : **deliberare** était un composé de **liberare,** lui-même dérivé de **liber,** *libre.* Un autre mot **liber** a donné en français LIVRE, tandis que son composé **librarius,** *préposé aux livres,* a donné LIBRAIRE. Ce mot **liber** désignait d'abord la partie interne de l'écorce de l'arbre, dont les Romains se servaient comme d'une sorte de papier avant le connaître le papyrus (voir LIBER, p. 233) ; il prit ensuite le sens de *feuille d'écriture,* puis de *livre.* Le latin connaissait enfin un mot **libra,** désignant un poids, qui a donné LIVRE, tandis qu'un de ses composés, **aequilibrium,** *égalité de poids,* donnait ÉQUILIBRE. **Liber** → LIBRE, **liber** → LIVRE, et **libra** → LIVRE n'ont aucun rapport étymologique.

LOYAL et **LÉGAL** ← **legalis,** *relatif aux lois* (d'après **lex,legis** → LOI).
Quand l'adjectif LOYAL émerge en a. fr. au XIe siècle, sous la forme *leial,* il qualifie l'homme qui observe ce qui est alors la loi par excellence, celle de la féodalité, qui lie le vassal à l'autorité de son suzerain. Conformément à ce sens premier, le nom LOYALISME signifie le respect d'une autorité politique face à un mouvement de dissidence.

LUMIÈRE et **LUMINAIRE** ← **luminaria,** *lampe,* pluriel à valeur de singulier de **luminare,** *source de lumière.*
Voir la racine **luc,** p. 160.

MÂCHER et **MASTIQUER** ← **masticare,** *mâcher.*

MÉTIER et **MINISTÈRE** ← **ministerium,** *service.*
Ministerium est un dérivé de **minister** (lui-même dérivé de **minus** → MOINS), qui signifie *celui qui exerce une fonction subalterne,* par opposition à **magister** → MAÎTRE (dérivé de **magis,** *plus*), litt. *celui qui exerce une fonction supérieure.*
Parallèlement on trouve :

MÉNESTREL et **MINISTÉRIEL** ← **ministerialis,** *serviteur* ou *fonctionnaire.* Le MÉNESTREL exerçait la fonction subalterne de chanteur, ou joueur d'instrument : ce n'était pas lui qui composait.

MEUBLE et **MOBILE** ← **mobilis,** *mobile, souple.*
Une terre MEUBLE est une terre que l'on remue facilement. Les MEUBLES sont les éléments de la maison que l'on peut déplacer et emporter (par opposition aux IMMEUBLES).
Voir la racine **mov,** p. 67.

MOULE (le) et **MODULE** ← **modulus,** *mesure.*

MOULE (la) et **MUSCLE** ← **musculus,** *petite souris, moule, muscle.*
Musculus est le diminutif de **mus,** *souris.* En grec comme en latin, le même mot signifie à la fois *souris* et *muscle :* en latin il désigne aussi le mollusque marin. On suppose que ce

sont les aspects extérieurs de la moule et du muscle se gonflant sous la peau qui les ont fait comparer au corps rond et ramassé de la souris. Quoi qu'il en soit, la ressemblance entre le nom MOULE et l'adjectif MOU/MOLLE ← **mollis,** *mou* est un pur hasard.

MOYEN et **MÉDIAN** ← **medianus,** *du milieu.*
Voir la racine **med,** p. 161.

MUER et **MUTER** ← **mutare,** *changer.*
L'action de muter et une MUTATION; l'action de muer s'appelle une MUE. Mais l'action de commuer une peine est une COMMUTATION.
Ces mots se rattachent à une racine **mu,** liée à l'idée de *changement, d'échange,* et qui est aussi à l'origine de COMMUNIER (voir p. 216); MUNICIPAL (voir p. 186); RÉMUNÉRER (voir p. 291).

NAGER et **NAVIGUER** ← **navigare,** *naviguer.*
Voir les racines **na** et **nav** p. 184.

NAÏF et **NATIF** ← **nativus,** *inné, naturel* (de **natus** → NÉ).
Une personne naïve a gardé la crédulité et l'innocence de l'enfant qui vient de naître.
Voir la racine **gen / gna,** p. 141.

OIGNON et **UNION** ← **unio, unionis,** *unité, union.*
Les plaisantins qui s'amusent à proclamer « L'oignon fait la force! » ne croient donc pas si bien dire. **Unio,** dérivé de **unus** → UN, signifiait *union,* mais aussi *as* (nombre un au jeu de dés) et, de là, *grosse perle* (comparée à un as); à son tour, l'oignon, du fait de sa forme et de sa couleur, fut comparé à une grosse perle. En Gaule du Nord, la métaphore **unio** détrôna le nom spécifique de l'oignon : **caepa.**

ORTEIL et **ARTICLE** ← **articulus,** *membre, division, partie.*

PAUME et **PALME** ← **palma,** *paume* et, par métaphore, *palme.*
La feuille du palmier, large et plate, ressemble à une main aux doigts écartés.

PAVILLON et **PAPILLON** ← **papilio, papilionis,** *papillon, tente.*
Les Latins avaient comparé les toiles de tente flottant au vent aux ailes des papillons.
PAVILLON a émergé en français avec le sens de « tente », qui a évolué directement vers « maisonnette ». En même temps, le mot fut employé pour désigner le linge qui, telle une toile de tente, recouvrait les vases sacrés des églises ; par la suite, il désigna toute pièce d'étoffe ornée ou marquée, et en particulier celles qu'on hisse sur les navires.

PELLE et **PALE** ← **pala,** *pelle, bêche.*
La pale d'une rame et la pelle sont des extrémités larges et plates qui permettent de repousser l'eau ou la terre.
Voir la racine **pac,** p. 111.

PIEUX et **PALS** ← **palos** (accusatif plur. de **palus,** *poteau*).
L'ancien français avait un singulier *pel,* issu normalement de l'accusatif sing. **palum,** et un pluriel *pieus,* écrit *pieux* (voir p. 24, n. 1), issu normalement de l'accusatif pluriel **palos.** Le singulier analogique PIEU a éliminé *pel.*

PIMENT et **PIGMENT** ← **pigmentum,** *couleur.*
Pigmentum, mot relevant d'une racine signifiant *peindre* (**pingere** → PEINDRE), a d'abord signifié *couleur,* un sens que l'on retrouve dans PIGMENT. Il signifiait aussi *suc de plante,* car cette substance était souvent utilisée pour la fabrication des couleurs. Puis il désigna tout ce qu'on pouvait fabriquer à partir de la plante : baumes, drogues, épices, et particulièrement une épice rouge et très piquante.

PITIÉ et **PIÉTÉ** ← **pietas,** *piété.*
Déjà le latin **pietas** pouvait être employé au sens de *sympathie, bienveillance.* L'évolution vers le sens de *pitié* a été renforcée par l'influence de la morale chrétienne, selon laquelle la charité pour plus malheureux que soi est une des plus éminentes manifestations de la piété.

POINÇON et **PONCTION** ← **punctio, punctionis,** *piqûre* (d'après **pungere,** *piquer* → POINDRE).
A cause d'une homophonie de la première syllabe, à cause aussi de l'opération qui consiste à aspirer au moyen d'une aiguille un liquide d'une cavité de l'organisme, on rapproche volontiers PONCTION de « pompe, pomper ». Mais il n'est pas de PONCTION sans piqûre et l'on déconseillera l'emploi de clichés comme « ponction dans l'Épargne Publique ».

POISON et **POTION** ← **potio, potionis,** *boisson.*
La POTION se boit pour guérir, le POISON pour mourir. On peut admirer l'élégance et l'économie avec lesquelles la langue française a résolu le problème de la distinction entre bonne et mauvaise drogue, que ni le latin ni le grec n'avaient faite.

PREMIER et **PRIMAIRE** ← **primarius,** *du premier rang.*

RAISON et **RATION** ← **ratio, rationis,** *calcul, raison.*
Le sens premier de **ratio** était *calcul, compte.* Le mot désigna ensuite la faculté de calculer, l'intelligence ; il en vint ainsi à désigner ce qui permet de comprendre : par exemple, la cause d'un événement, ou la cohérence logique. Selon le processus le plus fréquent, le mot français de forme populaire maintient le sens second, tandis que le mot de forme savante reprend le sens premier : une RATION est une mesure calculée. Toutefois, RAISON réfère au compte et au calcul dans : « à raison de », « en raison inverse de ». Voir la racine **re / ra,** p. 115.

RANÇON et **RÉDEMPTION** ← **redemptio, redemptionis,** *rachat.*

RECOUVRER et **RÉCUPÉRER** ← **recuperare,** *reprendre.*
Sur ces deux mots, voir p. 296.

RÉPIT et **RESPECT** ← **respectus,** *regard en arrière, regard sur, considération.*
Accorder du RÉPIT à quelqu'un, c'était d'abord lui accorder de la considération, des égards. Le mot s'est spécialisé et a désigné l'égard particulier que représente une attitude non pressante, qui respecte la dignité de l'autre en lui laissant des délais ou en lui accordant une trêve.
Dans RESPECTIF, « qui regarde tel ou tel », le sens primitif de **respectus** est conservé.
On note que le mot ÉGARD, d'origine germanique, a suivi la même évolution que **respectus,** puisque son premier sens était « regard ».

ROTURE et **RUPTURE** ← **ruptura,** *rupture.*
Il semble que **ruptura** ait signifié en latin populaire *défrichement,* c'est-à-dire *action de rompre une terre avec la charrue.* Celui qui voulait acquérir le droit de défricher une terre devait payer une redevance au seigneur : la ROTURE. Le sens du mot s'est étendu à l'état des terres ainsi achetées, par opposition à la terre des nobles acquise par héritage. Le ROTURIER est celui qui a acquis des terres par ce procédé. Voir la racine **rup,** p. 146.

RUSTRE et **RUSTIQUE** ← **rusticus,** *de la campagne.*
Voir **rus,** *campagne,* p. 172.

SANGLIER et **SINGULIER** ← **singularis,** *solitaire* ou *peu commun.*
C'est parce qu'il vit en solitaire (et non parce qu'il est peu commun) que le sanglier a été désigné par **singularis (porcus),** litt. *(porc) solitaire.*
Voir la racine **sem,** p. 192.

SERMENT et **SACREMENT** ← **sacramentum,** *serment* (de **sacer,** *sacré*).
Le serment était à Rome un acte sacré qui faisait intervenir les dieux pris comme garants.
Voir la racine **sac,** p. 116.

SEVRER et **SÉPARER** ← **separare,** *séparer.*
Sevrer un enfant, c'est le séparer du sein maternel.

SOU et **SOLIDE** ← **solidus,** *massif.*
Quand l'empereur Constantin décida de créer une nouvelle monnaie d'or, il appela sa pièce, faite de 4,55 g d'or, **solidus aureus,** *pièce d'or massive;* l'adjectif, qui signifiait aussi au figuré *stable, inébranlable,* promettait une monnaie solide. Elle le resta effectivement et le sou de l'Empire byzantin fut, pendant plusieurs siècles, le dollar de l'Europe médiévale. Les sous créés par les rois de France étaient des unités monétaires plus modestes, puisqu'il en fallait vingt pour faire une livre ou un franc. Pour bien des Français, qui n'avaient que

rarement en main des pièces d'une valeur supérieure, le sou fut la monnaie par excellence. En 1950, beaucoup de personnes disaient encore « vingt sous » pour « un franc », « cent sous » pour « cinq francs ».

SOUCIER et **SOLLICITER** ← **sollicitare,** *agiter, inquiéter.*
SOUCIER fut d'abord un verbe transitif, perpétuant le sens de **sollicitare.** SOLLICITER reprend un emploi rare et figuré de **sollicitare :** *piquer l'attention de quelqu'un, chercher à l'intéresser, à le séduire, pour obtenir de lui un service.*

TREMPER et **TEMPÉRER** ← **temperare,** *mélanger.*
TREMPER résulte d'une métathèse (interversion de deux sons à l'intérieur d'un mot) : l'a. fr. était *temprer.*
Les deux verbes français ont à l'origine strictement le même sens : « adoucir par un mélange la force ou la saveur d'un produit, en général en y rajoutant de l'eau », par exemple : tremper son vin.
Puis ils se sont spécialisés : dans TREMPER prévaut l'idée de mélange avec l'eau, tandis que TEMPÉRER a évolué vers la notion abstraite de juste mélange : un climat tempéré n'est ni trop chaud ni trop froid.
Temperamentum signifiait *alliage, combinaison.* Le TEMPÉRAMENT est donc ce qui résulte du mélange des mille et une caractéristiques physiologiques et psychologiques d'un individu. L'évolution de sens est radicale dans l'expression « avoir du tempérament », qui signifie en somme « ne pas être tempéré ».
Temperatura signifiait *proportion d'un mélange,* en particulier *proportion de chaud et de froid dans l'air, à tel ou tel moment.* **Temperare** et sa famille semblent se rattacher à **tempus, temporis** → TEMPS, mais c'est là une difficile question d'étymologie latine.
Une nouvelle rencontre de sens a toutefois eu lieu entre TEMPS et TEMPÉRATURE, puisque la température est un trait essentiel du temps qu'il fait. Ce second sens de TEMPS découle naturellement du premier : un temps chaud, humide, etc., c'est d'abord une période chaude, humide, etc.

VERRE et **VITRE** ← **vitrum,** *verre.*

VERVE et **VERBE** ← **verba,** *mots,* pluriel de **verbum.** Au XIIe siècle, VERVE signifiait « récit » (discours constitué d'une grande quantité de mots). Au XVIe siècle, il acquit son sens actuel : « capacité d'énoncer une abondance de mots ». Pour le sens de VERBE, voir p. 199.

VŒU et **VOTE** ← **votum,** *vœu.*

VOYAGE et **VIATIQUE** ← **viaticum,** *provisions de voyage* (d'après **via,** *route* → VOIE).

VOYELLE et **VOCAL** ← **vocalis,** *qui a une voix* (d'après **vox, vocis** → VOIX).
La voyelle est le son produit par l'émission ininterrompue de la voix. Les grammairiens latins l'appelaient déjà **vocalis.** Voir la racine **voc,** p. 119.

Cas particuliers

1. Doublets suffixaux

Ils opposent deux formes savantes, qui se distinguent par deux traitements différents d'un même suffixe latin.

INCLINAISON (pente, angle) et **INCLINATION** (penchant, tendance) ← **inclinatio,** qui réunit les sens des deux mots français.

MATÉRIAU et **MATÉRIEL** ← **materialis,** *relatif à la matière;* voir **materia,** p. 104.

ORIGINAL et **ORIGINEL** ← **originalis,** *primitif* ou *originaire;* voir **origo** p. 205.

PARTIAL et **PARTIEL** ← **partialis,** *partiel.*

SÉCULAIRE et **SÉCULIER** ← **saecularis,** *d'un siècle.*

2. Maintien de deux formations concurrentes

GEINDRE et **GÉMIR** ← **gemere,** *gémir.*
La conjugaison de ce verbe latin s'est dédoublée en latin populaire. On continuait d'utiliser la conjugaison classique **gemere** → GEINDRE ; **gemo** → (je) GEINS ; **gemis** → (tu) GEINS ; **gemit** → (il) GEINT. Mais, en même temps, on utilisait aussi une conjugaison assortie du suffixe **-esc-,** suffixe qui à l'origine servait à former des verbes marquant le début d'une action. Ce suffixe connut un succès foudroyant à la fin de l'Antiquité. A **gemo, gemis, gemit** furent préférés ***gemesco** (je) GÉMIS ; ***gemescis** → (tu) GÉMIS ; ***gemescit** → (il) GÉMIT. Ces formes françaises ont entraîné l'apparition d'un infinitif GÉMIR.

PLAIRE et **PLAISIR** ← **placere,** *plaire.*
En bon latin, il convenait de prononcer **placēre.** Cette prononciation a abouti à PLAISIR. Certains, cependant, disaient **plácĕre,** ce qui a donné PLAIRE. En a. fr. *plaisir* était encore un infinitif. Il a laissé cette fonction à son concurrent *plaire,* et s'est réservé l'emploi de substantif (*le plaisir,* comme *le manger, le savoir,* etc.).

PLIER et **PLOYER** ← **plicáre,** *plier.*
A l'infinitif, **i** non accentué a abouti au son noté OI, d'où PLOYER. Au présent de l'indicatif, **í** accentué reste [i] : **plícat** → il PLIE. Un infinitif PLIER a été refait sur je PLIE, il PLIE, et une conjugaison je PLOIE, il PLOIE sur l'infinitif PLOYER.

3. Doublets dont l'un est resté latin

AUDITOIRE et **AUDITORIUM.**
Auditorium désignait aussi bien la salle où l'on se rassemble pour écouter que l'assemblée des auditeurs.

COUDE et **CUBITUS.**
Cubitus signifiait essentiellement *coude,* mais aussi la *coudée,* c'est-à-dire la longueur de l'avant-bras entre coude et

poignet. Cette longueur est déterminée par la taille de l'os que les anatomistes latins appelaient **cubitus.**

ÉVIER et **AQUARIUM.**

Aquarium désignait un réservoir ou un abreuvoir. A ces doublets appartient le record de la divergence phonétique.

LIVRE et **LIBER.**

Le français a conservé intact le mot latin **liber** pour désigner la couche interne de l'écorce des arbres ; voir p. 223.

RAI et **RADIUS.**

Le sens premier de **radius** est *baguette.* C'est dans un emploi métaphorique très clair que les anatomistes latins ont choisi ce nom pour désigner l'os mince de l'avant-bras. Mais le nom a servi également à désigner les rayons d'une roue et, par analogie, les rayons entourant une source lumineuse.
Le nom RAI, auquel aboutit **radius,** est en français moderne beaucoup moins employé que son dérivé RAYON (voir aussi RADIO- et RADIUM, p. 67).

TIGE et **TIBIA.**

Tibia, nom féminin, désigna d'abord une flûte, puis par analogie de forme, l'os antérieur de la jambe. Enfin, **tibia** devint apte à désigner n'importe quel objet tubulaire, et tout particulièrement la tige d'un végétal.

VOILE (masculin) et **VÉLUM.**

Velum signifiait *voile, rideau;* il désignait en particulier les étoffes qu'on tendait au-dessus des théâtres pour mettre les spectateurs à l'abri du soleil.
La VOILE vient du neutre pluriel **vela** d'un autre nom **velum** désignant la voile d'un navire.

VOLUBILE et **VOLUBILIS.**

Volubilis signifiait *qui roule, enroule, déroule;* le VOLUBILIS est une plante qui s'enroule. L'adjectif VOLUBILE conserve le sens figuré de **volubilis,** appliqué à la parole : *qui se déroule facilement, fluide, rapide.* Voir VOLUME, p. 253.

4. Doublets homonymes

EXAUCER et **EXHAUSSER.**

Le latin vulgaire possédait un verbe ***exaltiare,** dérivé de **altus,** *haut* (voir p. 96) et signifiant *élever, hausser.* A l'époque de l'a. fr., ce verbe était devenu *essalcier, esaucier* ou *eshaucier.* Vers le début du XVIe siècle, on le vit subir un brusque accident : alors qu'il avait d'abord signifié « élever, exalter, glorifier », voici qu'on s'en servit pour traduire le verbe latin **exaudire,** *écouter favorablement, satisfaire à une prière* (**ex** + **audire,** *entendre*). Deux causes semblent s'être conjuguées pour produire ce résultat. D'abord le sens du verbe s'était partiellement affaibli de « glorifier » à « célébrer » (une fête), puis simplement « accomplir » (une action). D'autre part, le latin **exaudire** avait donné en provençal un verbe *eisauzir,* dont la prononciation était très voisine de celle d'*esaucier* qui a pu apparaître alors comme la forme française du provençal *eisauzir.* Quoi qu'il en soit, le nouveau sens du verbe a entraîné une spécialisation stricte de ses deux orthographes, dans lesquelles, au même moment, la réaction savante avait rétabli l'**x** du latin : EXAUCER vit son sens limité à celui du latin **exaudire ;** EXHAUSSER se lia étroitement à l'idée de *hauteur,* et prit place dans la série HAUSSER, REHAUSSER, SURHAUSSER.

5. Couples de mots français issus d'un même mot latin à deux cas différents

En Gaule, à la fin de l'Antiquité, le latin populaire avait simplifié la déclinaison des noms en la réduisant à deux cas : le nominatif et l'accusatif (voir p. 7). L'ancien français conserva ce système : chaque nom avait deux cas, un cas sujet perpétuant le nominatif, et un cas régime perpétuant l'accusatif.

A partir du XIIIe siècle, les Français trouvèrent que deux cas étaient encore trop. L'un fut sacrifié : ce fut le cas sujet (c'est la raison pour laquelle les noms français d'origine latine reflètent la forme de l'accusatif du nom latin). Toutefois, dans un petit nombre de mots, les deux formes se sont maintenues. Mais comme le français moderne n'admet pas de déclinaisons (sauf pour les pronoms personnels), ces deux formes sont aujourd'hui deux mots différents.

AISE et **ADJACENT.**

Le verbe **adjacere,** composé de **ad** et de **jacere,** *être couché* → GÉSIR, signifiait *être couché auprès, être voisin.* Il avait pour participe présent **adjacens, adjacentis.** De l'accusatif masculin-féminin **adjacentem,** la langue savante a tiré ADJACENT. Cependant, le neutre pluriel **adjacentia** signifiait *les environs.* Par transmission populaire, cette forme aboutit à AISANCE, qui en a. fr. désignait les dépendances d'une maison : voir « fosse d'aisance ». Le latin populaire a également employé le singulier **adjacens** pour désigner *l'espace libre autour de soi,* puis, par extension, *l'absence de gêne.* L'évolution phonétique a fait de cette forme l'a. fr. *aaise,* réduit plus tard à AISE.

MAIRE et **MAJEUR.**

MAIRE ← nominatif **májor,** *plus grand.* En ancien français *maire* désigne le « plus grand » personnage d'un groupe.
MAJEUR ← accusatif **majórem.** On note que c'est la variation de la position de l'accent latin qui entraîne la réalisation de deux formes différentes en français.

MOINDRE et **MINEUR.**

MOINDRE ← nominatif **mínor,** *plus petit.*
MINEUR ← accusatif **minórem.**

ON et **HOMME.**

ON ← nominatif **hómo,** *homme.*
HOMME ← accusatif **hóminem.** Ici, pas de déplacement de l'accent, qui restait toujours sur le premier **o,** mais la succession de **m** et de **n** dans **hominem** aboutit en français à un M solide qui ne cesse pas d'être articulé, alors que le **m** simple de **homo** a disparu en nasalisant la voyelle précédente.

PÂTRE et **PASTEUR.**

PÂTRE ← nominatif **pástor,** *berger.*
PASTEUR ← accusatif **pastórem.**

SIRE et **SEIGNEUR.**

SIRE ← nominatif vulgaire * **séior,** altération de **senior,** *plus vieux.*

SEIGNEUR ← accusatif **seniórem.** Chez les Latins, être appelé « ancien » était un titre d'honneur.
L'accusatif vulgaire * **seiórem** a pour sa part donné SIEUR, d'où MONSIEUR.
Major, minor, senior sont des comparatifs. D'autres comparatifs latins avaient donné en ancien français des couples de mots. Il est arrivé que le français moderne ne conserve qu'un des éléments du couple.
Ainsi, l'ancien français avait deux formes : *meldre* ← nominatif **mélior,** *meilleur,* et *meilleur* ← accusatif **meliórem.** Le français moderne n'a conservé que le cas régime. Il a fait le contraire pour PIRE ← nominatif **péjor,** *pire,* rejetant le cas régime *peieur* ← accusatif **pejórem.**
Toutes ces formes de comparatifs latins sont du genre commun masculin-féminin. Au neutre, ils se terminaient en **-us.** Si **majus** et **senius** n'ont rien donné, en revanche, **minus** a donné MOINS, **melius** → MIEUX, et **pejus** → PIS.

6. Triplets

Il en existe deux exemples, dont l'un est fort instructif car il nous montre que le mépris dans lequel sont tenus les piétons ne date pas d'hier et n'a pas attendu l'invention de l'automobile.

PIÈTRE, PITRE et **PÉDESTRE** ← **pedestris,** *qui est à pied, fantassin,* d'après **pes, pedis** → PIED.
PIÈTRE vient de l'a. fr. *peestre,* et PITRE est une forme dialectale franc-comtoise. Comment ne pas avoir piètre allure quand, marchant à pied, on est vu du haut d'un cheval ou d'un carrosse qui vous bouscule et vous éclabousse? Quant au fantassin franc-comtois, le PITRE, il lui est arrivé ce qu'ont connu également le DRILLE (anciennement « soudard ») et le ZOUAVE : on ne l'a pas pris au sérieux.

RAIDE, ROIDE et **RIGIDE** ← **rigidus,** *raide.*
La forme populaire a connu la même divergence d'évolution qui a donné FRANÇAIS et FRANÇOIS (voir p. 59), MONNAIE et *monnoie,* etc. Exceptionnellement, les deux formes RAIDE et ROIDE ont subsisté en français moderne (encore que ROIDE paraisse voué à une extinction prochaine).

OCCASION

Le latin de seconde main

Les mots latins passés en français ne sont pas tous arrivés directement dans notre langue. Certains se sont d'abord faits italiens, espagnols, ou sont passés par les langues d'oc. Plus tard, les Français importèrent ces mots en même temps que les objets et les usages qu'ils désignaient.
C'est ainsi que les Espagnols et les Portugais, grands navigateurs et conquérants, nous transmirent des mots qui désignaient les produits ou les coutumes des pays qu'ils découvraient. De l'italien nous vient presque tout le vocabulaire technique des arts plastiques et de la musique. Artistes, les Italiens étaient aussi des guerriers, et le vocabulaire militaire français regorge de termes empruntés à leur langue. Du reste, l'italien est la langue qui a fourni au français le plus grand nombre de mots d'origine latine. La fascination exercée aujourd'hui en France par la langue et la civilisation anglo-américaines n'est rien à côté de celle que l'Italie exerça chez nous entre le XVe et le XVIIe siècles. Avec l'anglais, précisément, se produit un phénomène curieux. Le latin des occupants romains n'a laissé dans la langue anglaise qu'un très petit nombre de mots. En revanche, les conquérants normands y ont introduit en quantité considérable les mots de la langue qu'ils parlaient, c'est-à-dire l'ancien français, dont le vocabulaire était en majeure partie d'origine latine. Cette importation massive de vocables d'ancien français se poursuivit notamment pendant la période où le royaume d'Angleterre comptait plus de terres en France que dans les îles britanniques. Quelques siècles plus tard, l'anglais nous restitua quelques-uns de ces emprunts, et nous devons lui savoir gré d'avoir joué le rôle de conservatoire de notre ancienne langue.

Mots passés par l'italien.

CAVALCADE ← *cavalcata,* nom formé sur *cavalcare* ← **caballicare** (→ CHEVAUCHER). Il y a donc une paire de doublets : CHEVAUCHÉE / CAVALCADE issus de **caballicata,** l'un étant passé directement du latin au français, l'autre avec un détour par l'italien. De la même façon, CAVALIER, transcription de l'italien *cavalliere* ← **caballarius,** fait doublet avec CHEVALIER, issu directement du mot latin.

CORTÈGE ← *corteggio,* suite, escorte, dérivé de *corteggiare,* courtiser ← * **cortidiare,** *vivre à la cour,* de **cors, cortis,** *cour,* simplification de **cohors, cohortis** (voir p. 203). L'italien *cortigiano* a donné le français COURTISAN.

FANTASSIN ← *fantaccino,* dérivé de *fante,* forme obtenue par aphérèse (chute du début d'un mot) à partir de *infante,* jeune garçon, valet, d'où homme de la piétaille ← **infans, infantis,** *petit enfant* (voir p. 178). La tendance des noms désignant l'enfant – surtout mâle – à glisser vers le sens de « serviteur » se constate dans beaucoup de langues : voir, en français, « garçon » (de café, de salle, etc.) ou, en anglais, *boy.* Cependant, de part et d'autre de la Méditerranée occidentale, l'héritage du latin **infans** a évolué dans deux sens diamétralement opposés : l'*infante* italien est au plus bas de la hiérarchie sociale, alors que l'*infante* espagnol est au plus haut, puisque le mot désigne un enfant royal (d'où la forme francisée INFANT). Entre l'Italie et l'Espagne, le mot français ENFANT est resté socialement neutre.
Sur *infante,* l'italien a construit *infanteria,* troupe d'hommes à pied, dont le français a fait INFANTERIE.

FERROVIAIRE ← *ferroviario,* tiré de *ferrovia,* chemin de fer, formé de *ferro* ← **ferrum** (→ FER) + *via* ← **via,** *route* (qui a donné VOIE).

En français, le mot VOIE a dû faire place à trois concurrents, qui l'ont évincé de la désignation de plusieurs espèces de lieux de passage : ROUTE ← **rupta,** *brisée* (voir p. 146); RUE ← **ruga,** *ride, sillon;* CHEMIN ← **camminus,** mot d'origine gauloise. Attention : la CHEMINÉE est sans doute le conduit par où chemine la fumée, mais c'est un pur hasard. CHEMINÉE vient de **caminata,** part. passé fém. de **caminare,** *creuser un four ou une cheminée,* de **caminus,** *four, âtre,* emprunté au grec **kaminos,** *four.*

ISOLÉ ← *isolato,* adjectif formé sur *isola,* île ← **insula** (voir ÎLE, p. 99); un être ISOLÉ est séparé de ses semblables comme une île l'est du continent.

MINIATURE ← *miniatura,* peinture au minium, d'après **minium,** poudre de couleur rouge. Par suite de l'influence de MINUSCULE ← **minusculus,** *petit,* dérivé de **minus** (voir p. 236), MINIATURE, dès le XVIIe siècle, signifie « objet d'art ou peinture de dimensions réduites ».

OPÉRA ← *opera* ← **opera** (→ ŒUVRE). En italien, *opera* signifie « œuvre », mais désigne aussi, tout spécialement, une œuvre dramatique avec chant, musique, et parfois danse. Quand cette forme d'art fut introduite en France, le mot passa en français, où de féminin il est devenu masculin.

SOLDAT ← *soldato,* litt. « qui reçoit des sous », dérivé de *soldo* ← **solidus** (→ SOU), voir p. 229.

SOLDAT remplace au XVe siècle le synonyme SOUDARD, dérivé lui aussi de **solidus** par l'a. fr. *sold* et muni du suffixe germanique -ARD. SOUDARDS ou SOLDATS étaient à l'origine des mercenaires. Un SOUDARD était SOUDOYÉ ; un SOLDAT reçoit une SOLDE. Ce mot vient lui aussi de l'italien *soldo.* Italien également est le verbe SOLDER, qui transcrit *saldare,* arrêter un compte ← **solidare,** *consolider, durcir,* qui avait donné en français SOUDER.

STRAPONTIN ← *strapontino,* diminutif de *strapunto,* part. passé de *strapungere* ← **transpungere,** *percer en piquant.* Le *strapunto* est une mince étoffe matelassée : le rembourrage est maintenu en place par une série de points à l'aiguille qui transpercent le tissu de part en part. Le *strapontino* est un petit siège d'appoint garni de cette étoffe.

Voir aussi CARNE, CARNAGE, CARNAVAL, INCARNAT, p. 85; CABRIOLE, CANAILLE, p. 86; CRÉDENCE, p. 89; AQUARELLE, GOUACHE, p. 92; ALTESSE, p. 96; LIGUE, p. 101; NUMÉRO, p. 108; VERMICELLE, p. 119; RÉCOLTE, p. 137; BANQUEROUTE, p. 146; LUSTRE, p. 161; INTERMÈDE, MÉDAILLE, p. 162; RADIS, p. 166; PÉCORE, p. 170; CAMP, p. 172; FRACASSER, p. 173; CITADELLE, CITADIN, p. 186; CAPITEUX, CAPITON, p. 192; CADENCE, CASCADE, CASQUER, p. 205; BUSTE, p. 208; CASTRAT, p. 214; CONCERT, p. 248; VOLUTE, p. 253; VOLTIGER, p. 257; ESCADRE, ESCOUADE, p. 261; FRUSTE, p. 289.

Mots passés par le provençal et l'occitan

LINGOT ← *lingo* ← **lingua** (→ LANGUE). L'or fondu était coulé dans des moules plats dont la forme rappelait une langue.

MISTRAL ← *maestral* ← **magistralis** (→ MAGISTRAL). Le MISTRAL est le maître-vent.

SALADE ← *salada* ← **salata,** part. passé fém. de **salare** (→ SALER), dérivé de **sal** → SEL. SALÉE et SALADE sont deux doublets, franco-provençaux.

Voir aussi CARNASSIER, p. 85; CABRER, CABRI, p. 86; RÔDER, p. 115; LUZERNE, p. 161; NOUGAT, p. 191; CADEAU, CADET, CAP, p. 193; CASERNE, p. 261.

Mots passés par l'espagnol et le portugais

FÉTICHE ← port. *feitiço,* objet fabriqué ← **facticius** (→ FACTICE), de **facere** → FAIRE. C'est le nom que donnaient les colonisateurs portugais aux divers objets de culte fabriqués par les populations primitives.

NÈGRE ← esp. *negro* ← **niger** (→ NOIR).

PINTADE ← port. *pintada,* part. passé du verbe *pintar* ← * **pinctare,** class. **pingere** → PEINDRE (voir p. 227). Avec son mouchetage de taches claires, cette poule a l'air d'avoir reçu quelques coups de pinceau.

VANILLE ← esp. *vainilla,* diminutif de *vaina,* gousse ← **vagina,** *fourreau* (voir p. 222).

Voir aussi TRANSHUMER, p. 98; CASQUE, p. 173; ZÈBRE, p. 190; SIESTE, p. 262; ADJUDANT, p. 98.

Mots passés par l'anglais

CHEFTAINE ← *chieftain,* chef de clan ← a. fr. *chevetain,* capitaine ← **capitaneus,** *qui est en tête* (voir **caput, capitis,** *tête,* p. 193). Au XIIIe siècle, une forme savante CAPITAINE, tirée de **capitaneus,** s'introduisit en français. Le mot élimina *chevetain,* que l'anglais nous restitua bien plus tard affecté d'un curieux changement de sexe. Entre-temps, l'anglais avait également emprunté CAPITAINE, dont il a fait *captain.*

COMITÉ ← *committee,* du verbe *(to) commit,* confier une mission ← **committere,** *confier une charge à quelqu'un.*

HUMOUR ← *humour,* repris lui-même du français HUMEUR ← **humor,** *liquide* et plus particulièrement *liquide organique.* La médecine ancienne affirmait que quatre HUMEURS circulaient dans le corps : le sang, le flegme, la bile, la bile noire. La prédominance de l'une de ces humeurs chez un sujet déterminait sa disposition d'esprit et la nature de son tempérament. En France, cette humeur – indéterminée – était tenue pour responsable de l'emportement : « avoir de l'humeur ». En Angleterre, elle était censée engendrer une disposition joyeuse et facétieuse.

PRIME ← *premium,* récompense ← **praemium,** *ce qu'on prend avant les autres, récompense* (**prae,** *avant* + racine **em** signifiant *prendre*).

RAIL ← *rail,* barre ← **regula** (→ RÈGLE). *Rail* désigna en anglais toute barre horizontale fixée sur un support, puis une paire ou une série de barres fixées horizontalement et parallèlement l'une à l'autre pour permettre le glissement des roues d'un véhicule.

RECORD ← *record,* rappel. Le verbe *(to) record,* rappeler, vient de l'ancien français *recorder* ← **recordari,** *se souvenir,* litt. *se remettre dans le cœur* (de **cor, cordis** → CŒUR). Le record est une performance qu'on estime digne de rester dans toutes les mémoires.

SPORT ← *sport,* dérivé du verbe *to disport,* lui-même issu de l'ancien français *desporter,* distraire (préfixe a. fr. *des-* ← **dis-** + PORTER ← **portare**).

STENCIL ← *stencil.* Le verbe *(to) stencil* vient de l'ancien français *estinceler,* formé sur *estincele* (devenu ÉTINCELLE). *Estincele* ← * **stincilla,** métathèse de la forme classique **scintilla.** Sur **scintillare,** le français a fait SCINTILLER.
To stencil, c'est d'abord peindre avec des couleurs vives (même image que dans le français ENLUMINER). STENCIL désigna d'abord cette peinture, puis le « patron », forme en métal découpé que l'on posait sur le papier ou la pancarte – le procédé servait surtout pour les enseignes – afin de peindre de façon plus nette et plus brillante. Le mot désigne maintenant la feuille de papier perforée par une frappe spéciale à la machine à écrire et qui, recouverte d'encre, servira à l'impression.

TRACT ← *tract,* pamphlet, abréviation de *tractate* ← **tractatus** (→ TRAITÉ).

VERDICT ← *verdict,* d'après l'anglo-normand *verdit* ← **veredictum,** *dit vrai* (**vere,** *vraiment* + **dictum** → DIT).

Voir aussi DIGITAL, p. 91 ; RALLYE, p. 101 ; SCOUT, p. 110 ; SCRIPT, p. 129 ; SUPERVISER, p. 149 ; RÉVOLVER, p. 253 ; VULCANISER, p. 265.

Le secret des mots

La création des mots est l'expression du regard que nous posons sur le monde et ses objets. Ce regard retient de l'objet une image caractéristique, qui devient définitive, au sens premier du terme : elle servira à définir l'objet. Cette image est parfois immédiate : le Romain qui avait sous les yeux un rouleau de papyrus l'appelait tout simplement **volumen,** qui signifiait *rouleau.* Mais les objets changent et le regard aussi. Le mot peut demeurer, mais il doit changer de sens. Le destin des mots, toujours fantasque, choque maintes fois la raison : LIVRER (voir p. 222) qui, sous sa forme **liberare,** voulait dire : « libérer », signifie depuis longtemps le contraire. Quant à TUER (voir p. 251), au temps où on le prononçait **tutare**, il signifiait « protéger » ! De tels mots sont des vagabonds qui ont renié leur passé. D'autres ont amassé, au cours des siècles, des fortunes de sens. L'histoire y a laissé ses marques. Les millions d'esprits qui les ont pensés les ont sculptés et polis. Ce sont des trésors. N'en laissons rien perdre. Voici un petit nombre d'exemples, très divers, de ces mots qui gagnent du sens à être mieux connus.

DISCRET, DISCRÉTION.

Il y a quelque chose d'attendrissant à entendre dire que les nombres entiers sont discrets, que ce sont des quantités discrètes, même $10^{1\,000}$, qui a pourtant du mal à se cacher. Il est en revanche un peu choquant de constater l'inégalité flagrante qui existe entre un convive qui se sert du vin À DISCRÉTION et un autre qui le fait AVEC DISCRÉTION.
Cette polysémie accusée des mots DISCRET et DISCRÉTION a bien sûr sa source dans la valeur du verbe latin originel **discernere.** Formé de **dis-,** *en séparant,* et de **cernere,** *trier,*

il signifie *distinguer* et a donné DISCERNER; il a pour participe passé **discretus :** voir la racine **cre (cer),** p. 88. Il n'est pas étonnant que DISCRET, appliqué, par exemple, aux nombres ait le sens de « distinct », « bien séparé », « discontinu ». Mais en latin, les participes passés manifestaient une certaine tendance à passer du sens passif au sens actif. **Discretus** a connu ce traitement; quand *discret* émerge en ancien français, il a le sens de « sage », « judicieux », c'est-à-dire « qui sait discerner ». La langue a peu à peu précisé à quelle forme de sagesse DISCRET pouvait référer : la retenue, la réserve, la circonspection. DISCRÉTION, tiré de **discretio,** a pour une part suivi l'évolution de DISCRET. Mais, d'autre part, le mot continue de refléter le sens latin de **discretio :** *discernement.* Quand le vin est À DISCRÉTION, c'est le seul discernement des convives qui fixera la quantité bue. Un pouvoir DISCRÉTIONNAIRE n'est limité que par le discernement de celui qui l'exerce.

La famille de **cernere** est particulièrement riche en mouvements de sens imprévus. Ainsi quoi de commun entre un SECRET et une SÉCRÉTION? Comment peut-on dire que la diplomatie SECRÈTE SÉCRÈTE les risques de guerre? Tout s'explique si l'on remonte à **secernere (se-,** *à l'écart* + **cernere).** Ce verbe latin signifiait *séparer pour mettre à l'écart, éliminer.* **Secretus,** part. passé, signifiait *mis à l'écart, caché.* SÉCRÉTION s'inspire du sens de **secernere,** *éliminer.* Sur SÉCRÉTION a été forgé le verbe SÉCRÉTER.

Il est bien difficile de voir où est passée l'idée de *tri,* fondamentalement exprimée par la racine, dans CONCERT et CONCERTATION. Elle était encore très sensible dans les mots latins dont ils sont venus. **Certare** signifiait *lutter, se livrer à une compétition* (pour se départager). **Concertare** signifiait donc *rivaliser ensemble, combattre.* Les Italiens en ont tiré *concerto,* dans lequel ils voyaient une performance musicale où chaque musicien rivalisait avec les autres. Le français en a fait CONCERT, qui évoque au contraire l'idée d'harmonie et de concorde. SE CONCERTER, c'est s'entendre entre plusieurs personnes afin d'agir DE CONCERT. Et la CONCERTATION, c'est-à-dire le dialogue respectueux d'autrui, est l'opposé de la **concertatio** latine, qui était plutôt une empoignade.

Enfin, la dernière curiosité produite par cette racine **cri** n'est autre que la GRIVE. Car de **cribrum** → CRIBLE, a été tiré un diminutif **cribellum,** qui paraît bien être à l'origine de l'a. fr. *grivel,* criblé, tacheté, dont dépendent GRIVELÉ, moucheté, et GRIVE, oiseau au plumage moucheté. Le mot GRIVÈLERIE, désignant d'abord de menus pillages à l'imitation de ceux que font les grives dans les vignes, laisse supposer que l'oiseau s'est d'abord appelé *grivel* ou * *grivelle.*

FANATIQUE ← **fanaticus,** *inspiré par les dieux,* de **fanum,** *lieu consacré, temple,* d'où *en proie au délire sacré, frénétique.*
Au XVIe siècle, le mot désigne celui qui est en proie à la frénésie religieuse. Il désigne en plus, de nos jours, toute personne aveuglée par son idéologie ou même par ses goûts. Étymologiquement, donc, un FANATIQUE est quelqu'un qui hante les temples, alors qu'un PROFANE ← **profanus** se contente de rester devant (**pro,** *devant*) sans y entrer.

FEU, FEUE ← * **fatutus,** *qui a accompli son destin,* d'après **fatum,** *destin* (voir la racine **fa,** p. 179).
Le mot remplaça l'expression **fato defunctus,** *qui s'est acquitté de son destin,* d'où l'on a tiré DÉFUNT. Pour l'homonyme FEU, voir p. 182.

FISC ← **fiscus,** *panier.*
C'était à Rome le panier où l'on collectait l'argent du Trésor Public, puis cet argent, enfin le Trésor lui-même en tant qu'institution.

LUBRIQUE ← **lubricus,** *glissant* (LUBRIFIER, tiré de **lubricus,** signifie « rendre glissant »).
Le mot a qualifié, par métaphore, un homme à la vertu chancelante. Le substantif **lubricitas** → LUBRICITÉ apparaît en bas latin avec une connotation morale *(glissement vers l'erreur, la faute)* qui sera développée dans le latin médiéval. Or quelle était la faute qui vous précipitait le plus sûrement en enfer? Le péché de chair, bien entendu.

MONDE ← **mundus,** *parure.*
Les Latins, pour traduire le grec **kosmos** (qui désignait à la fois *la parure, l'ordre* et *l'univers* considéré comme un ordre), ont choisi le mot qui chez eux signifiait *parure :* **mundus.** Le sens d'*univers* n'a pas tardé à prévaloir.

ÉMONDER ← **emundare,** *nettoyer* et IMMONDE ← **immundus,** *sale,* remontent à un adjectif **mundus,** *propre.* La parure a pu être associée, à Rome, à l'idée de propreté, comme elle l'était en Grèce à l'idée d'ordre, mais les spécialistes d'étymologie latine émettent des doutes sur la parenté des deux **mundus.**

OTAGE ← hospitaticum.
Ce mot latin, dérivé de **hospes, hospitis** → HÔTE (voir p. 123), apparut dans le Haut Moyen Age avec le sens d'*obligation pour le vassal d'héberger son suzerain.* Le mot donna en a. fr. *ostage,* qui signifia « hébergement », puis désigna particulièrement le maintien, dans la demeure du signataire d'un traité, d'un membre de la famille de l'autre signataire, à titre de garantie. A partir des expressions « laisser, prendre en otage », le mot OTAGE finit par désigner la personne ainsi hébergée. La réaction savante des XVe - XVIe siècles a omis, en France, de redonner à OTAGE le *h* étymologique comme elle l'a fait pour *ostel* devenu *hostel.* En Angleterre, en revanche, cette opération eut lieu et le mot est *hostage.*

PERSONNE ← persona, *masque de théâtre.*
C'est à coup sûr une des étymologies les plus troublantes, les plus chargées de vérité sauvage. Les Grecs appelaient le visage **prosôpon,** ce qui signifiait à peu près *la chose munie d'yeux.* Ils se servirent du même mot pour désigner le masque de théâtre, qu'ils inventèrent. Il est possible que les Étrusques, férus d'objets grecs, aient importé et imité ces objets dont ils auraient prononcé le nom *phersu.* De *phersu* les Latins firent **persona.** De *masque,* le sens glissa naturellement à *personnage de théâtre,* puis à *caractère, personnalité.* Les grammairiens s'en servirent pour désigner la personne du verbe et les juristes, enfin, pour la personne juridique.

PROSE ← prosa oratio, *discours droit.*
Imaginons l'ébahissement de Monsieur Jourdain, si, après lui avoir révélé que tout ce qui n'est point vers est prose, on lui avait confié que VERS et PROSE ont la même racine. C'est pourtant le cas. Cette racine est la racine **vort (vors, vers)** signifiant *tourner :* voir p. 174. **Versus** signifie *action de*

tourner. Les paysans romains l'employaient pour parler du demi-tour qu'ils faisaient à chaque bout de sillon. Le mot a ensuite désigné le *sillon* tout entier. Plus tard, par analogie, on appela **versus** les lignes d'écriture et en particulier les lignes immuables des poèmes : les VERS.
Le nom **versus,** homonyme de **versus,** *tourné,* participe passé de **vertere,** était toujours associé par les Latins à l'idée de *tourner.* Les textes en vers étaient donc vus comme des textes contournés ; par opposition on nomma la prose *le discours qui va tout droit :* **prorsa** (devenu **prosa**) **oratio.** Aller tout droit, c'est être tourné devant soi, et l'adjectif **prorsus,** *qui va tout droit* était plus anciennement * **pro-vorsus** (**pro,** *devant* + **vorsus** = **versus,** *tourné*).

SINISTRE ← **sinister,** *qui est à gauche*
Les mots qui désignent le côté gauche sont, dans presque toutes les langues, les plus instables qui soient. Ils finissent en effet par signifier *mauvais, faible, de mauvais augure, funeste.*
Ainsi, **sinister** finit par acquérir le sens qu'a aujourd'hui SINISTRE. La forme SENESTRE a été supplantée par GAUCHE, mot d'origine germanique. SENESTRE est encore employé dans le langage du blason, où il désigne le côté gauche.

TRAVAIL ← **tripalium,** *instrument formé de trois pieux* (**tres** → TROIS + **palus** → PIEU).
Cet instrument, une sorte de chevalet, servait à l'origine à immobiliser les grands animaux ; puis on le trouva commode pour torturer. Le mot a vite acquis le sens de *souffrance,* que TRAVAIL conserve lorsqu'il s'agit de l'accouchement.

TRIVIAL ← **trivialis,** adj. formé sur **trivium,** *carrefour* (**tri-** = *trois* + **via** → VOIE).
Ce qui est TRIVIAL, c'est ce qui traîne partout, à tous les carrefours.

TUER ← **tutare,** *protéger,* verbe relevant d'une racine **tu** qui porte initialement l'idée de *voir, regarder,* présente encore dans INTUITION ← **intuitio,** *action de contempler.*

Le sens est passé à *surveiller,* puis *protéger,* dans des mots comme **tutela,** *protection* (→ TUTELLE); **tutor,** *protecteur* (→TUTEUR), et enfin **tutare.**
Dès l'époque latine, **tutare** apparaît parfois employé avec le sens de *mettre fin à, éteindre.* Pourquoi s'en étonner? Le processus ne manque pas d'autres exemples, en diverses langues. Ainsi, il nous paraît aller de soi pour le verbe SOIGNER. Quand nous disons à un malade « Soigne-toi », nous l'invitons à prendre soin de lui. Si nous lui disons « Soigne ton rhume », nous ne l'invitons pas à faire prospérer son mal, mais au contraire à l'enrayer.
Quoi qu'il en soit, c'est le sens second qui s'imposa en latin populaire, et TUER émerge en français avec le sens d'« éteindre, rendre inerte, assommer », avant de signifier très précisément « ôter la vie ». Pour exprimer cette dernière idée, le latin classique disposait de plusieurs verbes. L'un d'eux, **occidere** (voir la racine **caed,** *couper,* p. 71), a donné OCCIRE, aujourd'hui archaïque. Un autre, **necare,** s'est spécialisé en évoquant une seule des mille façons de donner la mort et a fourni NOYER.

VILLE ← **villa,** *ferme.*

A la fin de l'Antiquité, le sol appartenait généralement à de grands propriétaires qui vivaient sur leurs terres. Ce type de vaste exploitation agricole portait le nom de **villa** (* **vic-sla,** voir la racine **vic** p. 186), qui en latin a toujours signifié *ferme.* La maison du maître était vaste et confortable. Elle inspira la *villa* italienne, somptueuse résidence de campagne. Les Français empruntèrent le mot et appelèrent VILLAS leurs résidences d'été, non sans quelque abus parfois, car il y a loin de la Villa d'Este aux « Ça m'suffit » ou autres « les Flots ».
Sur le grand domaine vivaient aussi des familles de serviteurs et de paysans. C'est là l'origine de nos villages, dont beaucoup portent encore dans leur nom l'élément -VILLE. Au début du Moyen Age, *ville* signifiait simplement « agglomération ». Le mot s'est ensuite spécialisé dans la désignation des agglomérations urbaines, ce qui a entraîné l'apparition du mot VILLAGE (VILLE + suffixe -AGE) pour les agglomérations rurales. Comme on le voit, le rêve des humoristes est une solide réalité, et les villes ont bien commencé par être construites à la campagne.

VOLUME ← **volumen, voluminis,** *enroulement, rouleau.*

Le nom **volumen** correspondait au verbe **volvere,** *rouler, enrouler, dérouler.* Dans son sens large de *chose enroulée,* on devine qu'il a servi de mot passe-partout pour désigner n'importe quel objet aux formes imprécises, suivant une évolution analogue à celle de **massa,** *masse,* qui primitivement signifiait *bloc, boule, amas de pâte* (← gr. **maza,** *pâte*), ou encore à celle du mot français TAS (← germanique **tass*). D'où l'un des sens de VOLUME : « quantité d'espace occupée ».

Dans son sens restreint, **volumen** désignait un type particulier d'objet roulé : le rouleau de papyrus que l'on déroulait pour écrire ou pour lire, et qu'on enroulait pour le ranger dans la bibliothèque. **Volumen** devint donc synonyme de **liber** → LIVRE (voir p. 223) et le resta, semble-t-il, même après que les rouleaux furent supplantés par des cahiers, d'un maniement beaucoup plus commode. D'où l'autre sens de VOLUME : « livre ».

On retrouve l'idée d'enroulement ou de rotation dans quelques mots de la même famille :

VOLUTE ← it. *voluta,* ornement d'architecture en spirale ← **voluta,** part. passé fém. de **volvere.**

ÉVOLUER a été forgé d'après ÉVOLUTION ← **evolutio,** *déroulement.* RÉVOLUTION conserve en astronomie le sens de « parcours circulaire », qui était celui du latin **revolutio ;** le français lui a donné en plus le sens métaphorique de « retournement », « changement profond ». A l'origine de **revolutio** se trouve le verbe **revolvere,** *rouler, retourner,* qui a donné l'anglais *(to) revolve,* d'où *revolver,* litt. « tourneur », désignant un pistolet à barillet tournant.

Le participe **revolutus,** *qui a fini son tour,* a donné RÉVOLU : une année est révolue quand la Terre a accompli une révolution complète autour du Soleil. Quant au DÉVOLU que l'on jette, il a derrière lui une histoire longue et complexe dont le récit nous entraînerait dans les méandres du droit canon, où nous finirions par retrouver l'adjectif DÉVOLU, « attribué », tiré de **devolutus,** part. passé de **devolvere,** *faire rouler de haut en bas.* Ce qui vous est dévolu est donc ce qui vous roule dessus, de même que ce qui vous échoit est ce qui tombe sur vous (voir ÉCHOIR, p. 206).

Voir aussi VOLUBILIS et VOLUBILE, p. 233 ; VOLTIGER, p. 257.

Les faux frères

La fausse étymologie n'est pas seulement un piège où tombe le profane, ou un délire qui saisit parfois les savants ; c'est aussi un processus naturel de l'évolution linguistique. Quand deux mots en viennent à se ressembler par hasard, le sentiment linguistique populaire les associe et peut rectifier le sens de l'un en fonction du sens de l'autre. Voici quelques cas où l'étymologie la plus évidente n'est pourtant pas la bonne.

FRAYEUR et **EFFRAYER.**

FRAYEUR est indépendant de FRAYER ; chacun s'en doutait. Mais, chose plus étonnante, il n'a pas non plus d'origine commune avec EFFRAYER. A l'origine de FRAYEUR est le mot latin **fragor,** de la même racine que **fragilis,** *cassable* et **frangere,** *casser* (voir p. 172), et qui signifiait *bruit d'une chose qui se casse, craquement.* **Fragor** aboutit en a. fr. au nom *freor,* dont le sens premier est « fracas ». Mais l'a. fr. connaissait aussi un verbe *esfreer,* effrayer, issu de * **exfridare,** que les Gallo-Romains de la fin de l'Antiquité avaient construit sur le germanique * *fridu,* paix, et qui signifiait *faire sortir de la paix, inquiéter.* Le sens de *esfreer* a influencé fortement celui de *freor* et les deux mots ont évolué de concert vers EFFRAYER et FRAYEUR.

Quant à FRAYER, il est issu de **fricare,** *frotter.* Frayer un chemin, c'est le tracer par le frottement des pieds. Et si l'on dit que la femelle du poisson fraie quand elle pond c'est qu'alors elle frotte le fond de la rivière.
Dans le même registre, on séparera soigneusement TERREUR et ATTERRER. Ce verbe s'est formé en français à partir de TERRE ← **terra.** Il signifie d'abord « mettre à terre », « abattre ». TERREUR est issu de **terror,** *épouvante,* dont la racine **ter/tre** est liée à l'idée de *tremblement :* **tremere,** *trembler* → CRAINDRE ; **tremulare** (même sens) → TREMBLER ; **intrepidus,** *qui ne tremble pas* → INTRÉPIDE.

OUVRABLE et **OUVRIR.**

Un jour ouvrable n'est pas un jour où les boutiques sont ouvertes. Il y a en France moins de boutiques ouvertes le lundi, jour OUVRABLE, que le matin du dimanche, jour FÉRIÉ ← **feriatus,** *chômé* (de **feriae,** *jours consacrés au repos*).
OUVRABLE est un dérivé de l'a. fr. *ouvrer,* travailler ← **operare,** *travailler* (→ OPÉRER); OUVRABLE et OPÉRER appartiennent à la même famille que les mots ŒUVRE ← **opera** (voir aussi OPÉRA, p. 241) et OUVRIER ← **operarius,** *travailleur.*
OUVRIR est issu de **operire,** *couvrir,* qui, en Gaule, fut confondu avec son contraire **aperire,** *découvrir, ouvrir.* Un APÉRITIF ← **aperitivus,** *qui ouvre,* est censé ouvrir l'appétit. En fait, les apéritifs de jadis étaient des élixirs destinés à ouvrir les pores et les vaisseaux pour faciliter la circulation des humeurs.

PÉAGE et **PAYER.**

Une voie à PÉAGE est certes une voie où l'on paie pour passer. Mais ce mot, qui appartient désormais à l'univers de l'automobile, fut jadis formellement lié à l'activité du piéton. Le * **pedaticum** était, dans le Haut Moyen Age, une redevance exigée pour avoir le droit de mettre le pied sur un pont : le mot est en effet dérivé de **pes, pedis** → PIED.
Quant à PAYER, il est issu de **pacare,** signifiant *apaiser* et dérivé de **pax, pacis** → PAIX (voir p. 111). Payer est en effet le seul moyen de verser la paix dans l'âme de celui qui vous a vendu une marchandise ou un service.

PRIEUR et PRIER.

Sans doute le PRIEUR d'un couvent passe-t-il le plus clair de son temps à prier, mais ce n'est pas son nom qui l'exige. Celui-ci le présente seulement comme le « premier » de la communauté qu'il dirige, puisqu'il est issu de **prior,** *qui précède* (même racine que **primus,** *premier,* voir p. 152).
PRIER ← **precari,** dont est dérivé **precarius,** *obtenu par la prière* (→ PRÉCAIRE). Est donc précaire ce qui est mal assuré, comme un bien que l'on possède non par droit, mais par la faveur d'une prière exaucée.

SIDÉRAL, SIDÉRÉ et SIDÉRURGIE.

Entre SIDÉRAL, « relatif aux astres », SIDÉRÉ, « frappé de stupeur » et SIDÉRURGIE, « métallurgie de la fonte et de l'acier », la très forte ressemblance formelle est contrebalancée par la profonde différence de sens.
SIDÉRAL est tiré de **sideralis,** *relatif aux astres,* dérivé de **sidus, sideris,** *étoile;* et SIDÉRÉ vient de **sideratus,** *frappé, paralysé par l'action funeste d'un astre.* Mais SIDÉRURGIE est tiré du grec **sidêrourgia,** *travail du fer* (d'après **sidêros,** *fer*). Il n'est pas exclu que le mot latin et le mot grec remontent à une même racine indo-européenne (l'éclat métallique serait alors le point commun entre le fer et l'étoile), mais on manque d'indices sûrs pour le prouver.
Curieusement, les verbes de la famille de **sidus** ont perdu tout lien avec le mot d'origine, et se sont, par leur sens, éloignés les uns des autres comme les étoiles soumises à l'expansion de l'univers. **Considerare** → CONSIDÉRER signifiait *examiner attentivement.* On suppose que son sens primitif était *observer, guetter les étoiles.* On suppose également que **desiderare** → DÉSIRER a d'abord signifié *cesser de voir (une étoile),* d'où *regretter une absence.*

SOUFFRETEUX et SOUFFRIR.

Le sens de SOUFFRETEUX est « qui est habituellement souffrant ». C'est sa ressemblance avec SOUFFRIR qui lui a valu d'acquérir ce sens, alors qu'il signifiait primitivement « nécessiteux », « misérable ». Car l'a. fr. *soufraiteus* était un dérivé de *soufraite,* disette, manque ← **suffracta,** part. passé fém. d'un verbe **suffringere,** qui signifiait en latin classique *casser par-dessous* (**sub,** *sous* + **frangere,** *casser,* voir p. 173),

mais qui, dans le langage populaire, avait dû évoluer vers le sens de *se rompre à la base, faire défaut.*
SOUFFRIR ← * **sufferire,** classique **sufferre,** *supporter* (**sub,** *sous* + **ferre,** *porter*).

VOLTIGER et **VOLER.**

Le verbe VOLTIGER est aujourd'hui senti par tous les locuteurs français comme une sorte de diminutif de VOLER. On imagine que certains exercices équestres sont appelés VOLTIGE par analogie avec les mouvements souples de l'oiseau qui voltige, alors que c'est en gros le contraire qui s'est produit. Car VOLTIGER fut emprunté à l'italien *volteggiare,* faire des voltes à cheval, dérivé de *volta* ← * **volvita,** classique **voluta,** part. passé fém. de **volvere,** *rouler, tourner en rond.*
VOLER ← **volare.** Le sens de « dérober » s'est développé en français, par métaphore, à partir du sens de « se mouvoir dans les airs ». En ancien français, *voler* pouvait être employé avec la signification de « pratiquer la chasse au faucon », d'où l'idée de « faire des proies, piller ».

Voir aussi IMPÉRITIE et IMPÉRIAL, p. 93; POSTHUME et INHUMER, p. 98; RÔDER et RODER, p. 115; AVOUÉ et DÉVOUÉ, p. 120; VIDUITÉ et VIDE, p. 124; AGENCER et AGENCE, p. 126; NOTER et NOTOIRE, p. 127; ÉDIT et ÉDITEUR, p. 129; FUSER et FUSION, p. 134; VICTOIRE et VICTIME, p. 148; LUSTRE et LUSTRE, p. 161; SOUCI et SOUCI, p. 166; CONSOLER et DÉSOLER, p. 167; DUEL et DEUX, p. 202; CASQUER et CASQUE, p. 206; CHEMINÉE et CHEMIN, p. 241.

La malédiction du paysan

Au moins trois des noms ou adjectifs latins référant au paysan en sont venus à évoquer des comportements ou des mœurs considérés comme mauvais en soi.

Paganus, *villageois,* d'après **pagus,** *bourg* (voir racine **pag,** p. 111), a donné PAÏEN. En effet, le christianisme s'est développé d'abord dans les villes, là où les idées circulent, là où les nouveautés sont appréciées, où les réunions sont faciles. La campagne, surtout en Occident, resta longtemps à l'écart du mouvement. Les chrétiens appelèrent donc **pagani** ceux qui, comme les paysans, s'obstinaient dans leurs croyances et leurs rites ancestraux.

Rusticus, *de la campagne,* d'après **rus,** *campagne* (voir p. 172) a donné RUSTIQUE par transmission savante, et, par transmission populaire, RUSTRE. Si le rustique est en général apprécié, surtout quand il s'agit de mobilier, le rustre est toujours à fuir.

* **Villanus,** *habitant d'une villa* (voir p. 252) a donné VILAIN qui reste très employé mais a perdu aujourd'hui toute relation avec l'idée de paysan, et s'est rapproché du sens de VIL, d'origine absolument différente puisqu'il est issu de **vilis,** *bon marché.*

Si l'on note qu'être urbain est considéré comme une qualité, on se convaincra que, si la France fut longtemps une nation de paysans, le français qui a triomphé est néanmoins celui des gens des villes.

Langage chiffré

Voici quelques mots dont les racines sont celles des noms de nombre.
D'abord, trois mots qui, à l'origine, référaient à un découpage en plusieurs parts :

TRANCHER ← * **trinicare,** *couper en trois,* d'après **trini,** *trois par trois.*

ÉCARTER ← * **exquartare,** *couper en quatre,* d'après **quartus** → QUART. Par extension, le verbe a signifié *éloigner les unes des autres les parties ainsi détachées.* D'où, pour maintenir le sens originel, la création d'un nouveau verbe : * **exquartariare** (d'après **quartarius,** *quart* → QUARTIER) →ÉCARTELER.

ESQUINTER ← * **exquintare,** *couper en cinq,* d'après **quintus,** *cinquième.* Le sens évolua vers *couper en trop de morceaux, déchiqueter.*

Mots formés sur le nombre *deux :*

BÊCHE et **BINETTE** sont deux outils où se cache le nombre *deux,* sous sa forme latine **bi-,** issue de l'indo-européen * *dwi.* La * **bissa** était une fourche à deux dents ; manier cet outil s'appelait * **bissicare** → BÊCHER, dont est dérivé BÊCHE. Gratter la terre une seconde fois se disait * **binare** → BINER, dont dérive BINETTE.

COMBINER ← **combinare,** *associer deux éléments;* d'où **combinatio** → COMBINAISON.

DOUTER ← **dubitare,** *hésiter, être indécis,* verbe lié à un adjectif **dubius** (dans lequel **du-** représente la racine indo-européenne **dw* ou * *duw*) qui signifiait *qui est entre deux, qui balance d'un côté et d'un autre* (voir p. 92).

Mots formés sur le nombre *trois :*

TRIBU ← **tribus,** division du peuple romain. Le lien entre **tribus** et la racine **tri** = *trois* relève plus de l'hypothèse que de la certitude, mais cette hypothèse a pour elle, entre autres raisons, le fait que le peuple romain primitif – et le cas se retrouve chez d'autres peuples indo-européens – était composé de trois groupes distincts. Avec la conquête du Latium et des régions voisines, le peuple romain s'est considérablement accru et les tribus, devenues divisions administratives, sont passées de trois à trente-cinq. Mais le mot **tribus** a pu signifier, à l'origine, *division en trois, tiers.* Le chef de la tribu s'appelait **tribunus.** La République romaine a étendu ce nom à plusieurs magistrats. Certains d'entre eux représentaient les intérêts de la plèbe. C'étaient des hommes politiques puissants par leur popularité, capables, par leur éloquence enflammée, de mobiliser la foule des citoyens pauvres. Ils servent de modèles au TRIBUN. L'estrade où siégeaient les magistrats, en particulier les juges, s'appelait **tribunal,** d'où notre TRIBUNAL. Le latin populaire en avait fait * **tribuna,** d'où TRIBUNE.
Répartir entre les tribus les avantages et les charges se disait **tribuere.** La quote-part, la contribution de chacune était appelée **tributum** → TRIBUT. Du composé **attribuere,** *allouer,* a été tiré ATTRIBUER. Un ATTRIBUT ← **attributus** est un bien ou un trait reçu en partage et propre à celui qui le possède; c'est aussi l'expression grammaticale d'une qualité que la pensée ou la parole attribuent à un sujet.

Mots formés sur le nombre *quatre :*

CADRAN ← **quadrans,** part. prés. de **quadrare,** *être carré.* On appela CADRAN la surface des horloges solaires parce qu'elle était généralement carrée. Aujourd'hui un cadran peut être rond ou ovale.

CAHIER ← * **quaternium,** altération de **quaternio,** groupe de pages formé par une feuille pliée en quatre. En a. fr. le mot était *quaern,* qui, muni du diminutif *-et,* donna finalement CARNET.

CARILLON ← * **quadrinio,** * **quadrinionis,** *groupe de quatre,* qui donna d'abord normalement *carignon,* transformé en CARILLON. C'est une harmonie sonore de quatre cloches ; le plus célèbre est celui de Westminster avec ses quatre notes : si, sol, la, ré.

CARRÉ ← **quadratus,** *figure à quatre côtés.*

CARREFOUR ← * **quadrifurcum,** *fourche à quatre dents* (élément **quadri-,** *quatre* + **furca** → FOURCHE). Par métaphore, le mot a désigné un embranchement de quatre routes. Un embranchement de deux routes était appelé **bifurcum** (+ **bi-,** *deux*), d'où BIFURQUER, BIFURCATION. Les rencontres de routes appellent traditionnellement l'image de la fourche, et *La Fourche* est le toponyme d'un certain nombre de carrefours français.

CARRIÈRE ← * **quadraria,** *lieu où l'on équarrit les pierres,* où on les taille en blocs carrés.

CASERNE, provençal *cazerna* ← **quaterna,** *groupe de quatre soldats.* Une caserne fut d'abord un poste de garde où sommeillaient quatre soldats.

ÉQUERRE ← * **exquadra,** dérivé de * **exquadrare,** *tailler en carré.* L'a. fr. *esquerre* signifiait « carré » et désignait particulièrement la plaque carrée dont on se servait pour tracer des angles droits.
* **Exquadra** a donné en italien *squadra,* formation militaire en carré. Le français en a tiré ESCADRE et ESCOUADE.

QUARTIER ← **quartarius,** *portion d'objet coupé en quatre.* On parle de quartier de bœuf, de quartier d'orange. C'était surtout un mot du vocabulaire militaire, souvenir des camps romains divisés en quatre secteurs (par extension de sens, le mot a désigné les différents secteurs d'une ville). C'était donc l'endroit où le soldat était chez lui, en sécurité. Lorsqu'il demandait quartier à l'ennemi, il demandait la possibilité de rentrer au camp, c'est-à-dire d'avoir la vie sauve. Si on lui répondait : « Pas de quartier », cela signifiait : pas de retour au camp, donc pas de grâce.

Mot formé sur le nombre *cinq :*

QUINTESSENCE ← **quinta essentia,** *cinquième essence.* C'est la traduction latine du grec **« pemptê ousia ».** Pour les Grecs, l'univers se composait de quatre essences ou éléments : terre, eau, air, feu. Aristote en voyait un cinquième, beaucoup plus subtil et de qualité supérieure aux autres : l'éther. La quintessence est donc l'extrait subtil, la part d'un corps ou d'un mélange qui en concentre toutes les vertus.

Mot formé sur le nombre *six :*

SIESTE ← espagnol *siesta* ← **sexta (hora),** *sixième (heure).* Pour les Romains, la sixième heure était le milieu de la journée. En effet, ils divisaient leur jour (du lever au coucher du soleil) en douze heures égales entre elles. Naturellement, les heures d'été étaient plus longues que les heures d'hiver, mais à la fin de la sixième heure il était toujours midi.

Mot formé sur le nombre *dix :*

DÉCIMER ← **decimare,** *tuer une personne sur dix* (d'après **decem** → DIX). C'est le principe des représailles et du châtiment des mutineries : dans le groupe à punir, on exécute une victime sur dix, prise au hasard.

« Tout est plein de dieux. »

Cette formule du philosophe grec Thalès se vérifie amplement dans le vocabulaire français. Ils sont tous là, ou presque, les grands dieux du Panthéon romain, chacun à l'ouvrage, discrètement caché dans un nom ou un adjectif.

Jupiter d'abord, le roi des dieux, en latin **Juppiter, Jovis** (voir la racine **deiv / die(v),** p. 90) dont est dérivé **jovialis,** *de Jupiter.* Les astrologues médiévaux considéraient que l'influence de la planète Jupiter rendait joyeux. Une personne JOVIALE doit donc sa bonne humeur à cet astre lointain, en qui les Anciens croyaient voir le corps du plus grand des dieux : Zeus pour les Grecs, Jupiter pour les Latins.

Cérès, déesse des moissons. De son nom, **Ceres,** est dérivé **cerealis,** *relatif au blé,* adjectif dont le neutre pluriel désigne les plantes que l'on moissonne et dont on fait les pains : **cerealia** → CÉRÉALES.

Mars, dieu de la guerre. **Mars, Martis** a pour dérivé **martialis,** *de Mars.* Sans être forcément belliciste ou belliqueux, ce qui est MARTIAL affiche une certaine virilité avec un je-ne-sais-quoi de militaire.

Mercure **(Mercurius)** dieu des échanges, du commerce en tout genre, patronne dans la semaine le jour du MERCREDI (voir p. 266). Or, deux fois par an, et toujours un mercredi, les cours de justice de Paris se réunissaient autrefois pour entendre un discours de leur président, qui attirait l'attention des juges sur les erreurs ou les fautes qu'ils avaient commises lors du dernier exercice. Le nom de cette réprimande, la MERCURIALE, fut tiré de l'adjectif **mercurialis,** *de Mercure.*

MERCURE est également un nom commun désignant un métal. Dans les spéculations alchimiques, ce métal était associé à la planète Mercure, et ce n'est pas par hasard : ce métal insaisissable n'a-t-il pas des affinités avec le dieu voyageur, aux pieds ailés? Sous son nom de vif-argent, évoquant l'argent qui circule, n'est-il pas fait pour réjouir les commerçants et les voleurs, dont Mercure est le dieu?

Minerve **(Minerva),** déesse des arts et de l'intelligence, a donné son nom à deux objets bien différents : une MINERVE peut être une petite machine à imprimer ou un appareil orthopédique destiné à maintenir la tête droite. La première semble avoir été baptisée par des typographes en raison de son « intelligence ». On peut deviner la raison pour laquelle le nom de la déesse a été donné au second objet : l'appareil, sous sa forme primitive, était fixé à un corset évoquant une cuirasse. Or, la cuirasse est un élément essentiel du costume de Minerve. De plus, les porteurs de cet appareil étaient souvent de jeunes enfants, ce qui a dû faire penser à la jeune Minerve qui, dit le mythe, naquit tout armée, jaillissant du crâne de son père Jupiter.

Neptune **(Neptunus),** dieu des mers. Son nom se retrouve dans NEPTUNIUM, nom d'un élément chimique. Mais il n'y est pour rien. Le neptunium fait partie de ces corps auxquels les savants modernes ont donné des noms tirés, d'une façon souvent totalement arbitraire, de noms de planètes (comme plutonium, uranium, etc.).

Saturne **(Saturnus),** dieu aux fonctions mal définies, père de Jupiter, sorte de survivant d'un passé très ancien. Les astrologues ont fait de sa planète l'antagoniste de celle de son fils : elle dispense la mélancolie, l'humeur sombre. SATURNIEN est le contraire de JOVIAL. Des alchimistes, pour leur part, ont associé la planète au plomb. Aussi a-t-on appelé SATURNISME l'état résultant de l'intoxication par le plomb.

Vénus, déesse de la beauté et de l'amour. De son nom **Venus, Veneris** est dérivé l'adjectif **venerius,** *de Vénus,* dont le français a tiré VÉNÉRIEN. Pauvre Vénus, dont le nom, qui signifiait *grâce,* se trouve aujourd'hui associé aux pires maladies! La déesse a quitté ses temples et rôde dans les hôpitaux.

Vulcain **(Vulcanus),** dieu du feu. Forgeron divin, il installait ses forges dans les entrailles des volcans. L'un d'eux reçut son nom et le garda : c'est l'île de Vulcano, près de la Sicile. Le français VOLCAN en est issu. Le verbe VULCANISER est emprunté à l'anglais *(to) vulcanize,* inventé au siècle dernier. Les Anglais n'ont pu trouver d'autre mot pour désigner l'opération consistant à améliorer la résistance d'un caoutchouc par adjonction de soufre, substance dont le dieu Vulcain appréciait les vapeurs.

Flore **(Flora),** déesse des fleurs, au nom bien évidemment formé sur **flos, floris** → FLEUR. Le naturaliste Lamarck publia en 1771 un livre de botanique qu'il intitula *La Flore française,* adoptant une figure de style chère aux poètes latins qui désignaient volontiers un objet ou un acte par le nom du dieu qui les patronnait (**Mars** pour la guerre ou l'armée, **Neptunus** pour la mer, **Flora** pour les fleurs, etc.). Après la parution du livre de Lamarck, le mot FLORE servit à désigner toute description complète de la végétation d'un territoire donné, puis cette végétation elle-même.

Faunus était le dieu des troupeaux. Confondu avec le dieu grec Pan, il en prit les attributs : un physique aux traits animaux et une lubricité toujours en éveil. Au masculin, un FAUNE est donc, en quelque sorte, un satyre latin. Mais **Faunus** avait une épouse, nommée **Fauna.** Le nom de cette déesse parut apte à assurer une fonction parallèle à cellle du nom de Flore, et l'on nomma la FAUNE l'ensemble des espèces animales peuplant un territoire.

Les jours de la semaine

SEMAINE ← **septimana,** *ensemble de sept.*

LUNDI ← **lunae dies,** *jour de la lune* (**luna** → LUNE ; **dies,** *jour* ; voir la racine **deiv / die(v)** p. 90).

MARDI ← **Martis dies,** *jour de Mars* (voir p. 263).

MERCREDI ← **Mercurii dies,** *jour de Mercure* (voir aussi p. 263).

JEUDI ← **Jovis dies,** *jour de Jupiter* (voir p. 263).

VENDREDI ← **Veneris dies,** *jour de Vénus* (voir p. 264).

SAMEDI ← * **Sambati dies,** pour **Sabbati dies,** *jour du Sabbat.* Dans **Sabbatus,** mot d'origine hébraïque, la prononciation populaire avait affaibli le double **b** en **mb.**

DIMANCHE ← **dies dominica,** *jour du Seigneur* (voir p. 90).

Les noms propres sur lesquels les Latins ont formé les dénominations des jours de la semaine ne réfèrent pas directement aux dieux, mais aux astres auxquels les Anciens avaient donné les noms des grands dieux de l'Olympe. Toute série de sept était susceptible d'être assimilée à la série astrale, car les Anciens considéraient qu'il y avait, sous la voûte des étoiles, sept astres plus proches de la Terre : le Soleil, et les six planètes visibles à l'œil nu, dont la Lune. Malgré son irritation, l'Église n'a pu éliminer ces noms païens. Elle est seulement parvenue à en chasser deux, qui ont été remplacés par des noms chrétiens : **Saturni dies,** *jour de Saturne,* remplacé par **Sabbati dies,** et **Solis dies,** *jour du Soleil,* remplacé par **dies dominica.** On notera que l'anglais a conservé *Saturday* et *Sunday (sun :* soleil).

Les mois de l'année

JANVIER ← **Januarius,** *mois de Janus* (**Janus,** dieu des portes, dieu à deux visages).

FÉVRIER ← **Februarius,** *mois des purifications* (**februare,** *purifier*).

MARS ← **Martius,** *mois du dieu Mars.*

AVRIL ← **Aprilis,** mot sans étymologie connue, peut-être d'origine étrusque.

MAI ← **Maius,** *mois de Maia,* déesse du printemps.

JUIN ← **Junius,** *mois de Junon* **(Juno, Junonis),** déesse de la famille et du mariage. La famille patricienne des Junii aimait à penser que ce mois avait été baptisé en hommage à l'un de ses ancêtres. Jules César et son fils adoptif Auguste n'hésitèrent pas, quant à eux, à s'approprier deux mois de l'année :

JUILLET, diminutif de l'a.fr. *juil* ← **Julius,** *mois de Jules César* **(Julius Caesar).**

AOÛT ← **Augustus,** *mois d'Auguste.*

SEPTEMBRE ← **September,** *septième mois* (d'après **septem** → SEPT) : jusqu'en 153 av. J. C., l'année romaine commençait le 1er mars.

OCTOBRE ← **October,** *huitième mois* (d'après **octo** → HUIT).

NOVEMBRE ← **November,** *neuvième mois* (d'après **novem** →NEUF).

DÉCEMBRE ← **December,** *dixième mois* (d'après **decem** →DIX).

QUOMODO VALES?
LATIN
FRANC

Parlez-vous latin ?

Un survol rapide du Petit Robert permet de dénombrer près de trois cents mots latins employés dans le français courant sous leur forme latine. Ce nombre exclut les mots hyper-techniques du vocabulaire de la médecine, de la biologie et du droit. Certains de ces mots latins sont employés avec autant d'aisance et de fréquence que les mots français. Nous ne nous rendons pas toujours compte que brusquement un mot latin fait irruption dans notre phrase. La preuve, c'est que ces mots sont prononcés à la française ; rien dans leur phonétique ne les distingue des sons habituels : nous parlons de l'HUMUS, que nous prononçons [ümüs], alors qu'un Latin prononçait [oumous]. Nous nous abritons sous un VÉLUM [vélomm] qui pour les Latins était un [wéloum].
Un signe de l'intégration de ces mots à la langue française est la « barbarisation » de leur pluriel. Nous disons AQUARIUMS quand les Latins ne connaissaient qu'**aquaria.** Il y a hésitation pour certains mots : MAXIMUMS est acceptable, mais MAXIMA est plus orthodoxe. Attention toutefois à ne pas glisser de la distinction à la pédanterie ou au grotesque. Le pluriel de **cactus** était **cacti,** mais il vaut mieux ne pas dire « ces cacti sont piquants », et encore moins « il fait de fréquents lapsi », puisque le pluriel de **lapsus** était tout simplement... **lapsus.**
On peut comparer ces mots restés latins à des pièces romaines qui seraient encore acceptées en paiement par le boulanger ou le marchand de journaux. Mais on se méfiera de la fausse monnaie.
Certaines expressions latines cachent sous leur aspect vénérable une origine douteuse, c'est-à-dire qu'elles ont été fabriquées au Moyen Age, ou plus tard. C'est ce qu'on appelle traditionnellement du « latin de cuisine ». Cet idiome a pour

texte canonique le discours de réception à la Faculté de Médecine du *Malade Imaginaire* de Molière. Mais nous pourrions citer aussi une bande dessinée, antérieure à l'ère d'Astérix, où l'on voyait un centurion romain traiter de « canaillus » un Gaulois armé d'une fronde, et s'écrier « Aïus ! » en recevant sur le nez une pierre qu'il n'avait pas volée.

ALBUM ← **album,** neutre de **albus,** *blanc,* dont le féminin a donné AUBE. A Rome, un **album** était un tableau blanchi au plâtre sur lequel on écrivait des avis officiels. Puis le mot fut employé au sens de *liste de personnes.* Il y avait l'**album** des sénateurs, l'**album** des juges, etc. Les érudits allemands en ont tiré l'expression : **album amicorum,** *livre blanc des amis ;* il s'agit d'un livre ou d'un cahier aux pages vierges que l'on présente aux visiteurs afin qu'ils y inscrivent une pensée, une dédicace. Franchissant le Rhin, le mot ALBUM est devenu apte à désigner diverses espèces de cahiers.

ALÉA ← **alea,** *jeu de dé.* Le plus célèbre des coups de dés fut celui que lança – au figuré – Jules César lorsqu'il prit le risque de franchir en direction de Rome, avec son armée, un petit ruisseau appelé Rubicon, violant ainsi les lois de la République. **« Alea jacta est ! »** dit-il : *« Les dés sont jetés ! »* Est ALÉATOIRE (← **aleatorius,** *propre au jeu de dés*) ce qui tient du hasard.
On ne confondra pas ALÉA avec ALINÉA ← **a linea,** *en s'écartant de la ligne* (**a,** *en s'écartant de ;* **linea** → LIGNE). On s'écarte de la ligne (verticale) de marge lorsqu'on écrit la première ligne (horizontale) d'un chapitre ou d'un paragraphe.

ALIBI ← **alibi,** *ailleurs.* C'est la preuve à fournir que ce jour-là on était bien ailleurs.

A PRIORI ← **a priori,** *en partant de ce qui est avant* (**a,** *en partant de ;* **prius, prioris,** neutre de **prior,** *qui est avant*). L'expression signifie « préalablement à toute expérience, à tout raisonnement, à toute discussion ». Le mot A faisant partie de la locution latine, on se gardera bien de l'écrire avec un accent grave.

A POSTERIORI ← **a posteriori,** *en partant de ce qui est après* (**posterius, posterioris,** neutre de **posterior,** *qui est après* → POSTÉRIEUR). L'expression signifie « en se fondant sur des données postérieures ».
Prior, *plus avant,* est un comparatif formé sur la racine de **prae,** *devant* (voir p. 256). Son superlatif est **primus,** *le plus en avant, le premier* (voir p. 152) dont est dérivé **primarius.**
Posterior, *plus en arrière,* est un comparatif formé sur **post,** *après* (voir p. 38). Son superlatif **postremus,** *dernier,* n'a pas eu de postérité. Il a été évincé par * **deretranus,** *de derrière,* formé sur **retro,** *en arrière, derrière* (voir p. 39) ; cet adjectif a donné en a. fr. *derrain,* auquel s'est ajouté le suffixe -IER : *derrainier* → DERNIER.

CF. : abréviation de **confer,** *compare,* impératif de **conferre,** *rapprocher, comparer.* Cette formule invite le lecteur à comparer ce qu'il vient de lire avec un autre texte ou fait.

CONSENSUS ← **consensus,** de **consentire,** *avoir les mêmes sentiments* → CONSENTIR. Le verbe latin est composé de **con-,** *avec* et **sentire** → SENTIR. Le consensus est un accord entre plusieurs personnes, et plus particulièrement l'approbation donnée par une communauté à ses dirigeants.

CONSTAT ← **constat,** *il est établi, patent que,* emploi impersonnel de la 3ᵉ personne du singulier de **constare,** *se maintenir* (voir p. 287). Ainsi un verbe latin est devenu un nom français, d'où fut tiré le verbe CONSTATER.

CURRICULUM VITAE ← **curriculum vitae,** *carrière de la vie.* Cette métaphore, chère à Cicéron, comparait la vie à une course disputée sur la *piste d'un hippodrome,* car tel était le sens propre de **curriculum,** nom dérivé du verbe **currere** → COURIR. **Vitae** est le génitif de **vita** → VIE.

DÉFICIT ← **deficit,** *il manque.* C'est en latin la 3ᵉ personne du singulier de l'indicatif présent de **deficere,** *manquer, être absent.* C'est la somme qui manque pour équilibrer recettes et dépenses.

DOMINO ← **domino,** datif de **dominus,** *seigneur.* Cette forme latine, d'emploi fréquent dans la liturgie chrétienne (par exemple **benedicamus domino,** *bénissons le Seigneur*), a été employée familièrement pour désigner le vêtement noir, muni d'un capuchon, que portaient les prêtres, puis, par extension, le capuchon d'un costume de bal masqué. A cause de leur fond noir piqueté de points blancs, on a également appelé DOMINOS les plaquettes de bois qu'on assemble dans le jeu que l'on sait.

ETC. ← **et cetera** (ou **caetera**), *et les autres choses* (**et** → ET; **ceteri, ceterae, cetera,** *les autres*).

EX AEQUO ← **ex aequo,** *sur un pied d'égalité,* litt. *d'un point de départ égal* (**ex,** *hors de;* **aequus,** *égal,* voir p. 158).

FAC-SIMILÉ ← **fac simile,** *fais une chose semblable;* **fac** est l'impératif de **facere** → FAIRE (voir p. 131) et **simile** le neutre de l'adjectif **similis,** *semblable* (voir p. 192).
Autres expressions à l'impératif importées telles quelles du latin : MÉMENTO ← **memento,** *souviens-toi;* VADE-MECUM ← **vade mecum,** *marche avec moi.*

GRATIS ← **gratis,** *gratuitement,* litt. *par un effet des bonnes grâces :* ablatif pluriel de **gratia,** *faveur,* qui a donné GRÂCE. On peut comparer avec le sens que prend en français GRACIEUX ← **gratiosus,** *en faveur* ou *obtenu par faveur* ou *qui accorde une faveur,* dans l'expression « à titre gracieux ». Le synonyme GRATUIT est tiré de **gratuitus,** *désintéressé.* **Gratia** est dérivé de **gratus,** *agréable, qui plaît,* qui a fourni, par son neutre **gratum,** *chose qui plaît,* le mot GRÉ, ainsi qu'une autre expression latine toujours en usage, PERSONA NON GRATA, personne qui ne plaît pas, indésirable.

GROSSO MODO : c'est du latin de cuisine, et les Latins ignoraient cette formule. L'expression signifie « d'une manière grossière, sommaire ». Elle est composée, au cas dit ablatif, de l'adjectif **grossus,** *épais, grossier* et du nom **modus,** *manière,* qui a donné MODE.

ID. : abréviation de **idem,** pronom signifiant *le même, la même chose.*

IMPROMPTU ← **in promptu,** *sous la main, à portée, tout prêt* (**in,** *dans;* **promptus,** *disponibilité,* dérivé de **promptus,** *disponible, alerte* → PROMPT.) Littéralement, quelque chose d'impromptu est quelque chose qui ne demande aucune préparation mais se trouve déjà prêt. Le sens d'IMPROMPTU glisse toutefois vers ceux d'« improvisé » ou d'« inopiné ». On remarque que le français n'a pas hésité à considérer IMPROMPTU comme un adjectif en -U, et lui a donné un féminin IMPROMPTUE.

INDEX ← **index,** *qui indique* (voir racine **dic** p. 129). Les Romains se servaient du même doigt que nous pour désigner, et l'appelaient **index digitus,** *doigt qui indique.* « Mettre à l'index » ne signifie pourtant pas « montrer du doigt », mais « exclure », « boycotter », « mettre en quarantaine ». L'expression s'est d'abord employée à propos des services du Vatican qui inscrivaient sur une liste nommée **index** le titre des livres qu'il convenait de ne pas lire car **index** signifiait aussi *liste indicative.* Nous employons le mot dans ce sens pour désigner la liste des mots qui, à la fin de certains livres, renvoie aux pages dans lesquelles ces mots sont mentionnés.

IN EXTREMIS ← **in extremis,** *aux derniers moments, à la dernière extrémité* (**in,** *dans,* suivi de l'ablatif pluriel de **extremus** → EXTRÊME). La formule était jadis employée pour parler des derniers moments de la vie; l'expression désigne le dernier moment qui permet de rattraper de justesse une situation.

LAPIS-LAZULI : la place de l'objet est dans la vitrine du joaillier, mais celle du mot est à la cuisine. Si **lapis,** *pierre* est du latin irréprochable (voir p. 199), **lazuli** se veut le génitif de **lazulum,** signifiant *azur.* Il s'agit donc d'une « pierre d'azur », mais Cicéron n'aurait pas compris ce latin-là, puisque le mot a été fabriqué au Moyen Age d'après l'arabe *lazaward,* tiré du persan et désignant la gemme en question.

LAPSUS ← **lapsus,** *glissement, faux-pas,* nom formé sur **labi,** *glisser.* C'est un faux-pas de la langue : **lapsus linguae,** ou plus rarement de la plume : **lapsus calami** (**calamus,** *plume*) qui fait que l'on dit ou écrit un mot à la place d'un autre.
A la même famille appartient le mot LABILE, signifiant « sujet à tomber, à défaillir » et tiré de **labilis,** *qui glisse.* La racine est peut-être la même que celle de **labor,** *fatigue, travail* (voir p. 183).

LAVABO ← **lavabo,** *je laverai,* futur de **lavare** →LAVER. En se lavant les mains avant la consécration, le prêtre récitait la traduction latine d'un verset du Psaume 26 : **« lavabo inter innocentes manus meas » :** *« je laverai mes mains parmi les innocents ».* Le mot LAVABO désigna d'abord cette prière, puis l'acte qu'elle accompagnait. Par glissement de sens, il désigna le linge et le vase qui servaient à ces ablutions, puis le meuble où ils étaient rangés. Au début du XIXe siècle, enfin, on l'employa pour des objets profanes, cuvette et meuble de toilette.

LIBER ← **liber,** *partie interne de l'écorce,* puis *livre,* voir p. 223. En botanique, LIBER désigne le tissu végétal attenant à l'écorce et parcouru par les canaux porteurs de la sève.

MAXIMUM et **MINIMUM. Maximum** est le neutre de **maximus,** *le plus grand,* superlatif correspondant au comparatif **major** (voir p. 235). **Minimum** est le neutre de **minimus,** *le plus petit,* superlatif correspondant au comparatif **minor** (voir p. 235).
Si le sens de MINIME, tiré de **minimus,** ne pose pas de question, celui du nom féminin MAXIME a une histoire. Le mot est tiré de **maxima (sententia),** *sentence principale, formule essentielle.* Quant au prénom MAXIME, il est tiré du nom propre **Maximus,** nom flatteur signifiant *le plus grand.*

MÉDIUS, MÉDIUM, MÉDIA. La déclinaison de l'adjectif **medius,** *du milieu, moyen* (voir p. 161) a laissé en français trois formes intactes :
MÉDIUS ← **medius** (nominatif masculin singulier) désigne le

doigt du milieu, qui, parce qu'il est le plus long, est également appelé MAJEUR ← **majorem** (voir p. 235).
MÉDIUM ← **medium** (nominatif neutre singulier) désigne une personne qui sert d'intermédiaire, de moyen de communication entre les vivants et l'au-delà.
MÉDIA ← **media** (nominatif neutre pluriel) est la simplification de l'anglo-américain *mass-media,* moyens de communication de masse, dans lequel *media* est le pluriel de *medium* pris au sens de *moyen de communication.*

MINUS : abréviation de l'expression MINUS HABENS ← **minus habens,** *ayant moins, moins bien pourvu, moins doué (que les autres)* (**minus,** *moins;* **habens,** part. prés. de **habere** → AVOIR).
Entre un MINUS et un MINABLE, la différence humaine n'est pas grande, mais la différence étymologique est considérable. MINABLE a d'abord signifié « qui peut être miné », puis « miné, rongé, délabré » ; c'est un dérivé de MINE (sous-sol riche en minerai) mot d'origine inconnue.

NOVA ← **nova,** fém. de **novus,** *nouveau* → NEUF (voir p. 163). Les astronomes désignent par ce mot une étoile dont la luminosité s'accroît de manière très vive. C'est une **stella nova,** une *nouvelle étoile,* en quelque sorte, puisqu'on ne la voyait pas, ou guère, auparavant.

OMNIBUS ← **omnibus,** *pour tous,* datif pluriel de **omnis,** *tout* (voir p. 50). En 1825, on reprit un projet que le grand Pascal avait déjà conçu et réalisé, plus de cent cinquante ans auparavant : établir à Paris des transports en commun. Pour distinguer des voitures particulières les voitures collectives créées à cet effet, on les appela « voitures omnibus », c'est-à-dire « voitures pour tous ». On fit bientôt l'économie du mot « voiture » et OMNIBUS devint un nom désignant ces véhicules. Plus tard, la constitution du vocabulaire ferroviaire donna lieu à une adaptation de sens : un train OMNIBUS est un train « pour toutes les stations ». Plus tard encore, lorsque les omnibus devinrent automobiles, on les désigna par le mot-valise AUTOBUS : AUTO(OMNI)BUS, qui fut couramment abrégé en BUS. Une simple désinence latine signifie donc à elle seule « véhicule public à moteur ».

PALMARÈS : malgré son accent grave surajouté, il s'agit de la forme latine **palmares,** pluriel de **palmaris,** *qui mérite la palme (de la victoire).* Les **palmares** étaient donc les vainqueurs ou les premiers d'une compétition.

PROSPECTUS ← **prospectus,** *regard en avant,* de **prospicere,** *regarder en avant, prévoir.* Ce mot latin fut choisi au XVIIIe siècle, non sans une certaine pédanterie, pour désigner un imprimé qui annonce le plan d'un ouvrage à paraître. Le mot désigne aujourd'hui n'importe quelle annonce publicitaire sous forme de feuilles volantes.

QUIDAM ← **quidam,** *quelqu'un.*

QUOLIBET ← **quolibet,** ablatif du pronom **quilibet,** *n'importe qui.* La scolastique médiévale connaissait un exercice appelé **disputatio de quolibet,** *discussion sur n'importe quel sujet.* QUOLIBET fut ensuite employé dans le public, surtout au pluriel, au sens de « propos variés », puis de « propos légers, railleurs ».

QUORUM ← **quorum,** génitif pluriel du pronom relatif **qui** → QUI. Le **quorum** est la proportion de membres présents à partir de laquelle une assemblée peut valablement délibérer. Le sens de **quorum** en latin est *dont.* L'emploi de ce mot latin repose sur l'idée « Tant de membres, *dont* tant doivent être présents ».

RÉCÉPISSÉ : Certificat attestant la réception d'un document. C'est l'infinitif « passé » du verbe **recipere** → RECEVOIR. Il est extrait de la formule **cognosco me recepisse,** *je reconnais avoir reçu.*

RECTO et **VERSO.** Au Moyen Age, l'usage prévalait de numéroter les feuilles des manuscrits plutôt que les pages. Les bibliophiles, bibliothécaires et savants n'écrivaient qu'en latin, et, pour situer un passage dans un livre, employaient l'expression **folio X, XX,** etc. signifiant *à la feuille 10, 20,* etc. (**folio** étant l'ablatif de **folium,** *feuille,* voir p. 94). Mais chaque feuille avait deux pages. Quand il s'agissait de la deuxième face d'une feuille, il était commode de préciser **folio verso,** *à la feuille retournée* (**verso** étant l'ablatif de **versus,** *tourné, retourné,* voir p. 174). Puis on voulut user de la même précision lorsqu'il s'agissait de la première face. Comment la désigner? Si **versus** pouvait indiquer l'*en-vers* du feuillet, l'*en-droit* ne pouvait-il pas être désigné par l'adjectif latin signifiant *droit*? On employa donc l'adjectif **rectus,** *droit* (voir p. 177) : **recto folio.**

RÉFÉRENDUM : nom tiré de l'expression juridique latine **ad referendum,** composée de la préposition **ad** et de l'adjectif verbal de **referre,** *rapporter, soumettre à un vote* →RÉFÉRER. Un projet, une décision **ad referendum** est *à soumettre* au vote d'une collectivité.

SOLARIUM ← **solarium,** *endroit exposé au soleil, terrasse,* d'après **sol,** *soleil* (voir p. 166).

SPÉCIMEN ← **specimen,** *exemple, échantillon,* de **species,** *aspect, espèce* (voir p. 219).

STATU QUO : abréviation de **statu quo ante,** *dans l'état dans lequel (les choses étaient) auparavant.* **Statu** est l'ablatif de **status** → ÉTAT (voir p. 287), **quo** est un pronom relatif, et **ante** un adverbe signifiant *avant* (voir p. 43). Le STATU QUO est le maintien des choses en l'état.

TANDEM : la nomenclature des véhicules pille le vocabulaire latin avec une grande désinvolture. BUS, nous l'avons vu, est une désinence grammaticale; **tandem** était un adverbe signifiant *enfin.* Sous sa signification actuelle, il nous est venu d'Angleterre. Au début du XIXe siècle, la bonne société anglaise s'engoua d'un type d'attelage où deux, voire trois chevaux, étaient disposés en file. Un humoriste érudit eut l'idée d'appeler *tandem* le cabriolet qui apparaissait – enfin ! – longtemps après le passage du premier cheval. Le mot fit fortune, et les Français, à leur tour, l'adoptèrent. Le véhicule sur lequel deux cyclistes conjuguent leurs efforts l'un derrière l'autre appelait naturellement la comparaison.

ULTIMATUM : mot inconnu du latin et inventé au Moyen Age. Il a été construit sur **ultimus,** *dernier* →ULTIME, et signifia d'abord « dernière résolution », puis, à partir du XVIIIe siècle, « message ultime dont la teneur ne peut plus être discutée ».

VICE VERSA ← **vice versa,** *inversement,* litt. *les rôles étant renversés.* On reconnaît le participe **versus** (voir p. 277), ici à l'ablatif féminin. **Vice** est l'ablatif d'un mot féminin qui n'a pas de nominatif et dont l'accusatif est **vicem.** Ce mot signifie *alternance, phase, tour.* Il a donné en français le mot FOIS, tandis que de son dérivé **vicissitudo,** *alternance, succession,* on tirait VICISSITUDE.

VISA ← **visa,** *choses vues,* part. passé pluriel neutre de **videre** → VOIR. Cette formule était inscrite par les autorités compétentes sur les documents qu'elles venaient d'examiner, et qui dès lors étaient réputés être en règle. Un cachet la remplace aujourd'hui sur les passeports.

VETO ← **veto,** *j'interdis, je fais opposition,* 1re personne du singulier de **vetare.** A Rome, en prononçant ce mot, les représentants du peuple dits « tribuns de la plèbe », s'opposaient à un décret du Sénat, à un acte des magistrats. Toujours exorbitant, mais parfois nécessaire, ce « droit de veto » est encore accordé dans les institutions modernes à des partenaires politiques qui ont ainsi le pouvoir de bloquer les décisions d'une majorité. Le roi Louis XVI le reçut de l'Assemblée Constituante. Il eut le malheur d'en faire usage ; la reine et lui devinrent, pour le peuple de Paris, M. et Mme Veto.

Voir aussi AGENDA, p. 126 ; PRORATA, p. 115.

Les nomenclatures techniques font bon accueil à des mots latins qui, en général, ne sont guère connus du public. Quelques-uns, cependant, contribuent à faire des Français des latinistes qui parfois s'ignorent.

L'anatomie

Les parties du corps furent souvent désignées par les Latins d'une façon métaphorique, ce qui peut mettre un peu d'inattendu dans l'énumération fastidieuse des centaines de morceaux dont nous sommes faits.
ABDOMEN ← **abdomen,** *ventre.* ANUS ← **anus,** *anneau.* BICEPS ← **biceps,** *qui a deux têtes* (voir la racine **caput** p. 193). TRICEPS ← **triceps,** *à trois têtes.* QUADRICEPS ← **quadriceps,** *à quatre têtes.* CORTEX ← **cortex,** *écorce.* OCCIPUT ← **occiput, occipitis,** *arrière de la tête,* apparemment issu de * **ob-caput,** peu clair à interpréter. PÉNIS ← **penis,** *brosse, plumeau.* RECTUM ← **rectum intestinum,** *intestin droit.* UTÉRUS ← **uterus,** *matrice.*
Le squelette est particulièrement riche en mots latins : CALCANEUM ← **calcaneum,** *talon.* CUBITUS ← **cubitus,** *coude.* FÉMUR ← **femur, femoris,** *cuisse.* HUMÉRUS ← **humerus,** *épaule.* PUBIS ← **pubis** ou **pubes,** *poil* (la PUBERTÉ ← **pubertas** est l'âge auquel certaines parties du corps se couvrent de poils). RADIUS ← **radius,** *baguette.* SACRUM ← **os sacrum,** *os sacré,* parce qu'il constituait une des parts de la victime offertes au dieu dans le sacrifice.
VOMER ← **vomer,** *soc de charrue.*

Les nuages

Ici la situation est on ne peut plus claire : les nuages ne peuvent être nommés qu'en latin.
CIRRUS ← **cirrus,** *mèche de cheveux.*
CUMULUS ← **cumulus,** *amas.*
NIMBUS ← **nimbus,** *nuage* (!)
STRATUS ← **stratus,** *couverture.*

Les plantes

Les botanistes ont, pour chaque plante, un mot de vrai ou faux latin. Le public ne connaît guère que celui de certaines plantes décoratives : ASPARAGUS ← **asparagus** → ASPERGE. FICUS ← **ficus,** *figuier.* PRUNUS ← **prunus,** *prunier.* Toutes ces plantes ont en commun de ne pas répondre aux promesses de leur nom latin : même entourées des soins les plus attentifs, elles ne produisent ni asperges, ni figues, ni prunes.

Quelques conseils enfin pour ne pas se laisser abuser par les fabricants de latin.

On peut accepter en toute confiance le mot PEDIBUS : **pedibus,** ablatif pluriel de **pes, pedis** → PIED, signifiait bien *avec les pieds.* On rejettera en revanche le mot RASIBUS, obtenu en ajoutant à l'adjectif RAS ← **rasus,** part. passé de **radere,** *raser,* la populaire désinence -IBUS.

Si MORDICUS paraît suspect, c'est bien à tort. L'adverbe **mordicus,** dérivé de **mordere** → MORDRE, signifiait *en mordant,* d'où *sans lâcher prise, opiniâtrement.* Mais MOTUS est un faux grossier. Certes, **motus** existe en latin mais il signifie *mouvement.* Le mot MOT est probablement issu de **muttum,** *grognement,* litt. *action de faire « muu ».* Même chose avec FURAX dont on voudrait nous faire croire qu'il s'agit d'un mot latin signifiant *furieux,* alors que **furax** voulait dire *voleur* (d'après **fur,** *voleur,* dont est dérivé **furtivus,** *dérobé* → FURTIF).

Le prestige du latin éclate aux yeux de tous les automobilistes dont les primes d'assurance varient au gré de leur BONUS (**bonus** → BON) ou de leur MALUS (**malus,** *mauvais*). Ils doivent savoir ce que logiquement implique le fait que ces mots sont au masculin, et non au neutre : c'est d'eux-mêmes qu'il s'agit : le bénéficiaire du bonus est bon (conducteur) et celui qui est affecté du malus est mauvais : honte à lui !

On se rappellera enfin que les chimistes ont pris au latin une finale -IUM dont ils ont fait un suffixe propre à la nomenclature chimique et susceptible d'être accolé à n'importe quelle base.

Aux grands mots les grands remèdes

L'identification d'un mot, qui permet d'en mémoriser et la forme et la signification, est d'autant plus hasardeuse que le mot est long et d'usage peu courant. Un bon nombre de mots importés du latin par le langage savant remplissent ces deux conditions. Il s'y ajoute une circonstance particulière qui peut transformer ces mots en autant de pièges : il peut arriver que leur aspect phonique présente de fortes similitudes avec d'autres mots également savants. La confusion guette donc tout locuteur inattentif, et l'on ne connaît que deux moyens de n'y pas succomber : une mémoire linguistique sans défaut ou la connaissance du latin.

Le conte lexical qui va suivre montrera comment peuvent se produire ces accidents, et ce qu'il importe de savoir si l'on veut y échapper.

Nous supposerons qu'un jour un honnête citoyen, issu d'une de ces écoles prestigieuses où se forme l'élite de notre nation, fut nommé, à la suite de la démission de son prédécesseur, ministre de l'Industrie culturelle et des Pétroles. Nous imaginerons que sa première tâche fut de prononcer le discours d'ouverture du Congrès des Intellectuels Pétroliers et qu'il se prépara à cette échéance en rédigeant, suffisamment à l'avance, un texte dont il eut soin d'envoyer copie au Premier Ministre.

Celui-ci en prit connaissance distraitement et ordonna que le document fût classé. Mais le fonctionnaire chargé de cette besogne retint sa main tremblante au-dessus de l'abîme du classeur gris, où le feuillet allait disparaître. Il venait en effet de lire ceci :

Mesdames, Mesdemoiselles, Messieurs, si j'ai cédé à vos insistances et accepté de prendre ici la parole, c'est bien décidé à ne pas me perdre en conjonctures, et à parler le plus net possible. Je vous prie de pardonner au nouveau venu un peu frustre que je suis, et que certains journaux satyriques dépeignent sous les traits d'un maniaque omnibulé par le souci de l'État au point de céder à de vaines craintes et de risquer à tout moment l'infractus. Mais mon devoir est de le répéter sans faiblesse : le danger est là, chers Congressistes. Ceux qui parmi vous l'estimeraient circoncis commettraient une erreur lourde de conséquences. Pourquoi ne pas le dire ? Nos adversaires sont à l'affût, protégés par leurs sinécures bien rénumérées, tapis à promiscuité des centres de décision, dans les bastions de leurs belles demeures praticiennes ou de leurs appartements somptuaires, prêts à perpétuer chaque jour de nouveaux méfaits. Si nous les laissons agir, nous n'avons plus qu'une perspective : le retour à la nature la plus sauvage, une vie d'arborigènes errant de branche en branche au-dessus d'une jungle infectée de bêtes féroces.

La tâche est dure pour un homme clairvoyant, qui ne peut se résigner à l'acception pure et simple de la décadence. Avec l'autorisation du Ministre de la Dégaine, qui n'était pas encore mon collègue, j'ai tenté d'attirer l'attention des forces armées. Je n'ai rencontré qu'incompréhension. Les plus courtois m'ont opposé des réponses dilatatoires. Certains se sont exclaffés. D'autres m'ont fait part en termes énergiques de leurs vives réticences. La plupart se sont contentés de murmurer contre mon intolérable immiction dans leur domaine réservé.

Aussi est-ce devant vous que je pousse ce cri d'alarme, dont je sais qu'il sera entendu. Car ce n'est pas le pessimisme que je veux vous communiquer, mais l'espoir, l'immense espoir de voir notre civilisation recouvrir sous peu son éclat. Je compte sur vous pour soutenir le gouvernement lorsque, sur mon initiative, il exigera des apprentis sorciers la cession immédiate de leurs manœuvres. Dès à présent, votre bienveillance et votre sympathie me sont de précieux adjudants.

Vive l'intelligence! Vive le Pétrole! Vive la France!

Petit jeu.

Le frisson qui parcourut le dévoué fonctionnaire à la lecture de ce texte avait pour cause le nombre anormal de fautes, incorrections, confusions qui s'y trouvaient nichés. Trouver ces 22 fautes.

Suite du conte.

Une mesure s'imposait d'urgence : alerter, par voie hiérarchique et néanmoins prompte, la Présidence de la République. Ainsi fut fait. Notre ministre fut convoqué en hâte par le Chef de Cavalerie de la Présidence. Après de longues précautions oratoires, le morceau fut lâché : le texte du discours était un brûlot, nécessitant un véritable déminage. « Mais, rassurez-vous, Monsieur le Ministre, l'affaire est en de bonnes mains. Nous l'avons confiée à la B.I.L.

— La B.I.L. ?

— La Brigade d'Intervention Linguistique. Nous avons pris rendez-vous avec l'un de leurs inspecteurs, qui vous attend dans votre bureau. »

L'inspecteur attendait debout. « Inspecteur Doctus Cumlibro, de la Brigade d'Intervention Linguistique. Mes respects, Monsieur le Ministre. Nous pensons avoir repéré la totalité des fautes infiltrées dans votre texte, et nous pouvons procéder à leur liquidation.

— Je vous écoute.

— Le premier suspect est INSISTANCES. Il est peu courtois de rappeler à vos auditeurs qu'ils ont dû insister pour avoir le plaisir de vous entendre. Il faut dire « si j'ai cédé à vos INSTANCES ». Le mot INSISTANCES évoque une attitude quelque peu importune, que n'évoque pas le mot INSTANCES.

— Je vois. INSTANCES est une forme abrégée du mot INSISTANCES.

— Il n'y a pas ici de forme abrégée. On constate même, si l'on remonte aux origines, qu'il s'agit plutôt d'un cas d'allongement. INSTANCE est tiré de **instantia,** *présence toute proche, pression,* nom dérivé de **instare,** *se tenir sur, être sur le dos de, être près de, presser,* verbe formé du préfixe **in-,** *sur* et de **stare,** *se tenir debout immobile.* INSISTANCE a été dérivé en français du verbe INSISTER, tiré de **insistere,** *se placer sur, s'appliquer à,* verbe formé du préfixe **in-** et de **sistere,** *placer* ou *se placer.*

— Excusez-moi, mais y a-t-il un rapport quelconque entre INSTANCE et INSTANT?

— Oui, au niveau du latin. Le premier sens du mot INSTANT est celui de « moment présent », et conserve la signification de **instans, instantis,** *présent,* part. prés. de **instare.** Cependant, je regrette que vous m'ayez interrompu alors que j'allais vous inviter à comparer les verbes latins **stare** et **sistere.** Tous deux sont formés sur une même racine signifiant *être debout immobile.* Dans le cas de **stare,** cette racine apparaît sous la forme **st,** et dans le cas de **sistere** elle est affectée d'un redoublement, c'est-à-dire d'une répétition de la consonne initiale : **si-st.**

— Et l'on retrouve ces deux formes de la racine dans RESTER et RÉSISTER!

— Tout à fait exact, RESTER venant de **restare** et RÉSISTER de **resistere,** deux verbes latins dans lesquels le préfixe **re-** marquait en quelque sorte l'opiniâtreté, et qui signifiaient *se maintenir sur place en dépit de tout effort opposé.*

— Et RESTITUER?

— La même racine y est présente. Dans le verbe latin **restituere,** *rétablir, remettre en place,* on retrouve, outre le préfixe **re-,** la racine **st** affectée d'un ensemble suffixal se présentant sous la forme **-itu-.** En conséquence, le français doit à cette racine trois grandes séries de mots : les noms en -STANCE, comme CONSTANCE ← **constantia,** nom dérivé de **constare,** *se maintenir,* DISTANCE ← **distantia,** dérivé de **distare,** *se tenir écarté,* etc.; les verbes en -SISTER, comme ASSISTER ← **adsistere,** *se placer auprès,* EXISTER ← **exsistere,** *se dresser hors de, se montrer,* etc.; enfin les verbes en -STITUER, comme INSTITUER ← **instituere,** *établir, régler,* et particulièrement *former* une personne, l'*instruire;* ce dernier sens a été recueilli par le nom d'agent **institutor,** *instructeur* → INSTITUTEUR. Citons encore le verbe PROSTITUER ← **prostituere,** *placer devant* (+ **pro-,** *devant*), *exposer publiquement.*

— Cette racine me paraît avoir engendré un nombre considérable de mots.

— En effet. C'est probablement sur elle que repose le plus grand arbre du vocabulaire français, si vous me permettez cette image. Voyez plutôt : DESTINER ← **destinare,** *fixer, décider,* et (S') OBSTINER ← **obstinare,** *s'en tenir à,* en dépendent, ainsi qu'INSTAURER ← **instaurare,** *établir,* et RESTAURER ← **restaurare,** *rebâtir.* Mais aussi

ARRÊTER ← **adrestare,** *s'arrêter auprès;* COÛTER ← **constare,** *se maintenir, consister, valoir.* ÔTER est issu de **obstare,** qui signifia d'abord *se dresser face à, faire obstacle,* et dont le sens évolua vers *empêcher,* puis *supprimer,* alors que son dérivé **obstaculum,** *objet dressé face à,* donnait OBSTACLE. Quant au verbe PRÊTER, il est issu de **praestare,** *se mettre en avant* (+ **prae,** *avant*), *se charger de, répondre de, garantir, assurer, fournir.* Il faut aussi parler d'ÉTABLE ← **stabulum,** *lieu où les bêtes sont immobiles;* du dérivé **stabulatio,** *séjour à l'étable,* a été tiré STABULATION. Le mot ÉTAGE vient de **staticum,** *endroit où l'on se tient;* ÉTAT vient de **status,** *position, situation;* et le verbe ÉTABLIR est issu de **stabilire,** *rendre stable,* dérivé de **stabilis,** qui a donné STABLE. L'idée d'immobilité ou celle de position dressée, ou les deux à la fois, se maintiennent aussi dans STATION ← **statio,** *action de se tenir debout,* STATUE ← **statua,** *image d'un être humain debout,* STATURE ← **statura,** *hauteur d'un homme debout,* STATUER ← **statuere,** *dresser, fixer,* STATUT ← **statutum,** *chose fixée, décidée.* Le verbe simple **stare,** *être debout immobile,* s'est conservé en français, d'une part avec le sens particulier de *se tenir debout devant le juge,* sous la forme ESTER, et d'autre part avec le sens affaibli d'*être,* sous les formes ÉTANT et ÉTÉ. Ces deux participes du verbe ÊTRE sont en effet issus des participes du verbe **stare : stans** et **statum.** L'imparfait de l'indicatif du verbe ÊTRE (j'ÉTAIS etc.) est lui aussi probablement issu de l'imparfait du verbe **stare.**

– Et d'où vient le reste de la conjugaison de notre verbe ÊTRE ?

– Elle repose sur la conjugaison du verbe latin **esse,** *être.* La forme ÊTRE est issue de l'infinitif vulgaire ***essere.** J'en finirai avec la racine **st/sist** en soulignant qu'on ne la trouve pas seulement dans les langues nées du latin, mais dans la plupart des langues indo-européennes : « être debout » se dit en anglais *to stand,* et en allemand *stehen.*

Examinons maintenant le cas de CONJONCTURES. Qu'est-ce qu'une CONJONCTURE ? Une certaine organisation de circonstances conjointes, d'où il résulte une situation qui durera jusqu'à ce que ces circonstances se disjoignent. L'ancien français appelait cela *conjointure,* du verbe *conjoindre,* issu du latin **conjungere,** *joindre ensemble.* La réaction savante a remplacé l'élément *-joint-* par l'élément -JONCT-, emprunté à JONCTION (← **junctio,** *union*), CONJONCTION (← **conjunctio,** *liaison*). Pour plus d'informations, veuillez vous reporter à la p. 135 du livre que voici, dont je vous fais présent au nom de nos services.

— Je vous en suis reconnaissant. Je crois avoir compris que CONJONCTURES n'est pas ici le mot propre.

— C'est cela même. Il convenait de dire CONJECTURES. Se perdre en CONJECTURES, c'est enliser sa pensée dans des suppositions à faible degré de probabilité. CONJECTURE, voyez-vous, est tiré de **conjectura,** *supposition, idée intuitive,* nom dérivé du verbe **conjicere,** qui signifie *jeter ensemble* et *se faire une idée,* et qui est composé du préfixe **con-** et du verbe **jacere,** *jeter.*

— *Jeter ensemble* et *se faire une idée!* Êtes-vous sûr qu'il s'agit du même verbe?

— Tout à fait certain. Ce lien entre deux significations pour nous si différentes remonte à l'indo-européen. Du reste, comprendre, ou supposer, c'est bien assembler des choses dans son esprit, non?

— C'est pourtant vrai!

— CONJECTURE est donc à rapprocher d'autres mots venant des dérivés et composés de **jacere :** ABJECT ← **abjectus,** *jeté à bas;* ADJECTIF ← **adjectivus,** *qui s'ajoute,* PROJECTION ← **projectio,** *jet en avant;* etc. Vous saurez aussi que notre verbe JETER est issu de **jactare,** fréquentatif de **jacere,** et que l'arme de jet, le javelot, s'appelait **jaculum,** dont furent dérivés **jaculari,** *lancer le javelot,* et son composé **ejaculari,** en lequel vous devinez l'origine d'ÉJACULER.

— Vous oubliez ADJACENT, SOUS-JACENT.

— Je ne les oublie pas, je les mets à part. Ces deux mots ont pour origine les verbes **adjacere,** *être couché auprès,* et **subjacere,** *être couché sous,* deux composés de **jacere,** *être couché* → GÉSIR. Car GÎT, dans « ci-gît » est venu tout droit de **jacet,** *il est couché.*

— Je perds pied, je l'avoue. Ne m'avez-vous pas dit tout à l'heure que **jacere** signifiait jeter?

— Je vais prononcer ces mots avec l'accent et vous comprendrez tout de suite. Les Latins ne pouvaient en aucun cas confondre **jácere,** *jeter* et **jacére** → GÉSIR. J'ajoute que ces deux verbes se rattachent à la même racine et que le second signifiait à l'origine : *être dans l'état d'une chose jetée.* Et maintenant, si vous voulez éprouver une surprise, consultez donc la p. 235 du petit livre. Vous y verrez que le mot AISE est lui aussi un descendant du second **jacere.**

— Étrange! voyons...

— Plus tard. Réglons d'abord le cas de FRUSTRE. Je vois dans ce mot une forme verbale, la 3e personne du singulier du verbe FRUSTRER qui signifie « priver quelqu'un d'un bien espéré ou d'une satisfaction attendue », et qui est tiré de **frustrare,** *tromper par de vains espoirs,* verbe que l'on peut rattacher à **fraus, fraudis,** *tromperie* → FRAUDE.

— Mais c'est aussi un adjectif signifiant « grossier, inculte, mal dégrossi »!

— Pas du tout. L'adjectif auquel vous pensez est FRUSTE. Entre FRUSTRER et RUSTRE (voyez donc p. 258), il faut reconnaître que cet adjectif n'a pas l'existence facile.

— Je compatis. Mais du moins a-t-il une origine?

— C'est du latin bon teint, mais nous le tenons de l'italien. Nous avons tiré FRUSTE de *frusto,* adjectif italien signifiant « usé » et employé en particulier à propos des médailles ou sculptures au relief émoussé. Les figures ainsi usées perdent évidemment leur finesse de détails et ont un aspect mal fini et grossier. D'où l'emploi actuel du mot.

— Je ne vois toujours pas de latin.

— Le latin, c'est **frustum,** *morceau, miette.* L'italien en a fait le nom *frusto,* « morceau », d'où *frustare,* « mettre en morceaux » et *frustato,* « mis en pièces », abrégé en *frusto.* Il convient d'ajouter que le latin vulgaire a dérivé de **frustum** un verbe ***frustiare,** *émietter, chiffonner,* qui a donné FROISSER.

— Continuez. Tout fruste que je suis, je ne me froisse pas.

— Dans ce cas, je vous invite à rectifier SATYRIQUE pour SATIRIQUE. Là où il y a Y, il est question de ces êtres mythiques aux membres agiles, aux pieds fourchus, au crâne cornu, toujours à l'affût des nymphes. Malgré la salacité qu'on peut leur supposer, les rédacteurs des journaux dont vous parlez n'ont rien à voir avec ces bestiaux (pluriel de bestial). En effet, il n'y a, entre le SATYRE et la SATIRE, qu'une ressemblance fortuite. SATYRE est tiré du grec **saturos,** qui ne désigne que l'être mythique en question. SATIRE vient du latin **satura,** devenu **satira,** qui signifia d'abord *macédoine de légumes* et qui, à peu près comme le français « pot-pourri » désigna ensuite un genre littéraire caractérisé par son aspect varié et mélangé. Le genre évolua vers un type de poésie agressive, destinée à fustiger les mœurs ou les personnes.

Mais laissons cela et voyons cet OMNIBULÉ.

— Ah! bon! Autre confusion. Que veut dire ce mot, en réalité?

— Rien. Il n'existe pas. C'est le résultat d'une identification défectueuse du mot OBNUBILÉ, qui a fort à faire contre l'influence d'OMNIBUS.

— Vous dites donc OBNUBILÉ. Quel mot bizarre!

— Je vous accorde qu'en français il paraît saugrenu, mais le latin **obnubilatus** était fort clair; il signifiait *entouré d'un nuage, embrumé.* Car il était formé du préfixe **ob-** et de la racine **nub** signifiant ici *nuage.* Être OBNUBILÉ, c'est avoir l'esprit embrumé, obscurci par une préoccupation absorbante. Pensez donc désormais à **nubes,** *nuage,* dont le forme vulgaire ***nuba** a donné NUE, d'où les dérivés NUANCE, NUÉE, NUAGE.

— OBNUBILÉ! OBNUBILÉ! Aucun rapport avec NUBILE, naturellement.

— Si, Monsieur le Ministre, avec votre permission. L'idée de base exprimée par la racine **nub** est celle du *voile.* Un nuage n'est-il pas un voile dont se couvre le ciel? Or, dans le monde antique, un des actes symboliques du mariage était la prise de voile de la jeune épousée. **Nubere** signifiait donc *se voiler,* et, tout particulièrement, *se marier* (en parlant de l'épouse). **Nubilis** a donc normalement pour sens : *en âge d'être mariée,* d'où notre NUBILE.
On appelait **nuptialis** (d'où NUPTIAL) ce qui se rapportait à cet événement solennel, désigné par le pluriel **nuptiae,** dont est issu NOCES, Monsieur le Ministre.

Mais passons à moins réjouissant. Je veux parler de cet INFRACTUS, qui, pour être latin, n'en est pas moins barbare. **Infractus** existait, je ne le nie pas, et signifiait *action de briser.* Mais vous vouliez parler d'un INFARCTUS. C'est là un mot de prononciation difficile et dont l'aspect phonique ne vous évoque rien, alors que la forme fautive paraît si familière, si proche de FRACTURE, FRACTION etc. Or cette maladie cardiaque n'a rien à voir avec une rupture : il s'agit de l'obstruction des artères coronaires qui en quelque sorte sont farcies...

— Je commence à comprendre.

— Vous avez tout compris. FARCIR vient de **farcire.** Il existait de ce verbe latin un composé **infarcire,** *bourrer,* qui ne possédait pas de dérivé nominal. Les médecins modernes, du fond de leurs cuisines, ont réparé cette lacune, et n'ont pas hésité à fabriquer un mot latin, enrichissant bien tardivement la langue de Virgile.

Maintenant, Monsieur le Ministre, mon devoir est de vous faire observer que nul objet inanimé ne peut être CIRCONCIS, mais que seuls peuvent l'être les êtres humains. Il est même indispensable qu'ils soient de sexe masculin. Sauf votre respect, le latin **circumcisus** est le participe passé de **circumcidere,** *couper autour, couper en rond* (**circum,** *autour* + **caedere,** *couper,* voir p. 71).

Mais d'un incendie, d'un danger, etc. dont l'extension est définitivement arrêtée, on dit qu'ils sont CIRCONSCRITS : c'est comme si l'on avait tracé autour d'eux un cercle impossible à franchir : CIRCONSCRIRE reproduit **circumscribere,** dont le sens premier était *tracer un cercle autour* (**circum,** *autour* + **scribere** → ÉCRIRE, voir p. 129). Monsieur le Ministre, votre CIRCONSCRIPTION ← **circumscriptio,** *espace limité,* est un territoire entouré d'une ligne qui apparaît tracée sur la carte électorale de la France.

Notre cible suivante sera la forme RÉNUMÉRÉES que nous rejetterons dans les ténèbres barbares d'où elle n'aurait jamais dû sortir. La seule bonne et due forme est RÉMUNÉRÉES. Le verbe **remunerari,** *récompenser,* est dérivé de **munus, muneris,** *service, don.*

— Je pensais que mon verbe était lié à l'idée de compter de l'argent, de verser une somme NUMÉRIQUE, ou tout simplement du NUMÉRAIRE.

— Vous venez d'énoncer la cause même de votre erreur : l'attraction irrésistible d'un élément de mot mieux identifié.

— Je crains la rechute. Je parlerai désormais de SALAIRE, d'ÉMOLUMENTS.

— Fort bien. Ainsi vous approvisionnerez votre épicerie.

— Plaît-il ?

— Qui dit SALAIRE dit sel ; qui dit ÉMOLUMENTS dit farine. SALAIRE vient de **salarium,** dérivé de **sal** → SEL. Le **salarium** fut d'abord la ration de sel distribuée aux soldats, puis la solde qui remplaçait ce paiement en nature. Quant à l'**emolumentum,** c'est littéralement ce qui sort du moulin (**e,** *hors de* + **molere** → MOUDRE), d'où, par extension de sens, la *production,* le *profit.* Il faut donc relier ÉMOLUMENTS à MEULE ← **mola,** MOULIN ← **molinum,** classique **molina,** MEUNIER ← **molinarius.**

Mais je m'égare, alors qu'il y a là une fâcheuse PROMISCUITÉ. Ce mot réfère à un rassemblement de personnes réunies dans des conditions désagréables ou inconvenantes. Il s'inspire du latin **promiscuus,** *mélangé, pêle-mêle,* constitué du préfixe **pro-** et de la racine **misc,** signifiant le *mélange,* et dont nous aurons l'occasion de reparler. Le mot qui convient dans votre texte est PROXIMITÉ, tiré du latin **proximitas,** dérivé de **proximus,** *tout proche.* **Proximus** est un superlatif indirectement dérivé d'un adverbe **prope,** *auprès,* sur lequel le latin populaire a construit un adjectif * **propeanus** qui a donné PROCHAIN, simplifié en PROCHE.

Une question maintenant. Les adversaires dont vous parlez seraient-ils des médecins?

— Pas le moins du monde. Pourquoi?

— Parce que, dans ce cas, vous voulez certainement parler de maisons PATRICIENNES, c'est-à-dire aristocratiques. Les PATRICIENS constituaient l'aristocratie du peuple romain. Leur nom latin de **patricii,** dérivé de **pater** → PÈRE, montre qu'ils se considéraient, eux et leurs ancêtres, comme les Pères de la nation.

— C'est bien à cela que je songeais.

— Mais vous avez dit PRATICIENNES. Or un PRATICIEN est en général un spécialiste d'une technique ou d'un art mais l'emploi le plus fréquent du mot se fait par référence à un art bien précis qui est la médecine. Quoi qu'il en soit, le mot est dérivé de PRATIQUE, tiré du grec **praktikos,** *qui concerne l'action.*

Ah! SOMPTUAIRE! Ici, Monsieur le Ministre, il n'y a pas confusion de racine, mais de suffixe. SOMPTUAIRE est tiré de **sumptuarius,** *qui concerne la dépense,* dérivé de **sumptus,** *dépense,* dérivé lui-même de **sumere,** *prendre* (en particulier *puiser dans ses réserves*). Un autre dérivé de **sumptus** était **sumptuosus,** *coûteux, fastueux;* il en fut tiré

SOMPTUEUX, que vous auriez dû employer. SOMPTUAIRE signifie seulement « relatif aux dépenses », « lié à une dépense inutile ou excessive ».

— Monsieur l'Inspecteur, comptez sur mon appui pour rendre à SOMPTUEUX l'emploi qui lui est dû.

— Je vous en remercie, et je vais m'attaquer à PERPÉTUER. Le sens de ce verbe est « faire durer », « rendre PERPÉTUEL ». Le synonyme d'« accomplir » exigé par votre phrase est PERPÉTRER. Les racines dont dépendent ces deux verbes sont on ne peut plus étrangères l'une à l'autre. Remontons d'abord la filière de **perpetuare :** nous trouvons l'adjectif **perpetuus,** *ininterrompu, éternel,* dont la valeur littérale est : *qui s'avance d'un bout à l'autre;* on y trouve en effet le préfixe **per-,** *d'un bout à l'autre* et la racine **pet,** exprimant l'*élan,* le *mouvement direct vers.* On retrouve cette racine dans APPÉTIT ← **appetitus,** *désir, tendance;* COMPÉTENT ← **competens,** *approprié, accordé à,* litt. : *qui se rend au même endroit que;* COMPÉTITION ← **competitio,** *action d'aller au même endroit,* d'où *rivalité;* IMPÉTUEUX ← **impetuosus,** RÉPÉTER ← **repetere,** *aller chercher en arrière.* La filière de **perpetrare,** *accomplir* nous montre un verbe composé de **per-** indiquant l'achèvement et de **patrare,** *accomplir un rite, un acte religieux ou politique* avec l'autorité d'un père, ce qui nous ramène à **pater, patris** → PÈRE. Puis-je vous demander un verre d'eau?

— Le nécessaire va être fait à l'instant. Quelles vont être vos prochaines victimes?

— Et bien, ce seront vos ARBORIGÈNES, Monsieur le Ministre, et non les ABORIGÈNES, qui ont suffisamment souffert.

— Vous plaisantez! Si peu que je sache de latin, je sais qu'ARBRE est issu du nom **arbor.**

— Certes, mais le nom d'ABORIGÈNES est repris du latin **Aborigines,** par quoi les Romains désignaient les habitants primitifs de l'Italie. Ils interprétaient eux-mêmes ce mot comme signifiant *ceux qui étaient là dès l'origine* (**ab,** *à partir de* + **origo, originis** → ORIGINE, voir p. 205).

— Étymologie fort claire en effet.

— Mais peut-être inexacte. Les linguistes la jugent en tout cas suspecte, et se demandent si le nom n'appartient pas à la langue de ces premiers habitants.

Poursuivons. Une jungle peut être INFECTÉE par des odeurs, ou des microbes, mais par des animaux elle ne peut être qu'INFESTÉE. Le verbe INFECTER est calqué sur **infectare,** *troubler, souiller* et doit beaucoup au sens d'INFECT, issu de **infectus,** participe passé de **inficere,** qui était un des composés de **facere** → FAIRE (voir p. 131) et qui signifiait *imprégner, corrompre, gâter.* INFESTER est tiré de **infestare,** *harceler, ravager,* dérivé de **infestus,** *ennemi.*

Notez encore que le mot ACCEPTION signifie « manière dont un mot est reçu par l'usage, signification qu'on lui donne ». Il est tiré de **acceptio,** *action de recevoir.* L'action d'accepter se dit ACCEPTATION et a pour modèle **acceptatio.** Les deux noms français se rattachent à la famille de **capere,** *prendre.* Leur confusion est un effet du développement des verbes fréquentatifs en latin. **Accipere,** *recevoir,* a pour participe passé **acceptus :** de ce participe dérive **acceptio,** mais aussi le fréquentatif **acceptare** → ACCEPTER, qui a pour participe passé **acceptatus,** dont dérive **acceptatio.**

Je continue : DILATATOIRE doit être ramené à DILATOIRE. Il existait en latin un participe passé **latus,** *porté,* qui avait, si j'ose dire, perdu son présent (il s'était raccordé au verbe **ferre,** *porter,* qui, lui, avait perdu son participe passé). Les composés de **latus** se trouvent à l'origine d'un certain nombre de mots français : ABLATION ← **ablatio,** *action d'emporter,* COLLATION ← **collatio,** *action de porter en rassemblant* etc. Parmi les composés de **-latus,** on trouvait aussi **dilatus,** *porté en sens divers, dispersé, différé.* On en dériva **dilatorius,** *qui remet à plus tard,* modèle de DILATOIRE, adjectif évoquant le retard volontaire apporté à un choix, une décision. Or, il existait également un adjectif **latus,** signifiant *large,* sans rapport étymologique avec son homonyme. Un de ses dérivés, **latitudo,** *largeur,* a donné LATITUDE. Avec le préfixe **dis-,** *en écartant,* et un suffixe verbal en **-a,** les Latins ont obtenu **dilatare,** *élargir* → DILATER, d'où **dilatatio** et **dilatator,** qui donnèrent DILATATION et DILATATEUR.

Voici maintenant un cas d'attraction de préfixe. C'est le préfixe EX-, fort de sa situation dans S'EXCLAMER ← **exclamare,** *crier,* qui veut s'infiltrer dans le verbe s'ESCLAFFER où il n'a rien à faire, puisque ce mot n'est pas d'origine latine.

— Bon... Je vois que vous avez souligné RÉTICENCES. Qu'aurais-je dû dire à la place?

— Il m'est difficile de répondre. Il faudrait changer toute la phrase. Le problème, voyez-vous, est que vous semblez confondre RÉTICENT et RÉTIF. Une bête (ou une personne) est dite RÉTIVE quand elle résiste et s'obstine. Le type achevé en est l'âne qui reste sur place malgré les coups de bâton. Car RÉTIF vient du latin vulgaire * **restivus,** *qui résiste, qui reste,* dérivé de **restare** → RESTER (nous avons parlé tout à l'heure de la racine **st**). La RÉTICENCE est une toute autre attitude. Elle consiste à refuser d'aborder un sujet, de répondre à une question, à se dérober pour ne pas avoir à exprimer une position hostile. Rappelez-vous que le mot latin **reticentia,** *silence gardé sur un sujet,* est dérivé de **reticere,** *se taire en retenant,* composé du préfixe **re-** et de **tacere** → TAIRE.

Je dois à présent vous faire observer, à propos de votre IMMICTION, que la chose ne pouvait paraître qu'intolérable. Car le mot, quoique ne figurant pas au dictionnaire, peut s'interpréter comme un composé de MICTION qui signifie « action d'uriner », et qui est tiré de **mictio,** dérivé de **mingere,** *uriner.* Ce verbe a complètement périclité et s'est vu remplacer par le vulgaire * **pissiare,** qui a donné PISSER.

— Je vois. Il va donc me falloir changer encore une phrase.

— Non. Il suffira de remplacer le C par un X.

— IMMIXTION. Est-ce prononçable?

— Il le faut bien. Mais savez-vous ce qu'est une IMMIXTION?

— Je ne le sais plus.

— C'est le fait de S'IMMISCER. En effet, le verbe latin **se immiscere,** *se mêler de* avait pour participe passé **immixtus,** sur lequel le français savant a bâti IMMIXTION. C'est ici que nous retrouvons la racine **misc (mix)** de PROMISCUITÉ. Le participe passé **mixtus** du verbe simple **miscere,** *mêler,* a donné MIXTE. Ses dérivés **mixticius,** *de race mélangée,* et **mixtura,** *mélange,* ont donné respectivement MÉTIS et MIXTURE. Quant à MÊLER, il est issu d'une suffixation vulgaire * **misculare.**

— Eh! bien, tout cela me semble parfait. Il est temps maintenant que je recouvre mon texte.

— Votre formulation est ambiguë. Voulez-vous mettre votre texte sous le boisseau, ou en reprendre possession pour le rendre public?

— Il est vrai que ce verbe RECOUVRIR est incommode, avec son double sens.

— Ne l'accusez pas en vain. Il n'a qu'un sens. Il se trouve seulement qu'une partie de sa conjugaison est homonyme de celle du verbe RECOUVRER. Mais à l'infinitif, il faut choisir; et, comme vous ne souhaitez pas que l'éclat dont vous parlez soit caché et obscurci, mais au contraire ressaisi, vous deviez choisir RECOUVRER, ce doublet de RÉCUPÉRER, fils du latin **recuperare,** *reprendre,* descendant lui-même de **capere,** *prendre.* Quant à RECOUVRIR, c'est un composé français de COUVRIR, issu de **cooperire,** qui signifie *couvrir complètement* et se trouve constitué du préfixe **co-** et du verbe **operire,** *couvrir, fermer.*

Il me reste à vous signaler deux confusions dues encore à l'existence de fréquentatifs.

La première concerne le mot CESSION.

— C'est vrai. J'aurais dû écrire SESSION.

— Surtout pas! SESSION signifie « action de SIÉGER ». Il est tiré de **sessio,** *action de s'asseoir,* dérivé de **sessus,** participe passé de **sedere,** *être assis.* **Sedere** a donné SEOIR tandis que son composé **assidere** donnait ASSEOIR. Quant à SIÉGER, l'origine en est le vulgaire * **sedicum,** *chaise,* qui a donné SIÈGE. Mais je voudrais bien que nous revenions à CESSION qui signifie non pas « action de cesser » mais « action de céder ».

— Vous m'apprendrez sans doute pourquoi.

— En effet : **cessio,** *action de céder,* est dérivé de **cessus,** participe passé de **cedere** → CÉDER. Ce verbe latin signifiait *se déplacer* et spécialement *faire place, se retirer.*

Dans tous les composés de ce verbe dominait l'idée de déplacement, de marche, qui transparaît encore en français dans quelques-uns des nombreux verbes en -CÉDER et des noms en -CÈS ou en -CESSION qui leur correspondent : ACCÉDER ← **accedere,** *aller vers;* ACCÈS ← **accessus,** *approche* ou *attaque;* ACCESSION ← **accessio,** *arrivée;* CONCÉDER ← **concedere,** *céder la place, abandonner;*

CONCESSION ← **concessio,** *action d'accorder.* DÉCÉDER ← **decedere,** *s'en aller;* DÉCÈS ← **decessus,** *départ,* etc.

— Je ne sais toujours pas quel est le mot correct qui doit remplacer CESSION!

— Le fréquentatif de **cedere,** Monsieur le Ministre, était **cessare.** Les sens d'*hésiter, tarder, traîner, s'arrêter* s'expliquent à partir de l'idée de *céder constamment.* C'est de lui qu'est sorti notre verbe CESSER. Sur le participe passé **cessatus** a été fait **cessatio.** Voilà pourquoi l'action de CESSER se dit CESSATION.

Je finirai, si vous le voulez bien, par une belle histoire, celle de l'adjudant et de la JOCONDE. Rectifions au passage votre ADJUDANT en ADJUVANT, vous allez voir pourquoi. Il existait en latin une racine **juv (ju)** exprimant le *soutien matériel ou moral* que l'on peut rencontrer chez autrui, l'*aide* qu'il peut fournir ou le *plaisir* qu'il peut causer. Aussi l'adjectif **jucundus (ju-cundus)** signifiait-il *agréable.* Il a survécu en italien sous la forme *giocondo,* dont le féminin *gioconda,* « la charmante » a été appliqué à Mona Lisa, telle que Léonard de Vinci l'avait peinte. Par ailleurs, la même racine apparaissait précédée du préfixe **ad-** dans **adjuvare,** *aider,* dont le participe passé était **adjutus.** Du participe présent **adjuvans, adjuvantis,** on a savamment tiré ADJUVANT, nom signifiant « auxiliaire », « stimulant ». Mais du participe passé fut dérivé le fréquentatif **adjutare,** *aider régulièrement, assister.* Ce verbe a abouti en français à AIDER, et en espagnol à *ayudar.* Le participe présent latin **adjutans, adjutantis** a donné en espagnol *ayudante,* mot qui désigne l'aide de camp qui assiste un officier supérieur. C'est ce mot qui fut emprunté par le français sous la forme ADJUDANT.

Monsieur le Ministre, j'en ai terminé. Voilà votre discours bon à prononcer.

— Monsieur l'Inspecteur, l'État vous doit une fière chandelle. Oserai-je vous demander encore un service?

— A votre disposition.

— Dites-moi quelque chose en latin.

— Mais je n'ai fait que cela. Et vous aussi. Et tous ceux qui, comme vous, parlent français, ou ceux qui parlent espagnol, ou italien ou...

— Certes, certes. Mais je voudrais du vrai latin, du bon, du classique, du latin d'autrefois, du temps des toges, des arcs de triomphe, des Vestales, des gladiateurs. Je vous en prie.

— Soit. Écoutez bien :

Scribendi recte sapere est et principium et fons[1].

— Ce qui veut dire?

— *Le bon sens est le principe et la source du bien écrire.*

Toute autre parole eût été superflue. Les deux hommes se serrèrent la main avec émotion.

1. HORACE, *Art Poétique*, v. 309.

Index des mots cités

A

abdiquer 129
abdomen 279
abeille 157
abject 288
abjurer 177
ablation 29
abnégation 144
abolir 97
abondant (-ance) 56
aborigène 293
abortif 205
abréger 26
abricot 176
abrupt 146
absolu 147, 212
absolution (-utoire) 146
absoudre 146, 147
absous 147, 212
abstenir (s') 181
abstention 181
abstinence 181
abstraire 209
accéder 296
accepter (-ation) 294
acception 294
accès 296
accession 296
accident 206
accointance 127
accoucher 47
accoupler (s') 216
acerbe 82
acétate 82
acétique 82
acétone 82
acharné 85
acide 82
acier 82
acquérir (-isition) 150
âcre 82, 211, 212
acte 125
acteur (-trice) 125
actif 125
action 125
actionnaire 55, 125
actionnariat 56
actionner 125
activation 56
actuaire 126
actuariel 126
actuel 126
acuité 81
aculéate 81
acuminé 81
acupuncture 81
acutangle 81
adaptateur 56
additif 188
addition (-onnel, -onner) 188
adducteur 72
adéquat (-tion) 159
adipeux 62, 190
adipique 190
adipolyse 190
adipopexie 190
adipose 190
adiposité 62, 190
adjacent 235, 288
adjectif 288
adjoindre 135
adjonction 135
adjudant 243, 297
adjudication 177
adjuger 177
adjurer 178
adjuvant 297
admettre 138
admirer (-ateur) 56
admission (-ible) 138
admonester 106
adolescent 97
adulte 83
adultère 83
adverbe 199
adversaire 175
adverse 175
affable 179
affabulation 179
affect 131
affectation 131
affecter 131
affectif 131
affection 131
affectueux 131
affranchir 47
agence 126, 257
agencer 126, 143, 257
agenda 126, 278
agent 126
agile 126
agir 125
agiter 126
agneau 208
agrafeuse 58
agraire 172
agression 74
agreste 172
agricole 65, 71
agriculteur 71
agriculture 71, 172
aider 297
aigre 82, 211, 212
aigu 81
Aigue 92
aiguille 81
aile 56, 82
ailé 56
ailleurs 176
aimable 55
aine 82
aîné 143

aire 212
aisance 235
aise 235, 289
aisselle 82
Aix 92
ajouter 135, 188
album 270
aléa 270
aléatoire 270
alibi 270
aliéner 83
aliment 97
alinéa 270
allaiter 100
alléguer 103
aller 203
allier 101
alligator 101
allitération 100
allocataire 56
allocution 198
allonger 47
allumer 160
allusion 182
aloi 101
altercation 83
altérer 83
altérité 83
alterner 83
altesse 97, 242
altier 96
altimètre 96
altiport 96
altitude 96
altocumulus 96
altostratus 96
altruisme 83
ambages 126
ambidextre 178
ambigu 126
ambivalence 77
ambivalent 76
amble (-er) 204
ambulacre (-aire) 203
ambulance 203
ambulant 203
ambulatoire 203
âme 82
amener 47
ami 27
amine 62
ample 59
amplifier (-fication) 59
amplitude 59
an 153
andouille 72
âne 27
angle 82
aniline 62
animal 83
animalcule 61
animé 82
animer 83
animisme 82
animosité 83
anniversaire 175
annoncer 56
annonceuse 58
annonciation 56
anonymat 56
antécolombien 43
antédiluvien 43
antéhistorique 43
antéversion 43
anticiper 43
antidaté 43
antitussif 118
anus 279
août 267
apéritif 255
apicole 157
apiculteur (-culture) 157
apidés 157
apithérapie 157
appareil 175
appartement 175
appartenir 181
appauvrir 47
appétit 293
appréhender 212
appréhension 212
apprendre 212
approprier 36
âpreté 212
a priori 270
aptitude 212
aquaculture 92
aquaplane (-age) 92
aquarelle 92, 242
aquarium 92, 233, 269
aquatique 92
aqueduc 72, 92
aqueux 92
aquiculture 92
aquifère 92
arable 183
araire 183
aratoire 183
arboricole 71
arbre 71
arctique 205
are 212
argent 58, 73, 170
argentier 58
argentifère 73
argile 25, 171
arguer 171
argument 171
argutie 171
armature 212
armure 212
arracher 166
arranger 47
arrêter 287

arrosage 55
artériole 51
article 211, 225
artisanal 55
asparagus 280
asperge 280
aspérité 212
aspirer 93
assembler 192
asseoir 296
asservir 68
assimilé 79
assimiler (-ation) 192
assister 286
associer 68
assoler (-ement) 167
assommer 167
assoupir 167, 212
assouvir 167, 212
atteindre 194
attendre 181
attentat 181
attenter 181
attention 181
atténuer 180
atterrer 255
attirer 47
attitude 212
attractif (-ion) 209
attrait 209
attribuer 260
attribut 260
aube 24
audible 180
audience 180
audiofréquence 66
audiogramme 66
audiologie 66
audiomètre 66
audio-visuel 66
auditeur (-trice) 180
auditif 180
audition (-ionner) 180
auditoire 180, 232
auditorat 180
auditorium 180, 232
auriculaire 51, 110
aurifère 73
aurore 206
ausculter 110, 218
auspice 164
austral 206
autobus 275
automne 15
autre 83
autruche 164
autrui 83
avertir 175
aveu 120
aveugle 110
aviateur 56, 164
aviation 164
avicole 65, 164
aviculteur (-culture) 164
avion 164
avis (-er) 149
avocat 120, 212
avoine 27
avoir 27, 275
avorter 205
avoué 120, 212, 257
avouer 120
avril 267
Ax 92
axe 82
axillaire 82
Aygue 92

B

banqueroute 146, 242
beau / bel 24
bêche (-er) 259
bêler 208
bélier 208
belliciste 201
belligérance 201
belligérant 80, 201
belliqueux 80, 201
bénédiction 129
benêt 129
bénir 129
Benoît 129
benoîtement 129
bercail 208
berger 208
béton 213
bétonnière 58
betteravier 58
biacide 51
bi(n)aural 110
bi(n)auriculaire 51, 110
bicéphale 51
biceps 193, 279
bichlorure 51
biculturel 51
bicycle 67
bicyclette 51, 67
bien 21, 129
bienfait 132
biennal 153
bifurquer (-cation) 261
bigler 110
bilabial 50
bilingue 74
bilocation 102
bimensuel 105
bimestriel 105

binaire 153
biner 259
binette 259
binocle 109
binoculaire 51, 109
bipède 51, 76
bipolaire 51
bis 153
bissectrice 197
bitume 213
bivalent (-ence) 76
bobine 187
bœuf 27
bois 201
bolée 61
bon 21
bonhommie 61
bonus 280
boraté 56
boréal 205
bouche 171
boucle 171
boule 213
bourre 213
bourreau 213
bourrelé (de remords) 213
bourrelet 213
bourrelier 213
brebis 208
brillance 56
brouette 115
brûler 207
buccal 171
bucco-dental 171
budgétivore 77
bulle 213
bure 213
bureau 213
bus 275, 277
buste 242

C

cabrer (se) 86, 243
cabri 86, 243
cabriole 86, 242
cacher 31, 127
cachet 127
cachot 127
cadavre 205
cadeau 193, 243
cadence 205, 242
cadet 193, 243
cadmium 62
cadran 260
cadreur 57
caduc 205
cage 26
cahier 261
cailler 126, 211, 213
calcaneum 279
calogène 85
calorescence 57
calorie 85
calorifique 85
calorifuge 73, 85
calorimètre (-métrie) 85
camp 172, 242
campagne 172, 189
canaille 86, 242
canalicule 61
canard 86
caniche 86
canicule 86, 214
canidé 79, 86
canin 79, 86
cap 193, 243
cape 193
capillaire 86
capilliculture 86
capitaine 193, 244
capital (adj.) 193
capital (nom) 214
capité 192
capiteux 192, 242
capiton 193, 242
capitonner 193
capitulaire 213
capitule 193, 213
capituler 193
capricorne 86
caprin 86
capter 31
captif 215
carbone 211, 214
carbonifère 73
carcéral 55, 184
carême 155
carillon 261
carnage 85, 242
carnassier 243
carnation 84
carnaval 85, 242
carne 85, 242
carnivore 77, 84
caroncule 84
carré 23, 261
carrefour 261
carrière 261
cas 205
cascade 205, 242
caserne 243, 261
casque 173, 243, 257
casquer 206, 242, 257
casser 80, 172
castrat 214, 242
castrer 214
casuel 205
caudal 114
caudataire 114
cause 215

causer 215
cavalcade 240
cavalier 240
cécité 110
céder 296
cément 70
cendre 27
cent 17, 152
centésimal 155
centigrade 74
centrifuge 73
centripète 73
centuple 153
cercle 83
céréale 263
cérébral 158
cérébro-spinal 158
cerf 158
cerne 84
cerner 84, 88
certain 88
certes 88
certifier 88
certitude 88
cerveau 158, 208
cervelle 158
cervical 158, 208
cervicalgie 208
César 58
césarien 58
cessation 297
cesser 297
cession 296
cf. 271
chacun 196
chair 77, 84
chaire 196
chaise 196
chaland 85
chaleur 57, 73, 85
chambre 24
champ (-être) 172
champignon 172, 189
champion 172
chance 206
chanceler 185
chancelier 185
changer 174
chanson 26
chapeau 193
chapiteau 193
chapitre 193, 213, 214
chapitrer 214
charbon 73, 211, 214
charcuterie 85
charnel 85
charnier 85
charnu 85
charogne 84
châtrer 214
chaud 27, 85
chauffer 85
chauve 27
chef 193, 213
cheftaine 244
chemin 241, 257
cheminée 241, 257
chênaie 61
chenille 214
cheptel 193, 214
cher 25, 27
chère (faire bonne) 196
chercher 84
chétif 215
cheval 19, 24, 79, 80, 189, 207
chevalier 240
chevalin 61, 80
chevaucher (-ée) 240
chevelu (-ure) 86
chevesne 193
chevet 193
chevêtre 193
cheveu 86, 193
cheville 215
chèvre 26, 86
chevrette 86
chevrier 86
chevron 86
chien 79, 80, 86
chiennerie 80
chlorate 62
chlrorure 62
choir 206
chose 21, 215
chosifier 59
chute 206
ciment 70
cinq 152
circoncire 70
circoncis 196, 291
circoncision 196
circonlocution 198
circonscription 130, 291
circonscrire 130, 291
circulaire 83
circuler (-ation) 84
cire 21
cirque 84
cirrus 279
cisaille 196
ciseau 70, 196
citadelle 186, 242
citadin 186, 242
cité 25, 186
citoyen 186
civil (-ité) 186
civique 186
clavicule 215
clé 215
coaguler 126, 213
coalition 97
cœur 20, 243, 245

cogiter (-ation) 127
cognition (-itif) 127
cohorte 203, 217
coït 217
collaborer 183
collation 150, 151, 294
collecte (-eur, -if, -ion) 136
collège 103
collègue 103
collision 183
colloque 198
collusion 183
colon (-ie) 72
combinaison 260
combiner 260
combler 215
comburant 207
combustible 207
combustion 207
comité 140, 244
commentaire 106
commenter (-ateur) 106
commère 106
commettre 138, 139
commissaire 139
commission 139
commissure 139
communier 216, 225
communiquer 216
commutation 225
compact 111
compartiment 75
compénétration 36
compère 112
compétent 293
compétition 293
compréhension 150
comprendre 150
compromettre 138
compromis 138
compromission 138
compter 216
concasser 173
concéder (-cession) 296
concerner 88
concert 242, 248
concertation 249
concerter (se) 88, 248
concis 70
concision 196
concocter (-ion) 176
concret 88
concrétion 88
concussion 173
condition 129
condoléance 92
conduire 72
confection 132
conférer 73, 151
confesser 179
confesseur 179
confession 179
confetti 133
confire 132, 133
confiture 133
confondre 133
confraternel 95
confus 133
confusion (-ionnel) 133
congénère 141
congénital 141
congrès 74
conifère 72
conjecture 288
conjonctif 135
conjonction 135
conjonctive (-ite) 135
conjoncture 135, 287
conjugaison 135
conjugal 135
conjuguer 135
conjuré (-ation) 178
conjurer 178
connaître 127
connétable 185
consacrer 116
conscrit (-scription) 130
consécration 116
consensus 271
conserver 68
considérer 256
consolation 167
consoler 167, 257
conspirer 93
constance 286
constat (-er) 271
constellation 94
constellé 94
consul (-at) 56
contact 194
contagion 194
contaminer 194
contemporain 117
contenance 181, 216
content 181
conter 216
contestataire 56
contigu 194
continence 181, 216
continent (adj.) 181
continent (nom) 181
contingence 194
contingent (adj.) 194
contingent (nom) 194
continu 181
contorsion (-ionner) 147
contracter (-ion) 209
contradicteur (-diction, -dictoire) 128
contre 128

contrefaire 131
contremanifester 45
contre-performance 45
contrôle 115
controverse 175
conurbation 36, 185
convaincre 148
convalescence 57, 77
convalescent 57
converser (-ation) 174
conversion 174
convertir (-ible) 174
convertisseur 174
conviction 148
convoquer 120
copule 216, 217
copuler (-ation) 217
couvrir 296
cordon 61
corne 51, 86, 158
corporation (-atisme) 86
corporéité 86
corporel 86
corps 86
corpulent 87
corpuscule 87
correct 144
correcteur (-if, -ion) 144
corriger 144
corrompre 146
corrupteur (-ible, -ion) 146
corsage 87
corselet 87
corser 87
corset 87
cortège 203, 240
cortex 279
côté 29
coucher 102
coude 232
couleur 50
coup 196
coupelle 61
couper 196
couple 216
cour 203, 217
courbe 87
courée 61
courir 271
couronne 19
courroucer 146
courtisan 240
coussin 202
coûter 23, 287
coxal 202
coxalgie 202
coxarthrose 202
craindre 255
créance 89
crédence 89, 242
crédible 89
crédit 89
crédule 89
crêpe (m. et f.) 217
crêper 217
crépuscule 31
crevette 86
crible 88, 248
crime (-inel) 87
criminaliser (-ité) 87
criminogène 88
criminologie 88
crisper 217
croire 89
croisillоné 56
croix 27, 89, 199
crucial 89
cruciféracée 55
crucifère 72, 89
crucifier 89
crucifix (-ion) 89
cruciforme 89
cruciverbiste 89, 199
cubitus 232, 279
cueillir 137
cuire 176
cuisine 176
cuisse 24, 202
cuisson 176
cuistre 176
cuit 176
cuivreux 62
culinaire 176
culte 72
culture 71, 157, 164, 178
culturel 57
cumuler 215
cumulus 279
cuprifère 73
curriculum vitae 271
curviligne 87
cutané 191
cuticule 191
cutine 191
cuti (-réation) 191

D

dame 90
danger 90
dangereuse 58
date 188
datif 188
Dax 92
dé (à coudre) 91
dé (à jouer) 188

déambulation 203
déambulatoire 203
déambuler 31, 203
décadence 205
décapiter (-ation) 193
décati 127
décembre 267
décennal (-ennie) 153
décérébrer 158
décerner 88
décès 296
décharné 85
déchéance 205, 206
déchoir 205, 206
déchristianiser 45
décider 70
décigrade 74
décimal 153
décimer 262
décision 196
décoction 176
déconfit (-ure) 133
décret 88
décrire 130
décuple 153
dédicace 129
dédier 129
déduction 150
déduire 72, 150
déesse 89
défaire 132
défectif 132
défection 132
défectueux 132
déférer 73
déficient 133
déficit 133, 271
défoliant (-iation) 95
défunt 249
dégarnissage 55
dégénérer 142
degré 74
déguster 96
déhiscent 30
déicide 70, 89
déifier (-fication) 89
déisme (-iste) 89
déité 90
déléguer 103
délibérer 222
délinquance 56
délivrer 222
dément 106
démettre 138
demi 49, 162
démission 138
demoiselle 90
démonétiser 105
dénasaliser 107
dénatalité 140
dénégation 143
déni 143
dénier 143
dénominateur 108
dénomination 108
dent 43, 190
dénuder 217
dénué 217
dénutrition 109
départ 75
dépeuplement 113
dépilatoire 113
dépopulation 113
dépréciatif 56
dernier 271
désaffecté 132
désaltérer 83
descriptible 130
descriptif (-ion) 130
déshumaniser 97
déshydrater 45
désirer 256
désobligeant 101
désolation 167
désoler 167, 257
desquamation 201
desquamer (se) 201
destiner 286
détracteur 209
détroit 217, 220
deuil 26, 91
deux 152, 257
dévaster 124
devin 90
dévoisé 119
dévolu 253
dévorer 77
dévouer 120, 257
dextérité 178
dextralité 178
dextrine 178
dextrogyre 178
dextrose 178
dictateur 128
dicter 128
diction 128
dictionnaire 128
dicton 128
dieu 70, 89, 97
diffamer 179
difficile 133
diffraction 173
diffus 133
diffusion 133
digital 90, 91, 245
digitale (nom) 91
digitaline 91
digité 90
digitigrade 74, 91
dilapider 199
dilater (-ateur, -ation) 294
dilatoire 294

dilection 137
diligence 137
diligent 137
diluvien 43
dimanche 90, 266
dindonneau 61
dire 128
direct 144, 218
directeur (-ion) 144
directif 144
directoire 144
directorial 55
diriger 144
discerner 88, 248
discret 88, 247
discrétion 247
discrétionnaire 248
discrimination 88
discriminatoire 88
discussion 173
discuter 173
disjoncteur (-if, -ion) 135
disjoindre 45, 135
dissection 197
disséquer 197
dissimilation 192
dissimuler 192
dissocier 68
dissolu 147, 218
dissoluble 146
dissolution 146
dissoudre 146, 147
dissous 147, 218
distance 286
distordre (-torsion) 147
distraire 209
district 217
dit 245
diurne 90, 222
divers 175
diversion 175
divertir 175
divin 90
divorce 176
dix 152, 262, 267
doigt 15, 74, 90
doléance 91
dolent 91
dolorisme 91
domaine 90
domesticité 183
domestique 90, 169, 183
domicile 90, 183
dominer 90
dominical 90
domino 272
don 188
donateur (-ation) 188
donner 188
donjon 90
dot 188
doter 188, 218
double (-er) 153
douer 188, 218
douillet 72
douleur 91
douter 92, 260
douzaine 61
douze 152
dresser 145
drille 236
droit 19, 144, 177, 178, 218
dubitatif 92
duc 72
ductile 72
duel 202, 257
duo 155
duodécimal 153
dur 20
eau 11, 72, 92
écaille 201
écarteler 259
écarter 259
échéant (-ance) 206
échelle 27
échevelé 86
échoir 206, 253
écouter 110, 218
écrire 129, 291
écriture 129
écrivain 130
écu 24, 190
écuyer (-ère) 189
édicule 122
édifice 122
édifier (-fiant) 122
édile 122
édit 129, 257
éditer 129
éditeur 188, 257
édition 129, 188
éduquer 72
effaroucher 47
effectif 132
effectuer 132
efféminé 94
effet 132
effeuiller 47
efficace 133
effraction 173
effrayer 254
effusion 133
égal 158
égard 228
égratignure 61
éjaculer 288
électeur (-if, -ion) 136

électoral (-orat) 136
électricité 58
électrification 59
électrifier 59
élégant 137
éligible (-ibilité) 136
élire 136
élite 137
élocution 198
éloquent 198
élucider 160
élucubrer (-ation) 160
éluder 183
embrasser 47
émerveiller 47
émettre 138
éminent (-ence) 57
émissaire 139
émission 138
émoluments 291
émonder 250
empereur 75, 93
empire 55, 75, 93
employer 218
emporter 47
empreindre (-preint) 151
empreinte (nom) 151
encaisser 47
enchevêtrer 193
endolori 91
enduire 219
enfant 178, 240
enfantin 178
enfreindre 150, 173
engendrer 141
engin 142
enjoindre 135
enlever 47
enluminer 160, 245
enseigne 20
ensemble 192
ensemblier 58
ensoleillé 80
entamer 194
entendement 180
entendre 180, 181
entériner 194
entier 194, 219
entre 30
entre-dévorer (s') 45
entremettre 140
entremise 140
entre-saluer (s') 45
énucléer 191
énumérer 108
envers 175, 219
envie 69
épi 27
épice 219
épiler 113
épine 27, 158
éplucher 113
équarissage 190
équateur 158
équation 158
équerre 261
équestre 80, 189
équidé 189
équidistant 158, 159
équilatéral 158
équilibre 158, 223
équimoléculaire 50
équin 189
équinoxe 109, 158
équipollent 158
équiprobable 50
équitable 158
équitation 79, 189
équité 158
équivalent 76, 158
équivaloir 158
équivoque 120, 159
éradiquer (-ication) 166
érectile 144
érection 144
ergatif 56
ériger 144
éruptif 146
éruption 146
escadre 242, 261
esclaffer (s') 187, 295
esclavage 55
esclave 68
escouade 242, 261
espèce 219
esprit 93
esquinter 259
essai 126
essaim 126, 211, 219
essayer 126
essieu 82
est (point cardinal) 204
ester 287
estival 122
estivant 122
estivation 122
estuaire 122
étable 287
établir 287
étage 287
étais, étant 287
état 277, 287
etc. 272
été (nom) 122
été (part.) 287
éteindre 150
étendre 150, 181
éthanal 62
ethnocide 70
étincelle 243
étoile 94
être 24, 287

étreindre 220
étroit 220
évacuer (-ation) 124
événementiel 57
éviction 148
évident 69
évier 92, 233
évincer 148
évoluer (-ution) 253
évoquer 120
exact 126
exaction 126
ex-aequo 158, 272
exalter 97
examen 126, 211, 219
exaucer 234
exciser (-ion) 196
exécrer (-able) 116
excédentaire 55
exclamer (s') 294
excrément 88
excrétion 88
exfolier 95
ex-général 36
exhausser 234
exhorter 203
exhumer 98
exiger 126
exigu 126
exister 286
ex-mari 36
expatrier 36
expectorer 165
expédier 76
explosion 43
exproprier 36
extension 150
exténuer 180
extinction 150
extirper 166
extorquer 147
extorsion 147
extra-bon 36
extra-chouette 36
extraction 150
extra-fin 36
extraire 150, 209
extra-parlementaire 36
extra-terrestre 36
extra-utérin 36
extrême 273
Eygues 92

F

fable 179
Fabre 221
fabrique (-er) 221
fabuleux 179
face 132
fâcheux 220
facile 132
façon 132, 220
faconde 179
fac-similé 272
facteur 131
factice 131, 243
faction 132, 220
factitif 131
factuel 131
facture 131
faculté 132
faillir 94
faillite 94
faim 27
faire 27, 96, 131, 220, 243, 272, 294
fait 24
fallacieux 94
falloir 94
falsification 94
falsifier (-fiable) 94
famé 179
fameux 179
fanatique 248
faner 95
fantassin 179, 240
faon 94
farcir 291
fastidieux 220
fatal 179
fatidique 179
faune 265
Faure 221
faute 94
faux 94
féal 220
fébrifuge 73
fébrile 95
fécond 94
feindre 25
félicité 95
féliciter 95
femelle 95
féminin 94
féministe 94
femme 94, 169
fémur 202
fenaison 95
fenouil 95
féodal 220
fer 241
ferme (adj.) 59
fermement 59
ferraille 61
ferreux 62
ferroviaire 241
fertile 73
fétiche 141, 243
feu (nom) 29, 182
feu, feue 179, 249
feuille 95, 154

fève 25
février 267
fiable (-abilité) 62
ficus 280
fidèle 58, 220
fidélité 58
fièvre 25, 73, 95
figue 169
fille 26
fisc 249
fleur 265
flore 265
focal 182
fœtus 95
foi 220
foie 169
foin 95
foison 134, 221
foliaire 95
folié (-iation) 95
foliole 95
fond 134
fonder 134
fondre 133
fongicide 70, 189
fongiforme 189
fongique 189
fongistatique 189
fongosité 189
fonte 134
footballeur 57
forêt 182
forge (-er) 221
forme 50
fornication 217
fou / fol 24
fourche 27, 261
foyer 182
fracasser 173, 242
fraction 172, 290
fracture 80, 172, 290
fragile 173, 221
fragment 173
fraîcheur 61
français 236
François 236
fraternel 95
fraterniser 95
fraternité 95
fratricide 70, 95
fraude 289
frayer 254
frayeur 254
frêle 273, 221
frère 27, 70, 95
fretin 173
friction 221
frigide 96, 211, 221
frigidité 96
frigorie 96
frigorifier (-fique) 96
frigoriste 96
frileux 96
frisson 221
froid 96, 221
froide 211
froisser 289
fromager 187
frugivore 77
fruit 21
fruste 242, 289
frustrer 289
fugace 73
fugitif 73
fugue 73
fuir 73
funambule 202
furax 280
furtif 280
fuseau 134
fusée 134
fuser 134, 257
fusible 133
fusil 134, 182
fusion 133, 221, 257
fusionner 133
futile 134

G

gâchis 61
gaine 222
gâter 124
gauche 251
gazoduc 72
gazole 98
geindre 211, 232
geler 17, 25
gémeaux 222
gémellaire 99
gémellipare 75
gémellité 99
géminé (-ation) 99
gémir 211, 232
gendre 141
général 141
génération 142
généreux 141
générique 142
génie 142
génital 142
géniteur 142
génitif 142
génitrice 59
génocide 70
genre 141
gens 143
gentil 20, 143
gérer 151
germain 143
germe 143
germination 143

gésir 288
gestion 151
gît (gésir) 21, 288
glucose 62
gouache 92, 242
gourmandise 61
goût 96
grâce 272
gracieux 272
gracile 211, 222
grade 74
graisse 190
grand 198
grandiloquent 198
grata (persona non) 272
gratis 272
grattoir 58
gratuit 272
gré 272
grêle (adj.) 211, 222
grêle (nom) 222
grive 28, 248
grivèlerie 88
gros 190
grosso modo 272
guêpe 26
guerre 80, 201
gueule 20
gustatif 96
gustation 96
gustométrie 96

H

haleter 82
hanche 202
hardiesse 61
haut 96
herbacée 53
herbage 55
herbe (-eux) 53
herbeuse 58
herbicide 70
herbivore 77
héréditaire 222
héritier 222
homicide 70, 98
hominidés 97
hominiens 97
hominisation 97
homme 70, 97, 235
hôpital 123, 222
hortensia 202, 222
horticole (-culteur, -culture) 202
hortillonnage 202
hospice 123
hospitalier 123
hospitaliser 123
hospitalisme 123
hospitalité 123
hospitalo-universitaire 123
hôte 123, 250
hôtel 123, 222
huile 21, 98
huis 21, 171
huisseries 171
huissier 171
huit 21, 152, 267
huître 71
humain 97
humaniser (-isme, -itaire, -ité) 97
humanoïde 97
humble 98
humer 98
humérus 279
humeur 244
humilier 98
humilité 98
humour 244
humus 98, 269
hyposulfite 117

I

id. 273
ignare 127
igné 29, 182
ignifuge 73
ignifuger 182
ignition 182
ignivome 182
ignoble 127
ignominie 108
ignorer 127
île 27, 99, 241
illégal (-ité) 102
illogique 37
illuminer 160
illuminisme 160
illusion 183
illustre 161
illustrer 160, 161
image 17
imbattable 37
immanent 184
immarescible 30
immature 106
immédiat 162
immeuble 224
immiscer (s') 295
immixtion 295
immonde 250
impact 111
impécunieux 170
impensable 55
impératif 93
impératrice 93

impérial 55, 75, 93, 257
impérialisme 93
impérieux 93
impéritie 93, 257
impétrant 112
impétueux 293
impliquer 218
implosion 43
imprescriptible 130
impression 151
imprévisible 149
imprimer 150
impromptu 273
improviser 149
imputrescible 114
inanimé 82
inadvertance 175
inaudible 180
incarcérer 184
incarnat 85, 242
incarné (-ation) 84
incassable 173
incident 206
inciser (-ion) 196
incisive 196
incisure 196
inclinaison 231
inclination 231
incontinent (adj.) 181
incontinent (adv.) 181
incorporer (-ation) 87
incriminer 88
incrochetable 37
inculquer 31
inculte 72
incurver 87
indéfectible 132
indentation 43
index 129, 273
indexation 56
indicatif 56
indice 129
indigène 142
indiquer 56, 129
indissoluble 146
indocile 37
indolent 92
indolore 91
in-douze 154
indubitable 92
induire 219
ineffable 179
inéligible 136
inénarrable 127
in extremis 273
infâme 179
infant 240
infanterie 179, 240
infanticide 70
infantile 178
infarctus 290
infect (-er) 132, 294
infectieux 132
infection 132
infester 294
infiltrer 43
in-folio 154
informaticien 58
infraction 150
infra-humain 37, 40
infrangible 173
infra-rouge 37, 41
infrason 41
infrastructure 37
infroissable 37
infuse 133
infusion 133
infusoire 133
ingénieur 142
ingénieux 142
ingérence 57
ingrédient 74
inguinal 82
inhumain 97
inhumer 98, 257
inintelligible 137
inique (-ité) 159
injonction 135
injure 178
injuste 37, 178
inlassable 37
inné 143
innover 163
in-octavo 154
inoculer (-ation) 109
inouï 180
in-quarto 154
inracontable 37
inscriptible 130
inscription 130
inscrire 130
insecte 70, 197
insecticide 70
insectivore 77
insipide 124
insistance 285, 286
insister 285
insolation 166
insolent (-ence) 167
insolite 167
insoluble 146
insomnie (-iaque) 167
inspectrice 59
instance 285
instant 286
instaurer 286
instituer 286
instituteur 286
instruction 151
instruire 150
insulaire 99
insuline 99

insurger (s') 145
insurrection 145
intact 194
intangible 194
intègre 194, 219
intégrer (-ante) 194
intégrité 194
intellect 137
intellection 137
intellectuel 137
intelligent (-ence) 137
intempérie 118
intempestif 118
intemporel (-alité) 117
intendant 181
intense 181
intenter 181
intention 181
interclasse 37
interdire (-diction) 128
intéressement 57
interlocuteur 198
interloqué 198
intermède 162, 242
intermédiaire 162
intermittent 140
international 30, 38
internucléaire 37
interrégional 37
interrègne 37
interrompre 146
interrupteur 145
interruption 146
intersection 197
intersyndicale 38
interurbain 185
intervalle 37
interzone 38
intituler 118
intra-atomique 38
intracardiaque 38
intraitable 209
intransmissible 138
intrépide 255
introduire 38
introjection 38
introverti 38
intuition 251
inverse 175, 219
inverser 175
inversion 175
invertir 175
invoquer 120
irai, iras, irais 204
irradier 67
irrationalisme 115
irrationalité 115
irrationnel 115
irrémissible 139
irresponsable 37
irruption 146
isolat 99
isolation 99
isolé 99, 241
isolement 99
isoloir 99

J

janvier 267
jardin 202
jaunâtre 61
jeter 288
jeu 182
jeudi 90, 266
joailler 183
Joconde 297
joie 27
joindre 45, 135
jonction 135, 288
jouer 19, 183
joug 135
jouir 25
jour 25, 90, 222
journal 90
jouter 135
jouxter 135
jovial 90, 263, 264
joyau 183
judiciaire 177
judicieux 177
juge (-er) 177
jugulaire 135
juguler 135
juillet 267
juin 267
jumeau 75, 99, 222
jument 135
jurer 177
juridiction 177
juridique 177
jurisprudence 177
juriste 177
jus 178
juste, justice 178
justifier 178
juxtalinéaire 43
juxtaposer 43

L

labeur 183
labile 183, 274
labour (-er) 183
lacrymal 100
lacrymogène 100
lactaire 99
lactase 100
lactate 100
lactation 100

lacté 99
lactescent 100
lactifère 72, 100
lactique 100
lactomètre 100
lactose 100
laine 98
lait 21, 72, 99
laitance 100
laiterie 100
laiteux 100
laitier 99, 100
laitue 100
langage 75
langue 74, 242
languette 75
lanoline 98
lapidaire 199
lapider 199
lapidification 199
lapis-lazuli 199, 273
lapsus 183, 274
larme 100
latence 57
latéral 11, 12, 29
latitude 294
laudateur (-if) 103
lavabo 274
laver 274
leçon 137
lecteur 136
lecture 136
Lefébure 221
Lefèbvre 221
Lefèvre 221
légal 102, 224
légaliser (-isme,-ité) 102
légataire 56, 103
légende 137
légiférer 102
légion 137
législateur (-latif, -lation, -lature) 103
légiste 103
légitime 103
legs 103
léguer 56, 103
lettre(s) 20, 100
lèvre 183
liber 223, 233, 274
libérer 222
libraire 223
libre 223
lien 101
lier 101
lieu 102, 161
lièvre 27
ligament 101
ligature 161
ligne 43, 201
ligneux 201
lignicole 72, 201
lignifier (se) 201
lignine 201
lignite 201
ligue 101, 242
lin 98
linéaire 43
lingot 242
lingual 75
linguiste 75
linoléum 98
liquéfier (-faction) 132
lire 136
lisible 61
lit 27
littéraire 101
littéral (-ement, -ité) 10c
littérateur 101
littérature 101
livraison 56
livre (fém.) 223
livre (masc.) 223, 233, 253
livrer 222, 247
local 102
localité 102
locataire 102
location 102
locomoteur (-motion) 102
locomotive 102
locuteur 197
locution 197
loi 102, 224
loisir 21
loquace 198
louer (éloge) 103
louer (loyer) 23, 102
louve 27
louvoiement 57
loyal 102, 220, 224
loyalisme 224
loyer 102
lubricité 249
lubrifier 249
lubrique 249
lucernaire 160
lucide 160
lucifuge 73
lucimètre 159
luciole 160
ludique 182
ludothèque 182
lueur 160
luire 27, 160
lumière 159, 224
lumignon 160
luminaire 159, 224
luminance 160
luminescence 57, 160
luminescent 57
lumineux 160

luministe 160
luminophore 160
luminosité 160
lunatique 161
lundi 266
lune 161
lunule 161
lupanar 31
lustre 161, 242, 257
luzerne 161, 243

M

mâcher 224
magistral 243
magnanime 83
mai 267
maire 235
maison 169, 183
maître-queux 176
majeur 235, 275
mal 18, 128, 133
malédiction 128, 129
maléfice (-fique) 133
malfaiteur 133
malformation 45
malnutrition 45, 109
maltose 62
malus 280
mammifère 72
manant 184
manche (fém.) 25
mandibule 190
manducation 27, 190
manger 22, 25, 29, 190
manoir 184
manteau 20
manufacture 131
marâtre 104
marché 19
marcher 202
mardi 266
maréchal 185
mari 22
Marocain 61
marraine 104
mars 267
martial 263
mastiquer 224
masure 184
matériau 231
matériel 231
maternel 103
materner 103
maternisé 103
maternité 103
matière 104
matin 106
matriarcal 103
matriarcat 103
matrice (-iciel) 104
matricide 70, 104
matricule 104
matrilinéaire 104
matrilocal 104
matrimonial 104
matrone 104
matronyme 104
maturation 106
mature 106
maturité 106
maudire 128, 129
maussade 124
mauvais 179
maxime 274
Maxime 274
maximum 269
mécaniquement 59
méchant 206
mécréant 89
médaille 162, 242
média 162, 274
médial 161
médian 161, 225
médiane 161
médiante 161
médiastin 161
médiat 162
médiateur (-atrice, -ation) 162
médiété 162
médiéval 162
médiéviste 162
médiocre 162
médio-dorsal 162
Méditerranée 162
médium 162, 274
médius 162, 274
mêler 295
mémento 272
ménage 184
ménestrel 224
menstruation 104
menstrues (-uel) 104
mensuel (-aliser,-alité) 104
mental 105
mention 105
mentir 105
menu 19
mer 19
mercredi 261, 266
mercure 263
mercuriale 263
mère 23, 70, 103
méridien (adj. et nom) 123, 162
méridional 123
méritoire 31
message 140
messe 140
métayer 162

métier 18, 211, 224
métis 295
mètre 85
mets 140
mettre 138, 139
meuble 67, 24
meule 292
meunier 292
mi 162
miction 29, 295
midi 123, 162
miel 19
mieux 236
milieu 161
mille 152
millésime 155
minable 275
minerve 264
mineur 235
miniature 241
minibus 49
minijupe 49
minime 274
minimum 49, 274
ministère 211, 224
ministériel 224
ministre 185
minus (habens) 275
minuscule 241
missel 140
missile 139
mission 139
missionnaire 139
missive 139
mistral 242
mi-temps 49
mixte 295
mixture 295
mobile 67, 224
mode 272
module (nom) 224
moindre 235
moine 116
moins 236
mois 104
moitié 162
molécule 50
Moluquois 59
moment 67
mondain (-anité) 62
monde 249
monétaire 105
monétiser 105
moniale 116
moniteur 106
monnaie 105, 236
monocle 109
monoculaire 109
mononucléaire 191
monovalent 77
monsieur 236
monstre 106
monument 106
montrer 106
mordicus 280
mordre 280
mort 57
mortalité 62
mortel 57, 62
mot 280
motion 67
motoculteur 67
motocycle (-cyclette) 67
motonautisme 67
motopompe 67
motus 280
mou 225
mouche 23
moudre 24, 292
moule (fém.) 211, 224
moule (masc.) 224
moulin 292
mouroir 58
mouton 208
mouvoir 67, 69
moyen 161, 225
moyenâgeux 162
muer 225
multicolore 50
multicoque 50
multipare 75
multirisque 50
municipal 186, 225
municipalité 186
mur 18
mûr 19, 106
muscle 211, 224
musculature 61
muter (-ation) 225

N

nacelle 184
nage 29
nager 29, 184, 225
naïf 143, 225
naissance 141
naître 140
Namibien
napoléonien 58
narguer 107
narine 107
narrer 127
nasal (-iser,-ité) 107
nasiller (-ard) 107
nasique 107
nasonnement 107
natal (-iste, -ité) 140
natation 29, 184
natatoire 184
natif 140, 225
nation 30, 141

Nativité 140
nature 141
naufrage 173
naval 184
naviguer 225
navire 184
ne 144
né 225
néant 143
nef 26, 184
négateur 143
négatif (-ion) 143
négaton 144
négliger 137, 144
négoce 144
nègre 243
neige (-er) 163
neptunium 264
neuf (nombre) 152, 267
neuf (nouveau) 26, 163, 275
nez 106
nier 143
nimbus 279
nival 163
nivéal 163
nivo-glaciaire 163
nivo-pluvial 163
nobiliaire 127
noble 127
noces 290
noctambule 109, 203
noctuelle 109
nocturne 109
nodosité 191
nœud 191
noir 243
noix 21, 191
nom 107
nombre 108
nombril 163
nominal (-isme) 107
nominatif 108
nomination 108
nommer 107
non 144
nonagénaire 154
nonchalant 85
non-conservation 45
non-intervention 45
nord (-ique) 205
notaire 127
note 127
noter 127, 257
notice 127
notifier 127
notoire 127, 257
nouer 191
noueux 191
nougat 191, 243
nourrice 109
nourrir 108
nourriture 109
nouveau 163
nova 163, 275
novateur 163
novembre 267
novice 163
noviciat 163
noyau 191
noyer (nom) 191
noyer (verbe) 252
nuage 290
nuance 290
nubile 290
nucléaire 191
nucléé 191
nucléine 191
nucléole 191
nucléon 191
nucléoprotéide 191
nucléoprotéine 191
nucléoside 191
nucléotide 191
nue 290
nuée 290
nuit 109
nul 20, 144
numéraire 108, 291
numéral 108
numérateur (-ation) 108
numérique 108, 291
numéro 108, 242
numéroter (-ation) 108
nuptial 290
nuque 208
nutriment 108
nutritif 108
nutrition (-onnel, -onniste) 108

O

obédience 180
obéir 180
obèse 190
obligation (-atoire 101
obligeant (-eance) 101
obliger 101
oblitérer 101
obnubilé 290
observer 68
obsessionnel 57
obstacle 287
obstiner (s') 286
obstruer (-struction) 150
obtenir (-tention) 151
occasion 206
occident (-al) 205

occiput 193, 279
occire 252
occulter 31
ocellé 109
octave 154
octobre 267
octogénaire 154
octuor 155
oculaire 51, 109
oculariste 109
oculiste 109
œil 26, 51, 109
œuf 75, 110, 208
œuvre 27, 241, 255
office 133
offrir 73
oie 164
oignon 225
oiseau 164
oiseux 21
oléacée 99
oléagineux 98
oléate 98
oléiculture 99
oléifère 73
oléifiant ou oléfiant 98
oléiforme 98
oléine (-éique) 98
oléoduc 72, 99
oléomètre 98
olive 99
ombilic (-cal,-qué) 163
omettre (-mission)
omnibus 275, 290
omnipraticien 50
omnisports 50
omnivore 50, 65, 77
on 18, 98, 235
ongle 74
onguligrade 74
opéra 241, 255
opérer 255
or (nom) 21, 73
oral 171
orée 171
oreille 21, 51, 110
orfèvre 221
orient (-al) 204
orifice 171
originaire 205
original 231
origine 205, 293
originel 205, 231
orge 25
orner (-ement) 57
orteil 211, 225
osciller 171
osculation 171
ostensible 181
ostensoir 181
ostentation 181
ostentatoire 61
otage 55, 123, 250
ôter 287
ouaille 208
ouest 205
oui 180
ouïe 180
ouïr 180
ourler 171
outarde 164
outrecuidant 127
outrepasser 47
ouvrable 255
ouvrier 255
ouvrir 255
ovaire 110
ovale 110
ovarien 110
ovarite 110
ovidés 208
oviducte 110
ovipare 75, 110, 208
ovipositeur 110
oviscapte 110
ovocyte 110
ovogenèse 110
ovoïde 110
ovovivipare 110
ovule 110, 208

P

pacifier (-fique, -fisme) 111
pacte 111
paganisme 111
page (fém.) 111
païen 25, 111, 258
pain 21
paix 111, 255
pal 111, 211, 227
pale 111, 226
palmarès 276
palme 226
pandiculation 31
papillon 226
parade 75
parages 75
pardonner 47, 188
parent 75
parer 75
parler 197
parfaire (-fait) 131
parjure (-er) 178
parrain 112
parricide 70, 112
parsemer 47
part 75
partage 75
partial 75, 211, 231
participe 75

particulier 75
partie 75
partiel 211, 231
partir 75
parturiente 75
parturition 75
parure 75
pasteur 235
paternel (-alisme, -ité)
pâtre 235
patricien 112
patrie 112
patrilinéaire 112
patrilocal 112
patrimoine 112
patron 112
paume 226
pauvre 27, 179
pavillon 226
pavillonnaire 55
payer 25, 111, 255
pays 111
péage 55, 76, 255
peau 113, 191
pécher 57, 165
pécheur 23, 57, 165
pêche, pêcher (fruit) 165
pêche, pêcher (poisson) 165
pêcheur 27, 165
pécore 170, 242
pectoral 165
péculat 170
pécule 170
pécuniaire 170, 214, 221
pédale 76
pédestre 76, 236
pedibus 280
pédicure 76
pédiluve 76
pédoncule 76
peindre 227, 243
pelage 113
peler 113
pelisse 113
pelle 111, 226
pelleterie 113
peluche 113
pelure 113
péninsule 99
pénis 279
pentavalent 77
perborate 38
percussion 173
percuter 173
perdition 188
perdre 188
père 19, 70, 90, 112, 293
péremption 151
péréquation 158
perfectible 131
perfection 131
perfusion 134
péril (-leux) 53
périmé 151
périnatal 140
périnatalogie 140
périurbain 185
permanent 184
permanganate 38
permettre 138
permission (-if) 138
perpétrer 112, 293
perpétuer 293
persona non grata 272
personne 250
perte 188
pertinent 181
pervers (-ion) 175
pervertir 175
peser 23
pesticide 70
pétrochimie 99
pétrodollars 99
pétrole 98
pétrolifère 73
peu 179
peuple 112
phosphorescent 57
pied 19, 51, 76, 236, 255, 280
piège 76
pierre 73, 98, 199
piété 211, 227
piètre 76, 236
pieu 111, 211, 227, 251
pigment 227
pileux 113
pilifère 72, 113
pilosisme 113
pilosité 113
piment 227
pinnipède 76
pintade 243
pire 236
pis (adv.) 236
pis (nom) 165
piscicole 65, 164
pisciculture 164
pisciforme 164
piscine 165
piscivore 65, 77
pisser 29, 295
pitié 211, 227
pitre 76, 236
plaie 25
plaire 232
plaisir 25, 232
plante 74
plantigrade 74
platitude 61

plein 21
plier 218, 232
ployer 232
pluriannuel 49
pluridisciplinaire 49
plurinominal 107
plus 22, 49
poil 20, 72, 113
poinçon 227
poindre 227
poire 27
poison 227
poisson 164
poitrine 165
polyvalent 77
ponction 227
populace 112
populaire 112
populariser (-arité) 112
population (-ioniste) 112
populeux 113
populisme 113
populo 113
port 19
porte 19
porter 23, 243
postcure 39
postérieur 98, 271
posthume 98, 257
post-natal 141
postopératoire 39
potion 227
poule 179
pourfendre 47
pourlécher 47
pourrir 114
pourvoir 149
poussiéreux 61
poussif 61
praticien 292
pratique 292
pré 19
préambule 203
précaire 256
prêche 29
prêcher 29, 129
précipice 193
précipiter 193
précis 70
précision 196
précoce 176
précolombien 43
prédicat (-eur) 129
prédication 29
prédilection 137
prédire (-diction) 128
préfabriqué 39
préface 179
préfecture (-oral) 132
préfet 132
préhension 185
préhistorique 43
préjudice 177
préjuger 177
prématuré 106
premier 21, 23, 227
prémonition 106
prénatal 39, 140
prendre 185
prénom 108
préopératoire 39
préparer 75
prépayé 39
prescrire (-scriptible, -scription) 130
présomption 151
presqu'île 99
pressoir 58
prestidigitateur 91
présumer 151
prétendre 181
prêter 287
prévoir (-visible, -vision) 149
prier 256
prieur 256
primaire 154, 227
prime 244
primipare 75
prince 93
printemps 118
prison 12, 184, 185
privilège 103
prochain 292
proche 292
prochinois 39
procommuniste 39
prodigue 126
professeur 62, 179
profession 179
professoral 62
profit 133
profus (-ion) 133
progéniture 142
programmatrice 59
projection 288
promenoir 58
promesse 140
promettre 140
promiscuité 292
promotion 151
promouvable 55
promouvoir 151
pronom (-inal) 107
propagande 111
propager 111
prorata 115, 278
proscrire (-scription) 130
prose 176, 250
prospectus 276
prostituer 286
proverbe 199
providence 69

provigner 111
proviseur 149
provision(s) 149
provisionnel 149
provisoire 149
provoquer 120
proximité 292
prudent 69
prunus 280
puberté 279
pubis 279
pucelle 179
puer 114
puériculture 178
puéril (-ité) 178
puerpéral 75, 178
punaise 114
purpura 222
purulent 114
pus 114
pusillanime 83, 179
putain 114
putois 114
putréfier (-faction) 114
putrescent 114
putrescible 114
putride 114

Q

quadragénaire 154
quadragésime 155
quadriceps 279
quadrichromie 51
quadriennal 153
quadrifolié 30, 95
quadrilingue 75
quadrupède 76, 121
quadruple (-er) 153
quarante 154
quart 121, 259
quarte 154
quartier 259, 261
quasi-certitude 39
quasi-usufruit 18
quater 153
quaternaire 121, 153, 154
quatre 121, 152
quatuor 155
queue 114
qui 276
quidam 276
quinquagénaire 154
quinquagésime 155
quinquennal 153
quinte 154
quintessence 262
quintette 155
quintuple 153
quolibet 276
quorum 276

R

racine 165
radiation 67
radical 165
radicant 165
radicelle 165
radicule (-aire, -ite) 166
radieux 67
radio 67, 169
radioactif 61
radioastronomie 67
radiodiffusion 67
radiographie 61, 67
radioguidage 67
radiophonie 67
radioreportage 67
radioscopie 67
radiosonde 61
radio-taxi 61
radiotélescope 67
radiothérapie 67
radis 166, 242
radium 67, 233
radius 67, 233, 279
rage 25
rai 67, 233
raide 236
raie 67
rail 145, 245
raison 26, 115, 228
rallye 101, 245
ramper 204
rançon 211, 228
raréfier (-faction) 132
rasibus 280
raticide 70
ratifier 115
ratiociner 115
ration 115, 228
rationalisme (-ité) 115
rationnel 115
rayer 67
rayon 233
réacteur 126
réactif (-ivité) 126
réaction (-onnaire) 126
réagir 126
rebelle 202
rebeller (se) 202
rébellion 202
récapituler 193
récépissé 276, 278
réception 151
recevoir 151
récidive 206
récollection 137

récolte 137, 242
record 145
recouvrer 228, 296
recouvrir 296
récriminer 88
rectangle 177
recteur 144
rectifier 145, 177
rectiligne 177
rectitude 145, 177
recto 277
rectorat 56
rectum 145, 279
récupérer 228
rédacteur (-action) 126
reddition 189
redécoller 45
rédemption 211, 228
rédiger 126
réduction 29, 72
réduire 29
rééligible 136
réélire 136
refaire 131
réfection 131
réfectoire 131
référendum 277
référer 277
réfractaire 193
réfraction 173
refrain 173
réfrigérer (-ateur, -ation) 96
réfringent 173
refuge 73
régénérer 142
régicide 71
régime 145
régiment 145
région 145
régir 145
règle 145
régulier 145
reine 145
réinvestir 45
reléguer 103
rémanent 184
remettre 139, 140
réminiscence 106
remise 140
rémission 139
rémunérer 225, 291
rendre 189
renonculacée 55
rénover 163
rente 189
repaire 112
réparer 75
répercuter 173
répertoire 75
répéter 293
repeuplement 113
répit 219, 228
repopulation 113
répressif (-ion) 121
réprimer 121
reptation 204
reptile 204
rescousse 173
réséquer (-section) 197
résidence (-entiel) 62
résipiscence 124
résister 286
résolu 147
résolution (-utif, -utoire) 146
résoudre 146, 147
respect 219, 228
respectif 228
restaurer 286
rester 286
restituer 286
restreindre 151
restriction 151
résurgence 145
résurrection 145
réticent (-ence) 295
rétif 295
retirer 209
rétorquer 147
rétorsion 147
rétractation 209
rétracter 209
rétraction 209
retrait 209
rétroactif 126
rétrofusée 40
rétrograde 39, 74
rétroviseur 40, 149
revers 175
réversible 175
réviseur 149
révision 149
revoir 149
révolu 253
révolution 253
revolver 245
révoquer (-cable) 120
rigide 236
rillettes 145
rivage 55
rive 26, 55, 58
rivière 21, 58
roder 115, 257
rôder 115, 243, 257
rogner 115
roi 70, 145
roide 236
rôle 115
rompre 21, 145
rond 115
rose 17, 26
rotation 115

rotonde 115
rotule 115
roture 145, 228
roturier 228
roue 115
rouge 25
rouler 115
route 146, 241
royal 25
ruade 61
rue 23, 241
rupestre 146
rupteur 145
rupture 145, 228
rural 172
rusticité 172
rustique 172, 229, 258
rustre 229, 258, 289

S

sacerdoce 116
sacre 116
sacré 116
sacrement 116, 229
sacrer 116
sacrifice 116
sacrifier 116
sacrilège 116
sacrum 116, 279
sage 124
saint 116
salade 243
salaire 291
salaison 56
saler 243
samedi 266
sanctifier (-fication) 116
sanction 116
sanctuaire 116
sanglier 192, 229
sapide (-ité) 123
satire (-ique) 289
saturnien (-isme) 264
satyre (-ique) 289
sauvage 182
saveur 20, 123
savoir 15, 124
savourer 124
savoureux 124
saxifrage 173
scier 197
scintiller 243
scissipare 75
scout 110, 245
scribe 130
script 129, 245
scripteur 129
scripturaire 129
sécable 197
sécant 197
sécateur 197
secondaire 154
secouer 173
secousse 173
secret 55, 88, 248
secrétaire 55, 62
secrétariat 62
sécréter (-ion) 248
secteur 197
section (-onner) 197
séculaire 55, 116, 231
séculier 116, 231
séduire 72
segment 197
seiche 26
seigle 197
seigneur 235
Seine 31
séjourner 90
sel 27, 243
sélecteur 137
sélection (-onner) 137
sélectivement 59
semaine 260
semblable 192
semblant 192
sembler 192
semestre 105, 251
semestriel 105
semi-circulaire 83
semi-liberté 49
séminifère 72
semi-public 49
semonce 106
séparer 75, 229
sept 18, 152, 205, 267
septembre 267
septennat 153
septentrional 205
septième 154
septuagénaire 154
septuagésime 155
septuor 155
séquence 29
serf 68
sergent 68
serment 19, 24, 116, 229
serpent 204
servage 68
servir 68
servocommande 68
servodirection 68
servofrein 68
session 296
seul 18, 76, 166
sevrer 229
sexagénaire 154

sexagésime 155
sextuor 155
sextuple 153
sidéral 256
sidéré 256
sidérurgie 256
siècle 55, 116
siège, siéger 296
sieste 243, 262
sieur 236
simien 117
simiesque 117
similaire 192
simili-cuir 192
simili-élections 192
similitude 79
simple 192
simulacre 192
simuler 192
simultané 192
singe 26, 117
singulier 192, 229
sinistre 251
sire 235
six 22, 152
sixte 154
sociable 68
social 68
société 68
socio(-)analyse 68
socioculturel 68
sociodrame 68
sociolinguistique 68
sociologie 68
socioprofessionnel 68
sociothérapie 68
soigner 252
sol 18, 166
solaire 80, 166
solarigraphe 166
solarium 166, 277
soldat 241
solde (-er) 241
sole (terrain) 167
soleil 80, 166
solide 229
soliloque 198
solipède 76
soliste 167
solitude 167
solliciter 166, 230
solstice 166
soluble 146
soluté 146
solution 146
solvable 146
solvant 146
somme (bête de) 167
somme (sommeil) 23, 167
somme (total) 167
sommeil 167
sommier 167
somnambule 167, 203
somnifère 73, 167
somnolent 167
somptuaire 292
somptueux 293
songe 167
soporifique 167
sou 229, 241
souci (fleur) 166
souci 257
soucier (se) 166, 230
soudard 241
souder 241
soudoyé 241
souffreteux 173, 256
souffrir 73, 256
soufre 117
souligner 47
soumettre 138
soumission (-ionner) 138
soupeser 47
sous-alimenté 45
souscripteur (-scription) 130
souscrire 130
sous-jacent 288
soustraire 209
sous-traitance 45
spécimen 277
spirite (-isme) 93
spirituel (-ueux) 93
spiromètre 93
sport 243
sportivité 58
squame (-eux) 201
squamifère 201
squamule 201
stable 287
stabulation 287
station 287
statue 59, 287
statuer 287
statufier 59
statu quo 277
stature 287
statut 287
stellaire 94
stencil 243
strapontin 242
stratus 279
strict (-ement) 220
subaigu 40
subarctique 40
subfébrile 40
subjonctif 135
subjuguer 135
sublunaire 161
subreptice 204
substance (-antiel) 57

subterfuge 73
subtropical 40
suburbain 40, 186
subversion 175
sud 206
sudoripare 75
suer 23
sueur 75
suffire 133
suicide 70
suite 23
suivre 29
sulfamide 117
sulfate 62, 117
sulfite 117
sulfocarbonique 117
sulfonal 62
sulfone 117
sulfure 62, 117
sulfure (-eux) 117
superennuyeux 40
supérieur 40
superfétatoire (-ation) 95
superficie 133
superlatif 40
supermarché 40
superqualité 40
superviser 149, 245
suppression 79
supprimer 79
suppurer 114
supra-humain 41
supranational 40
surgeler 45
surgir 145
surhumain 97
surinfection 45
surnuméraire 108
surpeuplement 113
surpopulation 113
sylve 182
sylvestre 182
sylvicole 71, 182
sylviculture 182

T

table 19
tact 194
tactile 194
taire 295
tandem 277
tangent 194
tangible 195
tardigrade 74
tas 253
tâter 194
taupe 27
teindre 27
téléscripteur 130
tempe 118
tempérament 230
température 230
tempérer 230
tempête 118
temporaire 117, 118
temporal 118
temporel (-alité) 117
temporiser 117
temps 117, 239
tenace 181
tenaille 181
tendre (adj.) 24, 180
tendre (verbe) 180
tenir 181
tension 180
tente 181
tenter 181
tenture 181
ténu 180
ter 153
tergiverser 176
ternaire 153
terre 162, 255
terreur 255
tertiaire 154
tête 23, 192
tétravalent 77
Thaïlandais 59
tibia 222, 233
tiède 22
tierce 154
tige 233
tirer 209
titre 118
titulaire (-ariser) 118
titulature 118
toise 181
torche 148
torcher 148
torchis 148
torchon 148
tordre 147
tors 147
torsade 147
torse 147
tort 147
tortionnaire 147
tortueux 147
torture 147
toucher 194
tourment 148
tournesol 166
tous 22
tousser 118
toux 118
toxine 61
tracer 209
tract 209, 243
tracter (-able) 209
tracteur 209
tractif (-ion) 209

tradition 189
trahir 189
train 209
traîner 209
traire 209
trait 209
traite 209
traité 243
traiter 209
traître 189
trancher 259
transaction 126
transafricain 41
transcrire (-scripteur, -scription) 130
transfuge 73
transfuser (-fusion) 134
transhumer 98, 243
transiger 126
translittérer (-ation) 101
translucide 160
transmettre (-missible, -mission) 138
transocéanique 41
transphrastique 41
transpirer 93
transverse 175, 219
travail 111, 251
travers 175, 219
traverser 31
trembler 255
tremper 230
trépasser 47
tressaillir 47
treuil 148
tribu 260
tribun 260
tribunal 260
tribune 260
tribut 260
triceps 193, 279
tricorne 51
triennal 153
trifolié 95
trilingue 74
trilittère 101
trimestre (-iel) 105
trio 155
triple (-er) 153
triréacteur 51
trivalent 76
trivial 251
trois 19, 152, 251
trousser 148
t.s.f. 169
tuer 247, 251, 252
tumescent 57
tussigène 118
tutelle 252
tuteur 252

U

ultimatum 278
ultime 278
ultramoderne 41
ultra-pression 41
ultra-royaliste 41
ultrason 41
ultra-violet 41
un 17, 21, 50, 152, 225
unanime 83
unicellulaire 50
uniforme 50
unilingue 75
uninominal 107
union 225
univers 176
université 176
univoque 120
urbain 185
urbaniser (-isation, -isme, -ité) 185
utérus 279

V

vacances 124
vacant 124
vacuité 124
vacuole (-aire) 124
vacuome 124
vademecum 272
vagin 222
vaillant 77
vain 124
vaincre 148
vais, va, vont 204
vaisseau 24, 69
valeur 77
valide 77
valoir 77
vanadium 62
vanille 243
vanter 124
vaquer 124
vasculaire 69
vase 69
vaso-constricteur 69
vaso-moteur 69
vasotomie 69
veiller 62
veinule 61
velours 113
velu 113
vélum 233
vendre 19
vendredi 266
vénérien 264
venir 17
ventre 198

ventriloque 198
ventru 61
vêpres 206
ver 73, 119
verbal (-iser, -isme) 198
verbe 199, 231
verbeux 198
verbiage 199
verbigération 198
verdict 243
vermeil 119
vermicelle 119, 243
vermiculaire 119
vermiculé 119
vermidiens 119
vermiforme 119
vermifuge 73, 119
vermillon 119
vermine 119
vermisseau 119
vermivore 119
verre 230
vers (nom) 174, 250
vers (prépos.) 174
versatile 174
verser 174
version 43, 174
verso 176, 277
vertèbre 174
vertical 174
vertige 175
verve 199, 231
vespéral 206
veto 278
veuf 124
viaduc 72
viatique 231
vice-consul 41
vicennal 153
vice-président 41
vice-recteur 41
vicésimal 153, 155
vice-versa 176, 278
vicinal 186
vicissitude 278
victime 148, 257
victoire 148, 257
Victor 148
vide 124, 257
vidéo 69
vidéocassette 69
vidéocommunication 69
vidéophone 69
vider 124
viduité 124, 257
vie 271
Vienne 59
Viennois 59
vif 75
vigne 26
vil 259
vilain 186, 259
villa 252
village 252
ville 185, 252
villosité 113
vin 21, 26
vingt 152
visa 278
visage 149
vis-à-vis 149
viser 149
viseur 149
visible 149
visière 149
vision 149
visiter 149
visuel 149
vitesse 61
vitre 230
vivipare 75
vivisection 197
vocable 119
vocabulaire 119
vocal 231
vocalise 119
vocalisme 119
vocatif 119
vocation 119
vociférer 119
vœu 20, 120, 231
voie 55, 241, 251
voile (fém.) 233
voile (masc.) 233
voir 19, 149, 278
voisé 119
voisin 186
voiture 21
voix 24, 119, 231
volcan 265
voler 257
volonté 19
voltige 257
voltiger 242, 253, 257
volubile 233, 253
volubilis 233, 253
volume 233, 253
volute 242, 253
vomer 279
vomir 182
vorace 77
vote 231
vouer 120
voyage 55, 231
voyelle 119, 231
vulcaniser 243, 265

Z

Zaïrois 59
zèbre 190, 243

Index des racines et éléments

A

A- / AC- / AF- / AL- / AP- / AR- / AT- 47
-ABILITÉ 62
-ABLE 55, 62
-ACÉE 53
-ACT- 125
ACU- 81
-ADE 61
ADDIT- 188
ADIP- 190
-AGE 53, 252
-AIE 61
-AILLE 61
-AIN 61, 62
-AINE 61
-AIRE 53, 58, 62
-AIS 59
-AISON 56
-AL / IAL 53, 62, 153
ALI- 83
-ALITÉ 62
ALTER- / ALTR- 83
ALTI- / ALTO- 96
AMBI- 35, 76
AMBUL- 203
-ANCE 56
ANIM- 82
-ANITÉ 62
ANTÉ- 43
API- 71, 157
AQU- 92
ARA- 183
ARBORI- 71
-ARIAT 62
-AT 56, 62, 153
-ATAIRE 56
-ATE 62
-ATEUR 56, 57
-ATIF 56
-ATION 36, 56
-ATOIRE 61
-ÂTRE 61
-ATURE 61
AUDI- 180
AUDIO- 66
AURICUL- 110
AVI- 65, 71, 164
AXILL- 82

B

BELL- 201
BI- / BIN- 50, 51, 76, 152

C

CALO- / CALOR- / CALORI- 57, 85
CAN- 79, 86
CAPILL- 86
CAPIT- 192
CAPR- 86
CARCÉR- 55, 184
CARN- 84
CAUD- 114
CENT- / CENTI- / CENTÉSIM- 51, 152
CÉRÉBR- 158
CERVIC- 208
-CÈS 296
-CESSION 296
-CIDE 70, 189
CIRCON- 84
CIRCUL- 83
CIRCUM- 35, 84
-CIS- 196
CO- 35
COGNIT- 127
-COLE 65, 71, 201
COMBUR- / COMBUST- 207
COMEST- 190
COMMIS- 138
CON- / COM- 36, 185
CONTRE- 45
CONVERS- / CONVERT- 174
CORPOR- 86
COX- 202
CRÉD- 89
CRIMIN- 87
CRUCI- 89
-CULE 50, 61
CULIN- 176
-CULTEUR 71
-CULTURE 71
CURV- 87
CUT- 191

D

DÉ- (dieu) 89
DÉ- / DÉS- 43
DÉC- / DÉCI- / DÉCIM- 51, 152
DEMI- 49
DEXTR- 178
DICT- 128
DIGIT- 90
-DIRE 128
DOLOR- 91
DOM- 183
DUBITA- 92
-DUC 72
-DUCTEUR 72
-DUCTION 72
-DUIRE 72
DUODÉCIM- 152

E

-É 56
-EAU 61, 213
-ÉE 61
É- / EF- 47
-EL / -IEL 57, 62
-ELLE 61
-EMENT 57
EN- / EM- (dans) 47
EN- / EM- (de là) 47
-ENCE 57, 62
-ENN- 153
-ENTIEL 62
ENTRE- 45
ÉQU- (= cheval) 79, 189
ÉQU- / ÉQUI- (= égal) 50, 158, 159
-ESCENCE 57
-ESCENT 57
-ÉSIME 154
-ESSE 61, 196
ESTIV- 122
-EUR (fém.) 61
-EUR (masc.) 57, 58, 62
-EUSE 58
-EUX 53, 58, 61, 62
EX- 36, 294
EXTRA- 36, 41

F

-FACT- 131
-FACTION 132
-FAIRE 131
FALS- 94
FÉBR- 95
-FECT- 131
FÉMIN- 94
-FÈRE 72
-FIER / -IFIER 59, 132
FOC- 182
FOLI- 95
FONG- 189
FRAC- / FRAG- / FRANG- 172
FRATERN- 95
FRIG- 96
-FUGE 73, 182
-FUS- 133

G

GÉMELL- 99
-GRADE 74, 91
GUST- 96

H

HOMIN- 97
HORTI- 71, 202
HOSPITAL- 123
HUMAN- 97

I

-IBLE 161
-IBUS 280
-ICULE 61
-IE 61, 194
-IÈME 58, 155
-IEN 58
-IER / -IÈRE 58
-IF 61
-IFICATION 59
IGN- 182
IMPÉR- 93
IN- / IM- (= dans) 43
IN- (privatif) 37, 144
-IN / -INE 61, 62
INFRA- 35, 37
INGUIN- 82
INSUL- 99
INTER- 37, 185
INTRA- 38
INTRO- 38
-IOLE 61
-IS 61
-ISE 61
-ITÉ 58, 62
-ITUDE 61
-IUM 62, 280

J

-JONCT- 135, 288
JUR- 177
JUXTA- 43

L

LACRYM- 100
LACT- 99
LAPID- 199
LAUD- 103
-LECT- 136
LÉG- 102
LIGA- 101
-LIG- 136
LIGN- 201
-LINGUE 74
-LIRE 136
LITTÉR- 100
LOC- 102
LOCUT- 197

LOQU- 197
-LUC- 159
LUD- 182
LUMIN- 57, 159

M

MAL- 45
MATERN- / MATR- 103
MATUR- 106
MÉ- 89
MÉDI- 161
MENS- 104
MENSTR- 104
-MENT 59, 106
MÉRIDI- 123
MESTR- 104
MI- 49
MILL- / MILLI- / MILLÉSIM- 51, 152
MINI- 49
MISS- 138
MONÉT- 105
MOTO- 67
MULTI- 50

N

NAS- 107
NAT- 140
NATAT- 184
NÉGAT- 143
NIV- 163
NOCT- / -NOX- 109
MOMIN- 107
NON- 45
NONA- 152
-NOV- 163
-NUCLEA- 191
NUMÉR- 108
NUTRI- 108

O

OCT- / OCTO- 152
OCUL- 109
-OIR 58
-OIS 59
OLÉ- / -OLE 98
OMBILIC- 163
OMNI- 50
-ON 61, 67
OR- 171
-ORAL 62
-OSE 62
-OSITÉ 62
OSTRÉI- 71
OUTRE- 47
OV- / OVI- 110, 208

P

PACI- 111
PAR- 47
-PARE 75
PATR- / PATERN- 112
PECTOR- 165
PÉCUNI- 170
PÉDI- / -PÈDE 76
PER- 38, 134
PIL- 113
PISCI- 65, 71, 164
PLURI- 49
POPUL- 112
POST- 38
PRÉ- 39
-PRENDRE 185
PRIMI- / PRIMO- 152
PRO- 35, 39
PUÉR- 178
PUTR- 114

Q

QUADR- / QUADRA- / QUADRU- 152
QUADRI- 51
QUART- / QUATER- 152
QUASI- 39
QUINQU- / QUINQUA- / QUINT- 152

R

RADIC- 165
RADIO- 67, 233
RATIO- 115
RE- / RÉ- 45
-RECT- 144, 177
REPT- 204
RÉTRO- 39, 41
-RIGER 144
-ROMPRE 145
ROTOND- 115
-RUPT- 145
RUR- / RUS- 172

S

SANCT- 116
SAPID- 123
-SCRIPT- / -SCRIRE 129

SÉCA- / -SECT- / -SÉQU- 197
SECOND- 152
SÉCUL- 116
SEMI- 49
SEPT- / SEPTUA- 152
SÉRICI- 71
SERVO- 68
SEXA- / SEXT- 152
SIMI- 117
SIMIL- / SIMILI- 79, 192
-SISTER 286
SOCIO- 68
SOL- (= seul) 167
SOL- (= soleil) 80, 166
SOL- (= terrain) 167
-SOLU- 146
-SOMN- 167
SOU- 47
-SOUDRE 146
SOUS- 45
SPIRIT- 93
SQUAM- 201
-STITUER 286
SUB- 35, 40
-SULF- 117
SUPER- 35, 40, 41
SUPRA- 40
SUR- 45
SYLV- / SYLVI- 71, 182

T

-TACT- 194
-TANG- 194
TEMPOR- 117
TER- / TERTI- 152
TIER- 152
-TITUL- 118
-TORS- / -TORQU- 147
-TRACT- / -TRAIT 209
TRANS- 41
TRÉ- / TRES- 47
TRI- 51, 76, 152
-TRICE 59
TUSS- 118

U

-U 61
-ULE 61
ULTRA- 35, 41
UNI- 50, 152
-URB- 36, 185
-URE 61, 62

V

VACU- 124
-VALENCE 77
-VALENT 76
VASO- 69
VERB- 198
VERMI- 119
VICE- 41
VICÉSIM- 152
-VICT- 148
VIDÉO- 69
-VIS- 149
VITI- 71
VOC- 119
-VOIR 149
-VORE 65, 77

Table des matières

PRÉFACE 3

MODE D'EMPLOI 6

DU LATIN AU FRANÇAIS 11

I. Transmission populaire et transmission savante 11

II. Vingt siècles d'évolution 12
1. Qu'est-ce que le latin? 12
2. Le latin classique et le latin vulgaire 13
3. L'émergence des langues romanes 14
4. L'ancien français 14
5. La réaction savante 15
6. Le français moderne 15

III. La transmission populaire : les lois de l'évolution 17
1. L'alphabet latin 17
2. Traitement des voyelles 18
3. Traitement des consonnes 22

IV. La transmission savante : ses modalités 29
1. La recherche de l'abstraction 29
2. La recherche du mot technique 29
3. La simplification de l'expression 30
4. Le goût des mots savants 30

LES PRÉFIXES 33

I. Préfixes de forme savante disponibles 35

II. Préfixes de forme savante non disponibles 43

III. Préfixes de forme populaire disponibles 45

IV. Préfixes de forme populaire non disponibles 47

V. Les préfixes quantitatifs 49

LES SUFFIXES 53

I. Suffixes disponibles 55

II. Suffixes non disponibles 61

III. Les trains de suffixes 62

IV. Les suffixes de la chimie 62

LES DEMI-MOTS 65

I. Éléments se plaçant en première position 66

II. Éléments se plaçant en position finale 70

Imprimé en France par l'Imprimerie Moderne de l'Est
25110 Baume-les-Dames
Dépôt légal : avril 1990
N° d'édition : 0384-08 - N° d'impression : 7632

LES RACINES RETROUVÉES 79
I. Différence due à la simple évolution phonétique 81
II. Différence due à l'existence en latin de deux états d'une même racine 121
1. Le mot de référence est un nom 122
2. Le mot de référence est un verbe 125
3. Le mot de référence est un nom de nombre 152
III. Différence due au succès d'une forme suffixée 157
IV. Différence due à un changement de racine 169
1. Remplacement d'un mot latin par un mot latin synonyme 170
2. Remplacement d'un mot latin par une forme vulgaire ou un mot expressif 187
3. Remplacement d'un mot latin par un mot grec ... 195
4. Remplacement d'un mot latin par un mot germanique 200
5. Remplacement de mots latins par des mots d'origine diverse ou inconnue 207

LES DOUBLETS 211
Cas particuliers :
1. Doublets suffixaux 231
2. Maintien de deux formations concurrentes 232
3. Doublets dont l'un est resté latin 232
4. Doublets homonymes 234
5. Couples de mots français issus d'un même mot latin à deux cas différents 234
6. Triplets 236

LE LATIN DE SECONDE MAIN 239
Mots passés par l'italien 240
Mots passés par le provençal et l'occitan 242
Mots passés par l'espagnol et le portugais 243
Mots passés par l'anglais 244

LE SECRET DES MOTS 247
Les faux frères 254
La malédiction du paysan 258
Langage chiffré 259
« Tout est plein de dieux » 263
Les jours de la semaine 266
Les mois de l'année 267

PARLEZ-VOUS LATIN ? 269

AUX GRANDS MOTS LES GRANDS REMÈDES 283

INDEX DES MOTS CITÉS 301
INDEX DES RACINES 330